KB210415

SAP ERP 경영

함용석 · 김아현

박영사

저자 서문 ———————————————————————

글로벌 경쟁이 치열해지고, 데이터 중심의 의사결정이 필수가 되면서 기업들은 정교한 경영 시스템을 필요로 합니다. SAP ERP는 이러한 변화 속에서 기업이 효율적으로 자원을 관리하고, 경쟁력을 유지할 수 있도록 돕는 핵심 도구입니다. 본 책에서는 SAP ERP가 기업 경영에서 어떤 역할을 하는지, 그리고 어떻게 활용될 수 있는지를 상세히 다룹니다.

ERP(Enterprise Resource Planning)는 기업의 다양한 업무 프로세스를 하나의 시스템으로 통합하여 운영할 수 있도록 지원하는 정보 시스템입니다. SAP ERP는 그중에서도 가장 널리 사용되는 솔루션으로, 영업/유통(SD), 자재(MM), 생산(PP), 물류(LM), 관리회계(CO), 재무회계(FI) 등의 모듈을 통해 기업의 모든 부서를 연결하고 데이터를 실시간으로 공유할 수 있도록 합니다. SAP ERP는 강력한 기능을 제공하지만, 방대한 시스템 구조와 복잡한 설정 때문에 처음 접하는 사람들에게는 다소 어려울 수 있습니다. 저자들은 SAP ERP를 보다 쉽게 이해하고 활용할 수 있도록 이 책을 집필하게 되었습니다. 이 책은 SAP ERP를 처음 접하는 독자에게 유용한 가이드가 될 것입니다.

본 책은 SAP ERP를 처음 배우는 학생을 대상으로 하며, 더 나아가 실무에서 SAP ERP를 활용하는 컨설턴트나 내부 사용자들에게 실질적인 도움이 될 수 있도록 구성하였습니다. 또한 SAP ERP의 기본 개념뿐만 아니라 실무에서 발생할 수 있는 다양한 사례를 담아 보다 현실적인 접근이 가능하도록 하였습니다. 많은 기업이 ERP 시스템 도입을 고려하지만, 성공적인 도입을 위해서는 사전 준비가 필요한데, 본 책에서는 ERP 도입을 준비하는 기업이 반드시 체크해야 할 요소들을 정리하고, 실질적인 가이드를 제공합니다.

SAP ERP는 단순한 소프트웨어가 아니라, 기업 경영을 보다 효율적으로 만들고 경쟁력을 강화할 수 있는 중요한 도구입니다. 이 책을 통해 독자들이 SAP ERP를 쉽게 이해하고, 실무에서 효과적으로 활용할 수 있기를 바랍니다. 마지막으로, 이 책이 나오기까지 도움을 주신 모든 분들께 감사의 말씀을 전합니다.

저자 함용석·김아현

차례 ──

CHAPTER 02 **SAP ERP의 구성 및 모듈별 특성**

CHAPTER 04 **ERP 구축방법론**

CHAPTER 05 **영업/유통 모듈의 주요 기능**

CHAPTER 06 **자재관리 모듈의 주요 기능**

CHAPTER 07 **생산관리 모듈의 주요 기능**

CHAPTER 10 **재무회계 모듈의 주요 기능**

CHAPTER

01

기업과 ERP

기업과 ERP

01 기업과 시스템

1.1 기업이란

　기업이란 흔히 이익을 창출하는 조직으로 정의하지만 궁극적으로 기업은 고객의 문제를 조직이 가진 자원을 통합하여 해결해 주는 곳이다. 이익을 창출하는 것이 목적성 관점에서 해석이라면 고객의 문제를 해결하는 것은 존재성 관점에서 해석하는 것이기 때문이다. 후자의 관점에서 기업은 조직이 가진 자원과 문제를 해결하는 곳으로 이해해야 한다. 먼저 조직이 가진 자원에서 자원이란 기업이 고객에게 제품이나 서비스를 제공할 때 필요한 것들을 이야기한다. 만약 A기업이 거울을 만들 때 필요한 자원은 거울을 디자인할 인적자원과 디자인된 거울의 형태를 갖추게 해줄 기계, 사람과 기계를 고용하거나 사용할 돈이 필요하다. 필요에 따라서 더 많은 자원이 요구될 수 있지만 가장 기본적인 자원들을 3M(Man, Money, Machine) 혹은 4M(Man, Money, Machine, Material)이라고 한다. 두 번째, 문제를 해결하는 것이란 고객의 니즈를 충족시키는 것을 이야기한다. 예를 들어, 기업 A가 사각형이며 검정색인 거울만을 생산하는 것보다 고객이 원하는 형태(핸드백에 쏙 들어가고 투박하지 않은 테두리로 마감하는 것)로 생산하는 것이라고 할 수 있다. 그렇다면 지금까지 어떻게 기업은 고객이 불편하다고 생각하는 문제를 보다 빠르고 쉽게 해결할 수 있었을까? 바로 시스템 덕분이다. 시스템을 통해 지난 수십 년간 기업과 조직의 업무처리 효율성을 급속도로 증가시켰기 때문이다.

1.2 시스템이란

시스템이란 체계적으로 구축된 무언가라고 추상적으로 생각할 수 있지만 시스템은 데이터와 프로세스의 합으로 이루어져 있다. 이를 이해하려면 과거 조직이 어떤 방식으로 업무를 처리했는지 살펴볼 필요가 있다. 과거 조직은 업무내용을 종이 혹은 이메일에 기록했다. 작은 가게에서도 거래를 하기 위해서 종이에 누가 이것을 사고 팔았는지 기록하고 계산했다. 더 큰 조직에서는 더 많은 종이에 각자 수집한 데이터를 종이에 기록하고 보관하였다고 유추할 수 있다. 조직의 규모가 커지면 커질수록 직원은 늘어나고 직원마다 필요한 정보를 이곳저곳에 기록하면서 저장해야 할 데이터는 증가된다. 만약 조직이 이미 가지고 있는 정보라도 해당 업무를 처리하는 직원이 데이터를 가지고 있지 않다면 다시 해당 데이터를 획득하기 위한 시간이 필요하게 된다. 이렇게 정리되지 않은 업무처리형태는 조직에 과중한 비용이 들게 된다. 정리하면, 기업의 규모가 커질수록 데이터 중복 빈도는 기하급수적으로 증가하게 되고 이를 체계적으로 조율할 필요성이 있게 된다. 문제를 해결하려면 완전히 새롭게 변화하기 위한 혁신이 필요한데 이를 BPR(Business Process Reenginering)이라고 한다. BPR은 근본적인 문제인 데이터

중첩, 책임불명확, 관리비용증가, 업무중복 등을 해결할 수 있는 개념으로 혁신을 통한 다양한 시스템들이 등장하게 된다. 여기서 각종 문제가 파생되는 이유는 데이터의 중복이다. 이를 해결하기 위해서는 잘 정돈된 업무 프로세스가 있어야 한다. 조직 안에는 조직 전체에서 수행하는 업무도 있고 각 부서에서 고유하게 수행하는 업무가 복잡하게 존재하기 때문이다. 이것이 처음 설명한 시스템이 데이터와 프로세스로 구성된다는 이유이다. 그럼 어떻게 수많은 프로세스와 데이터를 정돈할까? 바로 데이터베이스(여러 업무에서 사용되는 데이터는 중앙에 각 부서에서 고유하게 사용되는 데이터는 분리되도록 처리하는 방식)라는 원리에 따라 정리하면 된다. 쉽게 이야기하면 조직의 다양한 업무 프로세스에 필요한 데이터를 한 번만 저장하더라도 필요할 때는 어느 부서에서나 활용가능하도록 지원하는 체계를 말한다.

그렇다면 실제로 어떻게 처리될까? 고객이 가장 많이 사용하는 플랫폼에서 제품을 주문하는 과정을 통해 어떤 데이터들이 입력되어야하는지 이해해보자. 먼저, 플랫폼에서는 제품들에 대한 카테고리, 제품, 고객, 배송, 결제 등과 관련된 데이터가 입력되어야 한다. 플랫폼은 모든 제품을 판매하는 곳은 아니기 때문에 제품을 판매하는 회사에서는 제품명, 제품사진, 제품색상, 가격, 상세설명 등에 대한 정보도 입력되어야 한다. 이후 플랫폼에 입력된 정보들을 살펴보고 고객은 이름, 배송지, 제품, 색상, 제품수량, 결제방법 등을 입력함으로써 주문이 완료된다. 단순히 고객이 제품을 주문하는 것 같아 보여도 다양한 역할과 작업을 통해 데이터가 정렬되며 이는 실시간으로 반영된다. 물론 실제로는 더 많은 데이터로 구성되어 있지만 역할별로 잘 정리된 데이터만으로도 다양한 프로세스를 쉽게 처리할 수 있다. 더 나아가 부품을 사고 제품을 제조하는 기업에서 일어나는 내외부의 프로세스를 어떻게 중첩없이 시스템 하나로 구조화할 수 있을까? 이 질문에 대한 답은 이제부터 ERP를 차근차근 살펴보면서 얻도록 한다.

02 경영환경 변화요인

과거와 현재의 경영 패러다임을 비교해보면, 과거에는 고도 성장과 매출 극대화가 중점이었다. 반면 현재의 경영은 급변하는 기업 환경에 민첩하게 대응하면서 고객 중심의 경영을 중시하는 것이 중요해졌다. 현대 기업이 생존하고 발전하기 위해서는 외부 환경 변화를 끊임없이 관찰하고, 환경과 기술의 변화에 대응할 수 있는 역량을 확보하기 위해 지속적인 노력과 투자가 필요하다. ERP 시스템의 전략적 측면에서 보면, 기업의 경영 환경 변화 요인은 다음의 6가지로 정리할 수 있다.

(1) 시장의 세계화

세계 각국에 진출한 기업들은 각기 다른 언어와 통화, 회계 기준 및 법 제도를 고려해야 한다. ERP 시스템은 이러한 복잡성을 효과적으로 관리할 수 있도록 지원하는데 다양한 국가의 규정을 준수하면서도 통합된 데이터 관리를 통해 실시간으로 정확한 정보를 교환할 수 있다. 이러한 표준화는 궁극적으로 업무 프로세스의 중복 작업을 줄이고, 각 지사 간의 협업을 원활하게 만들어 준다. 이러한 통합된 시스템을 통해 기업이 신속하게 대응하고 변화에 유연하게 적응할 수 있도록 지원하기 때문이다.

(2) 정보의 중앙집중화

과거의 데이터는 분산화되어 비효율적 업무 처리프로세스가 산재해 있었다. 중앙 집중식 데이터베이스는 모든 부서의 데이터를 통합하여 실시간으로 접근할 수 있다. 더 나아가 다양한 지역에 위치한 지사들이 동일한 시스템을 사용하여 데이터를 입력하고 공유할 수 있으므로, 지리적 한계를 극복하고, 협업을 강화할 수 있다. 이는 기업의 운영 비용을 절감하고, 생산성을 높이는 데 기여할 뿐만 아니라 시장 변화에 대한 빠른 대응과 전략적 계획 수립에 긍정적인 영향을 줄 수 있다. 여러 시스템에 분산되어 있는 데이터를 하나의 시스템으로 통합함으로써, 기업은 데이터 보안을 더욱 철저히 관리할 수 있다.

(3) 제품 라이프사이클 주기 단축

제품 라이프사이클은 제품의 기획, 디자인, 제조, 마케팅, 판매에 이르기까지 모든 단계를 주기로 설명하는 개념이다. 고객의 제품, 서비스에 대한 요구 다양화와 기술발전으로 과거의 주기와 비교하여 제품 라이프사이클이 단축되고 있다. 이로 인해 제품개발에 투자되는 단위기간 비용은 늘어났지만 제품 판매기간이나 판매량이 감소되어 이윤은 적어지는 상황이었다. ERP 시스템의 도입은 빠른 제품 라이프사이클과 수익률 감소의 도전에 효과적으로 대응할 수 있다. ERP 시스템을 통해 기업은 신제품 개발 및 출시 과정을 효율적으로 관리하고, 재고와 공급망을 최적화하며, 비용을 절감하고, 고객 요구에 신속하게 대응할 수 있기 때문이다. 결과적으로 기업은 경쟁력을 유지하고, 지속 가능한 성장을 이룰 수 있다.

(4) 개별화된 고객지원

고객지원을 통해 기업은 기업과 고객 간의 관계를 강화하고, 고객 만족도를 높이며, 기업의 경쟁력을 향상시킨다. 고객의 구매 이력, 서비스 요청, 문제 해결 이력 등을 하나의 시스템에서 실시간으로 확인할 수 있게 되는데 이를 통해 고객의 문제를 신속하게 해결할 수 있기 때문이다. 통합된 서비스는 단순한 문제해결뿐만 아니라 다양한 고객 지원 채널(전화, 이메일, 채팅, 소셜 미디어 등)까지 통합 관리가 가능하며 고객이 어떤 채널을 통해 접촉하더라도 일관된 경험을 느끼게 할 수 있다.

(5) 품질의 고급화

시스템을 통해 제조 공정에서 발생하는 모든 데이터(생산량, 불량률, 재고 등)를 실시간으로 모니터링하고 분석함으로써 품질향상에 기여할 수 있다. 생산품질의 향상은 단순히 판매량의 증가뿐만 아니라 고객에게 다양한 가치를 전달해 주는 것까지를 포함한다. 모든 제조 공정에서 동일한 품질 기준과 절차를 적용하게 되면 이후 일관된 가치를 전달해 준다는 신뢰성을 포함한 기업이미지를 구축할 수 있기 때문이다. 품질 관리가 정밀화와 표준화로 인해 불량률을 감소되고 실시간 모니터링과 자동화된 품질 검사로 인해 생산 기간을 단축시킬 수 있다.

(6) 전략적 의사결정의 요구

기업 내 주요 비즈니스 프로세스나 다양한 부서의 데이터를 통합하여 관리하고, 실시간으로 업데이트되는 데이터를 저장할 수 있다. 이렇게 저장된 데이터를 기반으로 한 비즈니스 인텔리전스(BI: Business Intelligence)와 예측 분석을 지원하여 미래 예측과 전략적 계획을 수립할 수 있다. 필요한 시점에 제공되는 데이터들을 통해 기업은 동적인 시장 환경에서 경쟁 우위를 유지하고, 지속 가능한 성장을 추구할 수 있다.

▶ 그림 1-1 6가지 경영환경의 변화 요인 ————————————————

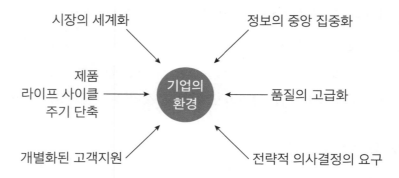

03 기술적 변화요인

앞에서 살펴본 경영환경 변화요인에 의해 ERP 시스템에 대한 필요
성은 더욱 증가하였다. 현재 이러한 ERP 시스템이 탄생할 수 있기까지
기술적인 요인관점에서의 발전을 보면 다음의 8가지로 분석할 수 있다.

(1) 개방형 시스템

개방형 시스템이란 외부 시스템과의 상호 운용성을 보장하며, 다양
한 통합 가능성을 가진 시스템이다. 개방형 시스템은 오픈 표준의 데이
터베이스 시스템(SQL, NoSQL 등), 통신 프로토콜(HTTP, RESTful API 등)
을 사용하여 외부 시스템과 데이터를 교환하고 통합할 수 있다는 특성
을 갖는다.

(2) 4세대 언어와 CASE

지금까지 정보시스템을 설계할 때 어려운 시스템의 구성과 영어를
위주로 한 전산용어였다. 4GUI(Graphic User Interface)와 4GL(Fourth

Generation Language)의 등장으로 프로그램의 개발이 용이해지고 좀 더 사용자 중심의 프로그램개발이 가능해졌다. 세대 언어는 고수준의 프로그래밍 언어로, 데이터베이스와 관련된 응용 프로그램을 쉽게 개발할 수 있도록 설계된 언어로 주로 데이터 중심의 작업을 처리하며, 비즈니스 문제를 해결하기 위해 설계되었다. CASE(Computer Aided Software Engineering)란 소프트웨어 개발 과정을 자동화하고 지원하기 위한 도구들의 집합으로 개발 생산성의 증대와 소프트웨어 품질보증의 측면에서 ERP발전에 많은 공헌을 했다. 두 기술은 서로 보완적이며, 특히 CASE 도구는 4세대 언어로 개발된 응용 프로그램의 관리와 유지보수를 효과적으로 지원한다.

(3) 사용자 인터페이스

사용자 인터페이스(UI: User Interface)란 사용자와 컴퓨터 간의 상호작용을 가능하게 하는 시스템의 일부분이다. 잘 구축된 UI는 사용자 경험을 개선하고 ERP 시스템의 사용자 친화성을 높일 수 있다. 특히 그래픽 사용자 인터페이스(GUI: Grapic User Interface)는 사용자가 그래픽 요소(아이콘, 버튼, 메뉴 등)를 마우스로 클릭하거나 터치하여 소프트웨어와 상호작용할 수 있기 때문에 새로운 시스템이라도 보다 직관적으로 이용할 수 있다. 그래픽 요소뿐만 아니라 데이터를 활용하여 그래프 등을 손쉽게 구현해낼 수 있다.

(4) 관계형 데이터베이스와 SQL

ERP 시스템은 매우 방대한 양의 데이터를 관리해야 한다. 데이터베이스 기술의 발전은 대규모 데이터의 저장, 검색, 처리를 가능하게 하여 ERP 시스템의 기반을 마련할 수 있었다. 데이터를 여러 테이블로 분해하여 중복을 제거하고 데이터의 일관성과 정확성을 유지할 수 있도록 체계성을 설명하는 관계형 데이터베이스(RDBMS: Relational Database Management System)의 등장과 데이터 삽입, 수정, 삭제, 검색 등 다양한 작업을 수행할 수 있는 SQL(Structured Query Language)의 표준화는 데이터 관리의 효율성을 크게 높일 수 있다.

(5) 데이터웨어하우스

데이터웨어하우스(Data Warehouse)란 기업이나 조직의 다양한 데이터를 통합하여 분석과 의사결정 지원을 목적으로 설계된 중앙 데이터 저장소로 여러 다양한 소스(내외부데이터)에서 추출한 데이터를 통합하여 중복을 최소화하고 일관성 있는 형태로 저장한다. 데이터웨어하우스를 통해 주제별로 데이터를 구성하거나 실시간 분석, 보고서 생성, 예측 분석 등을 수행한다.

(6) 객체지향기술

객체지향이란 프로그램을 설계하고 구현하는 데 있어서 데이터와 데이터를 처리하는 기능을 하나의 논리적인 단위를 말한다. 객체지향기술(OOT: Object Oriented Technology)은 소프트웨어의 유연성, 재사용성, 유지보수성을 향상시키는 데 기여하며, 대규모 시스템의 복잡성을 관리하는 데 유리하다. ERP 패키지 내의 각 모듈(Module: 프로세스의 집합)은 각기 독립된 개체(Object)로서 역할을 하게 된다. ERP 시스템은 생산, 물류, 회계 등의 다수 모듈의 집합체이다. 각 모듈은 자기 고유의 기능을 가지면서 다른 모듈들과 객체지향방식의 인터페이스를 통해 전체적으로 시스템의 효율을 향상시킨다.

(7) 워크플로(Workflow)

워크플로란 조직이나 개인이 특정 작업을 수행하는 과정을 정형화하고, 이를 시각적으로 표현하거나 자동화한 프로세스를 이야기한다. 특정 작업이나 프로세스를 수행하는 데 필요한 단계들을 명확하게 정의되면 다양한 역할과 사용자들 간의 상호작용을 진행할 수 있는데 ERP 시스템을 통해 워크플로를 자동화할 수 있다. 자동화된 워크플로는 숨겨진 프로세스의 병목 현상을 발견하고 효율적인 개선방안을 모색할 수 있으며 각 역할 간 책임을 명확히 함으로써 개별적인 성과측정이 가능하다.

(8) C/S(Client/Server) 시스템과 웹기술

C/S 시스템은 Client(클라이언트)와 Server(서버)라는 두 개의 주요 구성 요소로 이루어져있다. 서버에는 다수의 부서나 다수의 역할 내에서 사용해야 하는 정보를 보관하고 개별적으로 사용해야 하는 정보의 경우 클라이언트 내부의 공간에서 정보를 보관할 수 있다. 이러한 특성은 통합화되어 있으며 분산적인 특성을 갖는다. ERP 시스템에 이러한 개념이 도입되면 정보에 대한 공유범위를 정하고 이는 궁극적으로 시스템 소형화에 많은 기여를 하게 되었다. 이를 온라인으로 연결한다면 언제어디서나 시스템을 사용할 수 있기 때문에 보다 편리하게 시스템을 이용할 수 있다.

▶ 그림 1-2 8가지 기술의 변화

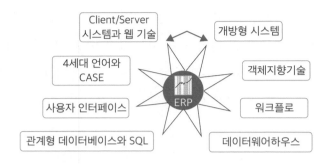

04 ERP의 등장

　1990년대 들어 글로벌 경쟁이 심화되면서 경영환경이 급변하고, 하드웨어 비용이 급락하며 첨단 IT가 출현하여 컴퓨팅 파워가 증대되었다. 시장 구조가 생산자 중심에서 소비자 중심으로 전환되면서 기업들은 IT 자원을 활용한 첨단 경영기법을 도입해야 할 필요성이 커졌고, 이로 인해 ERP가 주목받게 되었다.

　기업의 기본 자원은 3가지로 인력, 기계, 자금으로 구성되며 이는 한정되어 있다. 한정된 자원을 최대한 효율적이고 효과적으로 운용하기 위해서는 업무를 표준화하고 모듈화할 필요성이 있는데 이를 위해서는 사전에 정형화되지 않은 업무에 대해 살펴볼 필요성이 있다. 예를 들어, 잘못된 관행이나 비부가가치 업무, 반복적인 업무 등이다. 이 부분들은 표준화, 통합화, 모듈화를 통해 민첩한 대응력을 키울 수 있다. 업무가 정형화되면, 정보를 쉽게 공유할 수 있으며 자원을 최적화할 수 있다. 결과적으로 정형화된 업무를 통해 고객이 원하는 시점에 원하는 정보를 줄 수 있음으로 고객만족을 이끌고 좋은 제품을 생산할 수 있도록 지원할 수 있다. 각 부서나 업무단위로 이를 규격화하면 ERP를 구성하는 한 단위의 모듈이 되며 모듈들을 종합하면 ERP가 된다. ERP는 기업의 여러 기능을 지역적 한계를 넘어 통합적으로 관리할 수 있도록 지원하는 종합적 자원관리시스템이다.

▶ 그림 1-3 ERP 등장에 따른 업무변화 ────────────

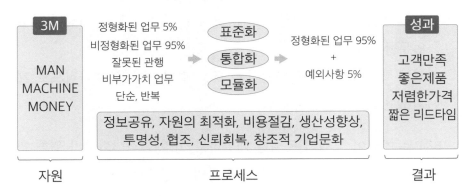

05 ERP의 개념

많은 국내외 선진 기업들이 경쟁력 확보를 위해 ERP 도입과 고도화에 관심을 기울이고 있다. ERP는 Enterprise Resource Planning의 약자로, 전사적 자원관리라고 불린다. ERP는 사람, 기계, 자금, 자재 등의 자원을 효과적으로 관리하여 기업의 경쟁력을 강화시키는 통합정보시스템이다.

ERP의 주요 개념을 요약하면 다음과 같다.
✓ 통합정보시스템: 영업, 생산, 자재, 회계 등의 부문이 통합된 시스템으로 업무를 처리한다.
✓ 패키지 소프트웨어: 이미 프로그래밍 언어로 구현된 패키지로, 경영 이론과 선진 기업들의 우수한 업무 프랙티스(Best Practices)를

조합하여 사용한다.

✓ 최적화 패키지: 경영 자원의 효과적 이용을 위해 기업 전체를 통합 관리하며, 경영 이론과 실무를 사전에 프로그래밍해 최적화한 시스템이다.

✓ 통합업무지원: 최신 IT 기술을 활용하여 수주부터 출하까지의 공급사슬, 관리 회계, 재무 회계, 인사 관리를 포함한 기업의 핵심 업무를 지원한다.

✓ 경영 혁신 도구: 공급사슬상의 모든 경영 자원을 효과적으로 계획하고 관리하는 도구이다.

ERP는 기업이 고객의 문제를 해결하고 이익을 최대화하기 위해 영업, 생산, 자재, 물류, 회계, 인사 등의 기업 기간 업무를 통합적으로 관리하는 경영 개념이다.

06 ERP의 발전 과정

ERP도 다른 개념들과 마찬가지로 갑자기 생겨난 개념이 아니다. ERP는 크게 4가지로 요약할 수 있다. 1970년대에는 재고관리에 대한 비용절감을 위해 자재관리가 가능한 시스템인 MRP를 구축하였다. 1980년대는 제품을 생산하기 위해 다양한 공급업체가 필요해졌으며 이들을 지원하기 위해 MRP II가 등장하였다. 하지만 MRP II는 생산분야에 한정되어 다른 부문과의 협력이 미흡하였으며 이를 해결하기 위해 ERP가 등장하게 되었다. 이는 기업 전체의 데이터를 통합한 시스템이라고 할 수 있으며 더 많은 이해관계자들까지를 포함한 확장형 ERP가 등장하게 되었다. 각 시스템에 대한 특징은 [표 1-1]과 같다.

▲ 표 1-1 ERP 발전과정

	1970년대	1980년대	1990년대	2000년대
명명	MRP (Material Resource Planning)	MRP II (Manufacturing Resource Planning II)	ERP (Enterprise Resource Planning)	확장형 ERP (Extended Enterprise Resource Planning)
핵심활동	자재관리	생산관리	전사적 자원관리	확장된 공급사슬관리
핵심 데이터	• 자재명세서 • 자재소요량 • 재고정보	• 협력업체 및 사내 생산 산출 정보	• 판매, 구매, 생산, 일반관리의 통합 정보(MRP II + MIS)	• 내부공급뿐만 아니라 외부공급 망을 실시간으로 처리(ERP + SCM, CRM)
최적화 방식	기능(계획과 조정)	부문	기업 전체	기업+이해관계자
핵심기능	• 자재수급계획 • 제조일정산출	• MRP 데이터 • 생산능력계획과 기존생산계획의 연계 • 수주, 재무, 판매관리 등 • 스케줄링, 시뮬레이션	• 기업 전반에 걸친 업무 활동 대상	• 생산자와 공급자간의 전략적 제휴
어려움	• 데이터베이스(DB: DataBase) 기술의 미흡, 개념 미정립으로 실제 적용에 어려움이 존재	• 부문별로 필요한 데이터는 잘 구조화되어 있으나 기업 전반에 걸친 통합화가 미흡함	• 기업 전체의 통합화가 잘 되어 있으나 기업 외부와의 협력사 어려움이 있음	–
관리방식	기업 내부 중심관리		기업 내부 및 외부관리	

6.1 MRP

18세기 말부터 시작된 산업혁명은 대규모 기계화와 공장 시스템의 도입을 촉진하였다. 이때 대규모의 기계화로 인해 재고 과잉으로 인한 관리문제가 대두되었다. 재고문제를 해결하기 위해서 데이터를 체계적으로 해결할 수 있는 컴퓨터가 등장하면서 개발을 진행하였다. MRP의 주요 개념은 주생산계획(MPS: Master Production Schedule), 자재명세서(BOM: Bill of Materials), 재고기록(Inventory Records), 기준생산계획(MPS: Master Production Schedule) 등의 데이터로 운영되며 이를 통해 수요예측, 자재 소요 계획, 생산 일정 계획, 재고 관리 등의 기능이 가능해졌다. MRP를 통해 기업은 자재의 비능률적인 활용이나 낭비를 최대한 제거하는 것이 주 목적이었다.

▶ 그림 1-4 MRP를 기반으로 한 계획도출 ────────

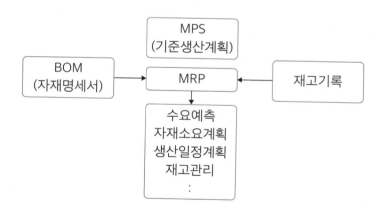

6.2 MRP II

1980년도에 출현한 MRP II(Manufacturing Resource Planning II)는 단순한 자재 소요 계획을 넘어서 제조업체의 전체 자원 관리를 목표로 하는 개념이다. MRP II는 소품종 대량 생산에서 다품종 소량 생산으로의 환경변화에 따른 고객지향 업무가 부각됨에 따라 생겨났다. 고객의 다양성에 따른 복잡한 제조 환경과 자재 중심의 한계를 뛰어 넘기 위해 통합 경영을 할 수 있도록 지원한다. 종합 계획, 예산 및 비용 관리, 생산 일정 최적화, 품질관리, 데이터 통합 등이 주요 활동으로 자동화된 공정 데이터의 수집, 수주관리, 재무관리, 원가관리의 기능을 추가하여 실현 가능한 생산계획을 제시하는 제조활동시스템이라고 할 수 있다. 그러나 MRP, MRP II시스템은 IT자원이 충분히 뒷받침되어 주지 않아 만족할만한 성과를 거두지 못한 것으로 평가되고 있다.

▶ 그림 1-5 MRP II의 계획실행순서

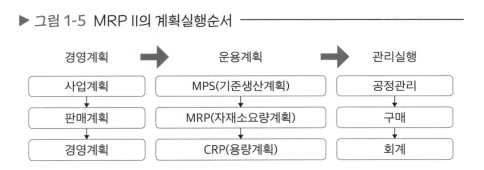

6.3 CIM

컴퓨터 통합 생산(CIM: Computer Integrated Manufacturing)은 생산 공정을 컴퓨터 기술을 사용하여 통합하고 자동화하는 시스템이다. 고객의 요구가 점점 더 다양해지고 복잡해지면서 제조업체는 유연성과 반응성을 높여야 하는 문제와 글로벌 경쟁이 심화됨에 따라 생산 효율성을 극대화하고, 제품 품질을 향상시키며, 비용을 절감하는 것이 필수적이었다. CIM을 통해 설계와 제조가 통합되고 생산 자동화, 품질관리, 유연한 생산, 데이터 통합을 지향하였으나 정보시스템 구축을 위한 인력의 부족, 기술력의 미흡, 전체 기능 통합의 어려움 등으로 확장열기는 점차 줄어들게 되었다. 이러한 문제를 해결해 가면서 ERP 시스템에 대한 전체적인 모델이 그려지고 있었다.

▶ 그림 1-6 CIM 단계에서 통합관리 ─────────────

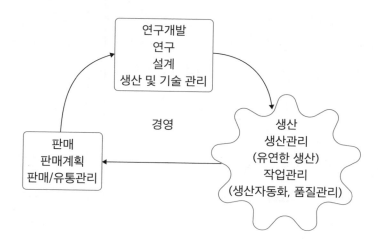

6.4 ERP

기존의 MRP 시스템이 생산중심에서 출발하였다면 MRP II에서 확장된 개념의 ERP 시스템은 생산뿐만 아니라 기업의 모든 자원을 통합적으로 관리하고 최적화하는 것이 주된 목적이다. 재무, 인사, 생산, 물류, 판매, 구매 등 다양한 비즈니스 프로세스를 하나의 통합된 시스템으로 연결하여, 실시간으로 데이터를 공유하고 관리할 수 있도록 하였다. 이를 통해 기업은 운영 효율성을 높이고, 의사 결정의 정확성을 향상시킬 수 있었다. ERP의 주요 기능은 통합 데이터 관리, 실시간 정보 제공, 프로세스 자동화, 비즈니스 프로세스 표준화, 보고서 및 분석이 가능하다. 하지만 높은 도입 비용과 시스템의 복잡성, 맞춤화의 어려움 등 도전 과제도 존재한다. ERP의 성공적인 도입과 운영을 위해서는 충분한 사전 준비와 지속적인 관리를 요한다.

▶ 그림 1-7 제조시점에서의 모듈 간 협업예시

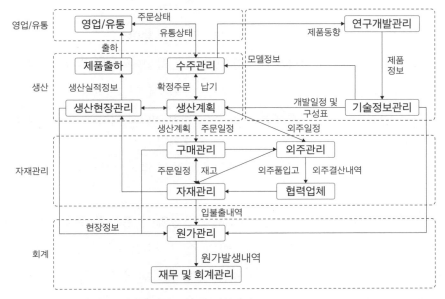

출처: 구매 자재관리 총론, 최재석외, 한국구매경영원

6.5 확장형 ERP

전통적인 ERP 시스템을 확장하여, 기본적인 자원 관리 외에도 공급망 관리, 고객 관계 관리, 전자상거래 등 다양한 비즈니스 기능을 통합한 시스템이다. 비즈니스 환경이 글로벌해지고 고객 중심 경영을 함으로써 다음과 같은 기능들이 확장되었다.

▶ 표 1-2 ERP와 확장 ERP의 차이

기존 ERP	시스템	확장된 ERP
재무관리 / 물류관리 / 인사관리 / 영업관리 / 생산관리 / 자재관리		공급망관리(SCM) / 비즈니스인텔리전스(BI) / 고객관계관리(CRM) / 공급자관계관리(SRM) / 프로젝트관리(PM) / 전자상거래(E-Commerce) / 제품수명주기관리 (PLM)

기업자체 최적화	역할	공급사슬 참여 / 협력 비즈니스 전개
생산/유통	분야	모든 분야
판매/생산/유통 재무 프로세스	업무범위	산업 공통의, 산업 고유의 프로세스
기업 내부의 가치사슬	프로세스	외부로 연결된 가치사슬
웹으로 연결만 가능한 폐쇄형 시스템	구조	웹 기반의 외부와 연결된 개방형 협업
내부 생성, 내부 소비	테이터	내부 및 외부에서 생성, 소비

확장형 ERP에서 소개되는 시스템은 3장에서 별도로 설명하도록 한다. [표 1-2]에서 보여 주고 있는 바와 같이, ERP는 주로 생산 및 유통 산업에서만 구축되고 있었으나 ERP로 발전하면서 공공분야와 금융분야 등 전 산업으로 범위가 넓어지고 있다.

07 ERP의 특징

ERP는 MRP, MRP II에 비해서 실시간 및 전사 데이터 관리가 가능하다. 기업이 ERP를 사용하는 범위에 따라 사용하는 모듈이 다를 수 있지만 시스템의 설계 목적은 동일하기 때문에 공통적으로 다음과 같은 특징들이 있다.

7.1 다양한 산업에 대한 지원

기존의 MRP II까지는 생산이 핵심 활동인 제조산업의 비중이 높았다. 기술의 변화와 고객의 수요 다양화 등으로 인해 하나의 기업이 다른 산업에서의 제품이나 서비스가 융합되면서 복잡한 구조의 비즈니스 형태를 지원할 수 있는 시스템이 필요해졌다. 뿐만 아니라 제품의 서비스화나 서비스의 제품화 등과 같이 고객의 니즈를 다양한 방식을 충족시켜야 하는 상황에서 기업의 형태변화를 지원하기 위해 ERP는 다수의 산업에서 통용되는 업무관행인 베스트 프랙티스(Best Practices)를 기반으로 다양한 기능들을 담고 있다. 기존의 제조산업 중심의 시스템이 아니라 여러 분야별로 기업을 지원해줄 수 있는 시스템으로 고도화한 것이다.

7.2 분산·통합적 지원을 통한 전체 업무 최적화

시스템은 데이터와 프로세스로 이루어져있는데 업무별 프로세스를 나누어 관리하게 되면 불필요한 데이터 저장에 따른 비효율이 발생한다. 이러한 비효율을 해결하기 위해 개발한 것이 ERP이기 때문에 부서에서만 사용되는 데이터들은 분산되고 기업 전체에서 활용되어야 하는 데이터는 통합함으로써 업무를 최적화한다. 여기서 분산과 통합을 업무, 조직, 지역 단위로 다시 설명할 수 있다.

첫째, 업무적 분산·통합지원이다. 이 개념은 재무, 인사, 생산, 물류, 판매 등 각 부서의 데이터가 하나의 중앙 데이터베이스에 저장되어 실시간으로 공유되고 모든 기업의 업무 프로세스를 개별 부서원들이 분산처리하면서도 동시에 중앙에서 개별 기능들이 통합적으로 관리되어야 함을 의미한다.

둘째, 조직적 자율·통합관리지원이 있다. 조직이 많은 제품을 생산하는 경우 각 제품에 대한 계획을 조정하거나 공급업체와의 생산 및 재고를 확인하기도 해야하지만 이들을 모두 통합하여 실제로 계획실행시 생산 물량 및 시점을 조정할 때 사용되기 때문이다. 단순히 제품에 대한 생산뿐만 아니라 재무제표를 관리함에 있어서도 자율과 통합은 중요한 부분이다.

셋째, 지역적 분산·통합지원이 있다. 기업의 글로벌화로 인해 규모가 커지면서 한 국가나 지역에 머물지 않고 확대됨으로 인해 발생하는 부분이다. 기업에서 판매하는 제품이 한국에서는 원으로 계산되지만 미국에서는 달러로 계산된다. 본사와 지사의 관계나 거래처나 공급업체 등의 관계를 통합적으로 관리해야 한다.

08 ERP의 통합성 예시

ERP의 통합성은 실시간적인 상호작용이 가능하다는 것으로 해석할 수 있다. 앞서 통합성에 대해 언급하였지만 실제로 업무에서 어떻게 처리되는지에 대해서 쉽게 파악할 수 없기 때문에 간단한 프로세스에서의 통합성을 설명하고자 한다.

고객은 기업이 판매하는 제품에 대한 문의를 통해 견적을 받고 주문을 한다. 이때 기업은 고객과의 주문이 이행될 수 있는지에 대해 ① 가격을 결정하고, ② 손익을 분석하며, ③ 고객의 신용을 평가하고, ④ 가용성점검을 하고, ⑤ 출하스케줄을 확인한다.

① 가격결정: 고객에게 해당 가격으로 판매해도 되는가?

② 손익분석: 고객에게 해당 가격으로 판매하였을 때 기업의 손익은 어떻게 되는가?

③ 신용평가: 고객이 과거 거래에서 별다른 문제가 없는가?

④ 가용성점검: 고객이 주문한 제품의 양을 기한에 맞출 수 있는가?

⑤ 출하스케줄: 고객이 주문한 제품의 양을 기한에 맞추어 받도록 할 수 있는가?

이처럼 한 건의 주문이더라도 다양한 데이터들을 확인하여 고객과의 거래를 결정하게 된다. 만약 한 가지라도 문제가 생기면 주문에 대한 정보를 변경하건 주문을 취소해야함으로 모든 정보가 실시간적으로 통합되어 문제를 해결할 수 있어야 한다. 만약 이러한 기능들이 없는 경우 개별적으로 해결해야 하므로 해당 데이터가 있는 부서를 통한 확인절차가 필요하다.

▶ 그림 1-8 **주문 프로세스의 실시간 통합성 개념** ─────────

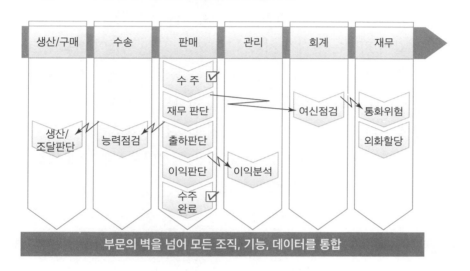

일반적으로 고객의 문의나 견적요청을 바탕으로 고객의 주문을 받게된다. 주문을 받으면서 가격결정을 한 후 재무적인 판단을 하게 되는데, 이때 여신을 점검한다. 즉, 고객이 과거에 구입한 불량외상매출금이 신용한도 이상으로 많이 남아있지 않은 지를 점검해야 한다.

외상매출금뿐만 아니라 주문받은 후 배송대기 중인 제품의 가치도 여신한도 금액에 포함시켜야 된다. 그리고 자재의 가용성 및 생산용량의 적정성 등과 같은 능력 점검을 한 후 생산해서 조달할 수 있는지 여부를 판단하고, 출하판단을 한다. 그리고 이익분석을 하기 위해 원가가 얼마인지, 원가 대비 판매가가 적정한 이윤을 남기는 지를 계산하는 이익 판단을 하고 수주가 완료된다. 과거 단위시스템이었다면 영업시스템에서 수행하다가 여신점검을 위해 회계부서에 문의하고, 능력점검을 위해 구매 및 생산부서에 문의하며, 이익판단을 위해 관리/원가부서에 문의하여야 할 상황에서 ERP라는 통합시스템에서는 즉시 실시간으로 조회가 가능한 것이다.

또한 수출의 경우 해외 통화로 대금청구를 해야 하는 상황이라면 재무부서에서 대금청구하는 통화의 위험을 판단해야 하는 경우도 있을 것이다. 통화위험이란 환율의 변동에 따른 위험을 말한다.

이와 같이 ERP는 실시간 처리시스템이고, 모든 모듈이 서로 통합되어 있으며, 또한 모든 조직, 기능, 데이터가 통합되어 있는 시스템이다. 이상의 개념과 정의를 바탕으로 ERP를 하나의 정의로 보기 어려우므로 관점에 따라 전사적 자원관리 이외에 실시간 기업 최적화시스템, 기업성과 극대화시스템, 매개 통제방식의 통합경영시스템, 업무내장 기업최적화시스템이라고 생각하면 된다.

SAP ERP에서 영업주문을 입력하는 화면을 볼 수 있다. 다양한 가격정책에 대한 자동 가격결정 및 이익 판단, 다양한 여신점검 메커니즘에 기반한 여신점검, 다양한 가용성점검 파라미터 조정을 통한 납기 가능성 판단, 제품 재고 및 출하 예정리스트 조회를 통한 출하판단에 대한 기능들을 순차적으로 살펴볼 것이다.

ERP에 익숙해지고, ERP를 통해 업무처리를 하면 복잡한 회사나 공장의 物과 財의 흐름이 한눈에 보인다. 즉, 조그마한 컴퓨터 모니터를 통해 바둑판같이 작지만 무한의 조합이 가능한 ERP 시스템을 관찰하면, 큰 회사나 공장이 운영되는 모습을 파악할 수 있는 것이다.

[그림 1-9]는 판매오더 입력 시 가용성점검(Availability Check)이 이루어지는 과정을 나타낸 것이다. 영업/유통 모듈의 가용성점검은 현재의 재고뿐만 아니라 자재관리 모듈의 구매오더와 리드타임을 고려한

입고예정량 그리고 생산관리 모듈의 생산오더와 생산리드타임을 고려한 생산현황 등을 고려하여 이루어질 수 있다.

현재 가용한 재고만을 고려한 가용성점검을 할 지, 아니면 구매오더나 생산오더 등을 고려한 가용성점검을 할 지 파라미터 변경을 통해 비교적 용이하게 설정할 수 있으므로 회사의 업무의 특성과 프로세스에 맞도록 가용성점검규칙을 정할 수 있다.

이와 같이 사용자가 느끼기에는 거의 동시에 수많은 요소를 고려한 가용성점검을 하게 되는데, 모듈 간의 통합성이 보장되지 않으면 불가능한 기능일 것이다.

▶ 그림 1-9 **가용성점검** ────────────────

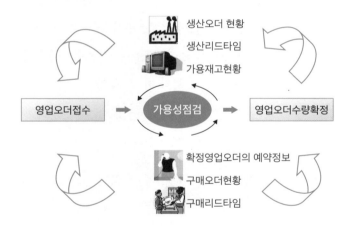

09 ERP의 장점 및 기능

ERP가 과거의 MRP I, MRP II보다 진보된 개념의 시스템이라고 할 수 있는 이유는 기존의 시스템들이 가지고 있지 못하는 고유한 기능을 가지고 있기 때문일 것이다. ERP 시스템 구축의 범위와 패키지의 분류에 따라 차이가 있기는 하겠지만, 일반적으로 ERP가 장점을 가질 수 있는 기능들은 다음과 같다.

9.1 다양한 산업에 대한 지원

기존의 MRP II까지는 그 중심이 제조업에 많이 치우쳐 있었다. 그러나 빠른 속도로 변하는 기업환경변화에 적응하기 위해 하나의 기업이 여러 업종으로 발전하여 복합적으로 얽혀있는 구조를 가지게 되면서, 다업종을 지원할 수 있는 시스템이 필요로 하게 되었다.

이러한 인식의 전환에 맞추어 발생한 ERP는 다양한 산업에 대한 최적의 업무관행인 베스트 프랙티스를 담고 있다. 즉, 제조업 중심 지원 시스템이 아닌, 회계, 인사, 물류, 유통, 그리고 분야별로 특화되어 있는 기능을 조합하여, 다양한 산업에서 활용가능하며 복잡한 환경변화로 얽혀 있는 현재 기업들에게 필요한 새로운 기능을 꾸준히 추가하며, ERP는 시스템의 구축범위를 계속 확대하고 있다.

9.2 분산·통합적 지원을 통한 전체 업무 최적화

ERP 시스템이 지원하는 분산·통합적 지원기능의 3대 요인은 다음과 같다.

첫째, 업무적 분산·통합지원이 있다. 이 개념은 회계기능, 인사기능, 물류관리, 고객관리와 영업기능, 생산지원 기능 등의 모든 기업의 업무 프로세스를 개별 부서원들이 분산처리하면서도 동시에 중앙에서 개별 기능들이 통합적으로 관리되어야 함을 의미한다.

둘째, 조직적 자율·통합관리지원이 있다. 이 개념은 단위조직의 독립적 경영을 지원하면서 동시에 전체를 결합하는 통합적 관리도 해야함을 의미한다. 각기 다른 조직의 생산 및 재고를 보며 통합적으로 최적화된 생산 물량 및 시점을 조정하거나, 각 조직의 재무제표를 모아 통합 재무제표 발행 등의 업무 필요성이 두 번째 요인에 속한다고 볼 수 있다.

셋째, 지역적 분산·통합지원이 있다. 이 개념은 현대 기업이 메머드처럼 규모가 커지면서 점차 한 곳에서 집중하여 근무를 할 수 있는 여건이 사라지는 기업환경변화에서 시작한다. 기업환경이 국제화되고 국내에서도 지역적으로 분리가 되는 본사와 지사의 관계, 그리고 거래처, 공급자, 협력업체 등의 관계를 통합적으로 관리하는 것을 의미한다.

9.3 파라미터 변경 방식의 시스템 설정

ERP는 경영학적인 업무지식에 입각하여 각 기업의 고유한 프로세스를 구현할 수 있도록 파라미터(Parameter)를 변경하여 고객화(Customization)시킬 수 있게 구성되어 있다. 즉, 이미 경영학적인 이론과 실무가 ERP내에 내장되어 있고, 이러한 이론과 실무 프로세스가 수많은 산업의 생산 및 서비스 형태를 지원할 수 있도록, 그리고 특정 기업의 고유한 영업과 생산, 생산과 자재, 그리고 회계와 원가관리를 통합 관리할 수 있도록 파라미터를 설정하는 방식을 취함으로써 신속하게 업무 프로세스를 e-business화 할 수 있는 패키지인 것이다.

SAP ERP에서는 파라미터를 변경하는 방식을 컨피규레이션(Configuration)이라고 일컫고 있으며, [그림 1-10]에 컨피규레이션의 한 예가 나타나 있다. 그림에서 볼 수 있는 바와 같이 가용성점검을 할 때, 재고만 고려할 것인지, 아니면 구매오더나 생산오더까지 고려하여 가용성점검을 하여 고객에게 납기 회신을 할 것인지를 결정할 수 있다. 또한 재고를 고려할 때, 안전재고나 품질검사 중인 재고를 고려할 것인지, 아니면 일반 재고만 고려할 것인지를 파라미터 세팅을 통해 결정할 수 있다. 이러한 방식으로 ERP를 통해 우리 기업에 가장 적합한 업무 프로세스를 조합해 나가게 된다.

▶ 그림 1-10 컨피규레이션의 예: 가용성점검 파라미터 세팅 ─────

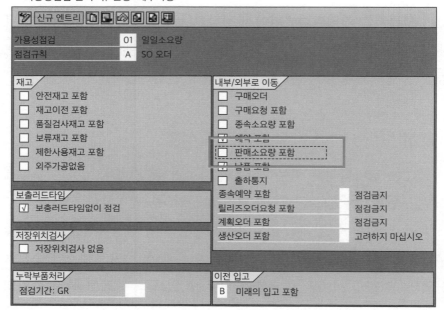

"가용성점검 관리" 뷰 변경: 세부사항

SAP ERP에서는 용이한 컨피규레이션을 자원하도록 이행 가이드 (IMG: Implementation Guide)와 참조모델(Reference Model)을 제공하고 있다. 따라서 파라미터 설정에 의한 시스템 구현 기간의 단축과 업무 및 기능의 업그레이드 시에 버전의 변경이 용이하다는 것이 ERP 시스템의 특징이다.

기업 환경이 빠르게 변하면서 기업의 업무나 조직이 변경될 수 있는 상황은 점점 더 많아진다고 할 수 있는데, 이러한 파라미터 설정을 통해 기업 스스로 변경사항에 대한 재설정 등 시스템 설정이 용이하다는 것이 ERP 시스템의 큰 특징 중 하나이다.

9.4 패키지의 수정과 변경 지원

원칙적으로 ERP 패키지는 ERP 시스템의 핵심적인 기능에 대해서는 프로그램의 수정을 금지하고 있다. 그러나 현대 기업의 업종과 구조가 다양해지면서 필요한 데이터는 삽입하고, 불필요한 데이터는 삭제할 필요성이 대두되었고 프로그램에 대해서도 사용자의 요구에 맞추어 추가나 삭제가 가능해야 했다. 또 기업의 규모와 업무, 기업에서 요구하는 ERP 패키지의 범위에 따라 기존의 ERP 시스템에서 지원하지 못할 추가 업무가 생기기도 한다. 이러한 추가업무 발생에 대비하여 기본적인 ERP 시스템과 추가적인 요구사항이 통합 가능하도록 설계, 개발되어야 한다. 이러한 문제를 해결하기 위해 시스템 자체의 유연성이 절대적으로 필요하게 되었으며, 현재 ERP 시스템은 메뉴, 화면, 보고서 등을 추가 또는 변경할 수 있도록 개선하여 기업마다 다른 프로세스를 사용할 수 있게 했다.

리스크관리나 CAD(Computer-Aided Design), JIT(Just in Time) 등 ERP 패키지에서 지원이 되지 않거나 지원이 되더라도 전체적인 지원이 되지 못하는 부분에 있어서는 전문적인 상용화 패키지를 구입하여 ERP 시스템과 연계시킬 수 있어야 한다. 이러한 면에서 우수한 ERP 시스템은 이미 다른 전문분야의 프로그램과 연계하여 사용할 수 있는 API(Application Program Interface: 인터페이스 프로그램)를 다양하게 확보하고 있으며, 별도의 인터페이스 프로그램이 없더라도 타 애플리케이션과의 인터페이스가 용이하다.

9.5 업무재설계 및 경영혁신 지원

일반적으로 ERP 시스템이 구축되기 전에 업무재설계가 선행되는 것이 바람직한 방법이다. 즉, 업무재설계가 선행되고 ERP가 도입되어야 구축성과가 커질 수 있다. 이때 상위 프로세스 관점의 업무재설계가 선행되면, ERP가 도입되는 과정 중에 매핑(Mapping: 단위업무를 분석하고 요구사항을 받아들여 ERP와 연계하는 작업을 뜻함)단계에서 하위 프로세스 수준의 업무재설계가 실시된다. 이때 ERP에 내재되어 있는 경영이론 및 베스트 프랙티스들에 의해 가시적인 업무 재설계가 지원된다.

ERP가 도입되는 과정 중의 업무재설계 과정은 새로 도입되는 ERP 프로세스가 기업의 조직, 제도, 업무와 잘 조화될 수 있도록 하는 단계이다. 이러한 업무재설계를 통하여 경영혁신이 이루어진다. 성공적인 ERP 구축을 위해서는 가장 슬기롭게 넘어야 할 단계라고 할 수 있다.

9.6 시뮬레이션

ERP 시스템을 통하여 얻을 수 있는 시뮬레이션의 효과는 시간과 비용을 단축하여 경영자원을 효율적으로 사용하고 의사결정의 효과성을 높일 수 있다는 점이다. ERP 시스템에서는 MPS나 MRP에 의해 최적의 계획을 도출할 수 있으며, 경영분석, 원가계산 등으로 최적의 대안을 만들어 낼 수 있다.

시간과 비용의 부담이라는 짐을 벗게 된 기업은 반복적인 시뮬레이션을 통하여 가장 효과적인 의사결정으로 성과를 향상시킬 수 있다.

9.7 최신 컴퓨터 및 정보기술

앞에서 언급한 것처럼 ERP 시스템은 일반적으로 클라이언트/서버 구조로 구현되고 있으며, 현재 ERP는 점차 ERP의 모든 모듈이 웹에서 접속할 수 있다. 최근 객체지향적 구조와 언어를 이용한 ERP 시스템이 등장하고 있다. 또 데이터웨어하우징 기술로 과거에 비해 경영의 중요한 자료의 산출이 용이해지고 전략적인 의사결정을 하는데 의미있는 데이터를 얻는 것도 가능해졌다.

이와 같이 변화하는 IT기술을 ERP가 계속적으로 수용하고 있기 때문에 기업은 별도의 IT환경을 고민하는 데 소요되는 시간과 비용을 줄이고 ERP를 업그레이드시켜 나가면 최신 IT환경을 접목한 시스템을 지속적으로 유지해 나갈 수 있다는 장점이 있다.

◎ ERP 도입 미·니·사·례·1

Walmart

상황: Walmart는 고객 서비스와 운영 효율성을 개선하기 위해 직면한 주요 문제는 물류 및 재고관리에서 발생했다. 기존의 재고관리 시스템은 실시간으로 데이터를 추적하고 최적화하는 데 한계가 있었으며, 공급망에서의 복잡성과 비효율성이 큰 문제로 작용했다.

문제해결: Walmart사는 고객 편의성과 서비스 품질을 개선하기 위해 프로세스 혁신을 추진하기로 결정했다. 주문 시스템을 자동화하고, 고객이 주문 상태를 실시간으로 조회할 수 있는 시스템을 도입했다. 또한 지역별 재고 관리 시스템을 개선하여 배송 시간을 단축하고, 고객 만족도를 높이는 데 주력했다.

결과: 프로세스 혁신을 통해 Walmart는 주문 처리 시간을 절반으로 줄이고, 오류 발생률을 크게 낮추었다. 고객들은 신속한 배송과 실시간으로 업데이트되는 주문 정보를 경험함으로써 만족도가 향상되었다. 이는 고객 충성도를 높이고 매출 성장에 기여하는 결과를 가져왔다.

◎ ERP 도입 미·니·사·례·2

Nestlé

상황: Nestlé는 글로벌 식품 및 음료 기업으로, 다양한 국가와 지역에서 운영는 회사이다. 하지만 이로 인해 각 지역의 재무, 물류, 생산 데이터가 분산되어 있어 전사적인 데이터 통합과 통찰력 부족 문제가 있었다. 또한 빠르게 변화하는 시장 환경에 적응하기 위한 신속한 의사 결정이 어려운 상황이었다.

문제해결: SAP ERP를 통해 글로벌적으로 모든 재무, 물류, 생산 데이터를 한 곳에서 통합 관리할 수 있게 되었다. 이는 실시간으로 업데이트되며, 데이터의 일관성과 정확성을 유지할 수 있도록 도와주었다. 데이터 분석 기능을 활용하여 시장 동향을 분석하고, 수요 예측을 개선하여 생산 계획과 재고 관리를 최적화하였다. 이는 효율적인 재고 회전율과 고객 서비스 수준을 높이는 데 기여했다. 다양한 업무 프로세스를 자동화하고 표준화하였다. 예를 들어, 글로벌 상품 배포와 물류 관리가 효율적으로 이루어지며, 이는 비용 절감과 오류 감소를 가져왔다.

결과: 통합된 데이터 관리와 자동화된 프로세스는 Nestlé의 운영 효율성을 크게 향상시켰으며 통합된 데이터 관리와 자동화된 프로세스는 Nestlé의 운영 효율성을 크게 기여했다.

🎯 ERP 도입 미·니·사·례·3

Nike

상황: Nike는 글로벌 스포츠 브랜드로, 다양한 지역에서 제품을 제조 및 유통하고 있다. 하지만 전 세계의 생산 시설과 유통 네트워크를 통합적으로 관리하기 위한 효율적인 방법이 필요했다. 또한 빠르게 변화하는 소비자 트렌드에 신속하게 대응하기 위한 데이터 기반 의사 결정이 필요했다.

문제해결: SAP ERP를 중심으로 한 통합적인 정보 시스템을 구축하여 글로벌 공급망 관리, 데이터 분석과 예측, 기업 내 프로세스 표준화를 이끌었다. Nike는 전 세계의 생산 시설과 유통 네트워크를 효율적으로 관리하고 조정할 수 있다. 생산 계획과 재고 관리를 최적화하여 비용을 절감하고, 납기 준수율을 높였으며 데이터 분석 기능을 활용하여 소비자 행동 패턴을 분석하고, 수요 예측을 개선하여 효율적인 재고 관리와 제품 출시를 계획하였다. 기업 내 다양한 부서와 기능들의 프로세스를 표준화하고 자동화하여 일관된 작업 실행을 보장했다. 이는 오류를 줄이고 생산성을 향상시키는 데 기여했다.

결과: 통합된 정보 시스템을 통해 Nike는 전 세계적으로 운영 효율성을 크게 향상시켰다. 생산, 물류, 판매 등 모든 과정에서의 효율성을 높이고 비용을 절감할 수 있었다. 또한 소비자의 선호와 행동 패턴을 더 잘 이해하고, 이에 맞춰 제품과 서비스를 개선하여 고객 만족도를 증대시켰다.

Intel

상황: Intel은 반도체 제조업체로서 글로벌 시장에서 다양한 제품을 생산하고 판매하고 있다. 다양한 생산 시설과 글로벌 공급망을 관리하고 조정하는 데 어려움이 있었으며, 빠르게 변화하는 기술 및 시장 환경에 대응하기 위한 유연성이 부족했다.

문제해결: SAP ERP를 통해 제품 품질 관리를 표준화하고, 생산 과정에서의 오류를 최소화하며 품질을 유지하도록 지원했다. 이를 통해 글로벌 생산관리와 신속한 데이터 분석에 따른 의사결정이 가능해짐으로써 변화하는 환경에 대응할 수 있도록 하였다.

결과: 통합된 정보 시스템을 통해 Intel은 생산과 공급망 관리의 효율성을 크게 향상시켰으며 신속한 데이터 분석과 의사 결정을 통해 Intel은 글로벌 시장에서의 경쟁력을 강화하고, 기술 발전과 시장 요구사항에 빠르게 대응할 수 있는 능력을 갖출 수 있었다. 또한 Intel은 더욱 혁신적인 제품 개발과 생산 기술 발전을 추진할 수 있는 기반을 마련하게 되었다.

연습문제

01 기업의 역할은 무엇인가?

02 시스템은 어떻게 구성되어 있으며 기업에서 시스템이 갖는 가치가 무엇인가?

03 기업이 ERP를 들인 이유가 <u>아닌</u> 것은?
① 시장의 확장　　　　　　　② 정보의 통합
③ 기술의 단일화　　　　　　④ 고객 맞춤화
⑤ 신속한 의사결정 요구

04 ERP가 필요하게 된 경영환경의 변화 요인들을 서술하시오.

05 ERP란 무엇인가, 그리고 ERP에서의 베스트 프랙티스(Best Practices)란 무엇인가?

06 정형화된 업무를 지향하기 위해 기업이 3가지 요소를 고려해야 하는데 이 3가지로만 구성된 것은 무엇인가?
① 표준화, 통합화, 모듈화　　② 매뉴얼화, 통합화, 정형화
③ 표준화, 통합화, 정형화　　④ 표준화, 분산화, 모듈화

07 ERP의 등장 역사를 1970년대, 80년대, 90년대, 2000년대로 구분하여 기술하시오.

08 MRP와 ERP의 비교 표로 이들의 특징이 잘못 짝지어진 것을 고르시오.

		MRP	ERP
①	명명	Material Resource Planning	Enterprise Resource Planning
②	핵심데이터	자재명세서, 자재소요량	판매, 구매, 생산 통합정보
③	최적화방식	기능	부문
④	핵심기능	자재수급계획	기업전반에 걸친 업무 활동

[기출문제]

09 'Best Practice' 도입을 목적으로 ERP 패키지를 도입하여 시스템을 구축하고자 할 경우 가장 적절하지 <u>않은</u> 것은?

① BPR과 ERP 시스템 구축을 병행하는 방법
② ERP 패키지에 맞추어 BPR을 추진하는 방법
③ 기존 업무처리에 따라 ERP 패키지를 수정하는 방법
④ BPR을 실시한 후에 이에 맞도록 ERP 시스템을 구축하는 방법

10 ERP 시스템의 프로세스, 화면, 필드, 그리고 보고서 등 거의 모든 부분을 기업의 요구사항에 맞춰 구현하는 방법을 무엇이라 하는가?

① 정규화(Normalization)
② 트랜잭션(Transaction)
③ 컨피규레이션(Configuration)
④ 커스터마이제이션(Customization)

11 [보기]에서 설명하는 경영혁신 전략기법으로 가장 적절한 것은?

> [보기]
> 정보기술을 이용하여 기업 업무프로세스를 근본적으로 재설계하여 경영혁신을 통한 경영성과를 향상시키려는 경영전략기법이다.

① 지식경영   ② 벤치마킹

③ 리스트럭처링   ④ 리엔지니어링

12 ERP 도입 의의를 설명한 것이다. 가장 적절하지 <u>않은</u> 것은?

① 기업의 프로세스를 재검토하여 비즈니스 프로세스를 변혁시킨다.
② 공급사슬의 단축, 리드타임의 감소, 재고비용의 절감 등을 목표로 한다.
③ 기업의 입장에서 ERP 도입을 통해 업무 프로세스를 개선함으로써 업무의 비효율을 줄일 수 있다.
④ 기업 전체의 업무 프로세스를 각각 별개의 시스템으로 분리하여 관리하기 위해 ERP를 도입한다.

13 ERP의 발전과정으로 가장 옳은 것은?

① MRP Ⅱ → MRP Ⅰ → ERP → 확장형 ERP
② ERP → 확장형 ERP → MRP Ⅰ → MRP Ⅱ
③ MRP Ⅰ → ERP → 확장형 ERP → MRP Ⅱ
④ MRP Ⅰ → MRP Ⅱ → ERP → 확장형 ERP

14 BPR(Business Process Re-Engineering)의 필요성에 대한 설명으로 가장 적절하지 <u>않은</u> 것은?

① 경영기능의 효율성 저하 극복
② 정보 기술을 통한 새로운 기회 창출
③ 지속적인 경영환경 변화에 대한 대응 모색
④ 정보보호를 위해 외부와 단절된 업무환경 확보

▌사·례·연·구▐

프로세스 혁신이 요구되는 콜롬비아사 사례 연구

콜롬비아사는 컴퓨터 액세서리 조립제품과 네트워크기반의 컴퓨터 작업에 활용되는 전문화된 부품들을 생산하는 회사이다. 콜롬비아사는 설립된 지는 얼마 되지 않았지만 급속히 성장하고 있는 회사이다. 이 회사는 몇 가지 독특한 제품을 출시하고 있으며 품질 면에서 매우 높은 명성을 가지고 있다. 그러나 시장이 매우 경쟁이 치열한 만큼 지속적인 성공을 위해서는 혁신과 최고품질의 제품유지가 요구되고 있다. 현재 직원 수는 700명인데 과거 3년 전에 비해 2배 정도의 규모로 성장하였다. 판매는 같은 기간 동안 거의 3배 정도 증가했으며 최근 대기업 컴퓨터 회사와의 계약이 체결됨에 따라 판매는 더욱 늘어날 것이다. 그러나 이러한 성공과 더불어 회사는 몇 가지 문제점들에 봉착하고 있다. 품질불량으로 인한 고객의 거절건수가 증가하기 시작하였고, 최근 몇 달간에 걸쳐 회사는 반복적으로 배송스케줄을 준수하지 못하기까지 했다.

최고경영자팀에는 CEO겸 설립자인 매트 월시와 생산담당 부사장, 구매 및 자재담당 부사장, 설계 및 기술담당 부사장, 판매담당 부사장, 회계담당 부사장이 포함되어 있다. 월시는 회사 내에서 중요한 의사결정을 엄격하게 통제하는 강력한 관리자이다. 나머지 경영자들은 운영상의 중요한 변화를 시도하려면 사전에 그의 승인을 받도록 되어 있다. 월시의 스타일은 문제들을 처리하는 데 있어서 여러 부문이 모여 회의하는 것보다는 각각의 해당 부사장들과 개별적으로 처리하는 것을 선호하였다. 부서 간의 관계는 과거 2년 동안 악화되어 왔다. 부문 간의 불신, 경쟁, 정치적 조작들이 증가해 왔으며 월시는 경영자들 간의 갈등을 해결하기 위하여 자주 개입하였다. 이러한 부문 간의 갈등으로 인해 각 부서의 하위층 직원들 간의 관계에도 불신과 적의가 팽배하게 되었다.

생산담당 부사장은 품질관련 문제들의 증가는 설계 및 기술부서의 잦은 제품설계 변경 때문이라고 믿고 있다. 신규 회사로서 신제품의 출시가 많고 기존제품도 하위부품의 설계 변경이 점차 늘어나고 있다. 생산관리자들은 이러한 설계 변경사항에 대해 제대로 전달받지 못하였으며 변경에 따라 생산방식에 있어서 어떠한 필요한 조정을 해야 할지를 결정할 충분한 시간도 가지지 못하고 있었다. 또한 배송문제와 관련해서 생산담당 부사장은 판매부서가 고객들을 유치하기 위하여 비현실적인 약속을 하고 있다고 믿고 있다. 생산용량은 증가하는 주문량을 충족시킬 만큼 충분하지 못한 상황인데다가 고객들의 요청에 의해 행해지는 제품수정으로 인하여 추가적인 지연이 발생되고 있었다. 이러한 생산지연은 배송스케줄을 준수하지 못하는 원인이 되고 있었다.

특히 구매 및 자재부서는 영업부문의 수주 후의 빈번한 제품 스펙 변경과 설계 및 기술부문의 잦은 설계변경으로 인해 자재소요량계획 (Material Requirement Planning)의 정확도가 떨어지고, 공급업체에서 구매오더의 변경에 대해 불만이 늘어나고 있으며, 이로 인해 재고가 점차 증가하여 창고에 사용하지 못하는 불용재고가 점차 쌓이고 있다고 걱정하고 있다. 또한 판매부문에서의 수요예측 정보가 지나치게 부정확하여 특히 수입해야 하는 장납기자재의 구매가 어려워지고, 공급업체에서 충분한 생산리드타임을 갖기 어렵다는 의견을 제시함에 따라 구매부문 단독의 의견에 의해 구매를 진행하여 더욱 재고가 늘어난다고 믿고 있다.

또한 판매담당 부사장은 생산부문의 진행상황을 알 수가 없고 제품 재고 현황을 볼 수 없기 때문에 고객이 문의하였을 때 납기를 알려줄 수가 없어 수주에 어려움이 있다고 이야기하고 있다. 또한 배송이 늦은 것도 생산지연에 따른 것이라고 주장하고 있다. 그는 생산을 담당하는 직원들이 품질관련 문제들을 해결하는 데 지나치게 많은 시간을 소비하게 되어 결과적으로 제때에 제품배송을 못하고 있다고 생각한다. 또한 생산담당 부사장의 고객과 영업에 대한 이해부족으로 인해 생산지연이 발생하고 고객의 요구를 충분히 수용하기 어렵다고 생각하고 있다.

설계 및 기술담당 부사장은 신제품 설계 시에는 생산부문에서 시제품 생산을 적극 지원하지 않아 신제품 출시가 늦어지고 있다고 생각한다. 또한 고생하여 저렴하고 품질 높은 하위부품으로 설계변경을 성공시키고 나면 생산부문에서 제대로 이해를 하지 못하고 칭찬은커녕 설계변경을 하여 생산 및 구매부문의 어려움을 가중시킨다고 말하는 것에 대해 화가 나있는 상태이다. 판매담당 부사장과 설계 및 기술담당 부사장 두 사람은 생산담당 부사장이 고집이 세고 중요한 고객들의 특별한 니즈(Needs)를 수용하고자 노력하지 않는다고 믿고 있다.

판매담당 부사장은 사전 공지없이 고객신용도 요구수준을 높인 회계담당 부사장에게 화가 났다. 그녀는 단골고객으로부터 신용 때문에 대형 주문이 거절되었다는 불평을 들은 후에야 새로운 정책에 대하여 알게 되었다. 판매담당 부사장은 새로운 정책은 판매량을 감소시킬 것이고 그러한 감소는 자신의 탓으로 돌려질 것이라고 믿고 있다. 그녀는 그 여파에 대한 이해없이 결정을 승인해 주었던 월시에게 불평을 했다. 또한 회계담당 부사장은 이번 달 잔여업무에 대한 생산근로자들의 초과근무 수당을 돌발적으로 전면 폐지함으로써 생산담당 부사장을 화나게 했다. 이러한 행동은 정당한 것으로 보이지 않을 뿐만 아니라 생산 스케줄에 맞춘 생산을 더욱 어렵게 만들었다. 생산담당 부사장은 월시에게 이러한 결정을 철회해 주기를 요청하였다.

회계담당 부사장은 매출은 늘어나지만 점차 제품원가가 높아지고 있으며, 불용재고가 늘어나고 있어 수익성이 저하될 수 있다고 걱정하고 있다. 그는 막연하게 이대로 가다가는 현금유동성에 문제가 생길 수 있다고 경고하고 있다. 게다가 정확한 원가집계가 되지 않고, 외상매입금이나 외상매출금이 정확하지 않아 현금흐름을 파악하기 어렵다고 생각하고 있다.

▮ 토론문제 ▮

1. 콜롬비아사의 문제점을 파악하여 요약해보시오.

2. 이 회사에서 ERP를 구축한다면 어떠한 프로세스의 개선에 초점을 맞추어 프로세스 재설계를 해야 하는가? 특히 경쟁우선순위가 원가(Cost: 저원가), 품질(일관성있는 품질, 고성능 제품개발), 시간(적시 인도, 빠른 신제품개발 속도), 유연성(Flexibility: 고객화 능력, 생산수량 조절 능력) 중 하나라고 가정하고 프로세스 개선에 대한 각 부문의 의사결정이 어떻게 다르게 될 지에 대해 생각해보시오.

3. 이 회사에서 ERP를 구축한다면 어떠한 효과를 기대할 수 있겠는가?

CHAPTER 02

SAP ERP의 구성
및 모듈별 특성

SAP ERP의 구성 및 모듈별 특성

01 SAP ERP의 모듈 구성

SAP의 성공요인은 BPR의 철학과 전략이 ERP 시스템에 자연스럽게 통합되었기 때문이다. BPR과 SAP ERP는 본질적으로 서로 보완적인 관계에 있으며, BPR이 SAP ERP의 성장을 크게 촉진시켰기 때문이다. 1990년에 마이클 해머(Michael Hammer)가 하버드 비즈니스 리뷰에 BPR(Business Process Reengineering: 프로세스 재설계) 개념을 처음으로 소개하였는데, 이때 ERP가 BPR추진에 도움이 되는 것으로 시장에 인식이 되면서 SAP회사가 눈부시게 성장하였다. SAP ERP는 기업들이 BPR을 통해 재설계된 비즈니스 프로세스를 구현할 수 있는 표준화된 모듈을 제공했다. 이 모듈들은 재무, 인사, 공급망 관리 등 다양한 비즈니스 영역에서 통합된 데이터를 기반으로 운영할 수 있도록 설계하였다. SAP ERP의 상세모듈 구성이 [그림 2-1]에 나타나 있다.

▶ 그림 2-1 SAP ERP 핵심 모듈 ────────────────

▶ 그림 2-2 SAP ERP 확장 모듈 ────────────────

　　Chapter 02에서 Chapter 10까지 핵심 모듈 중에서도 가장 기본적인 (영업/유통(SD) 모듈 – 판매 및 유통 관리를 담당하며, 주문 처리, 출하, 청구서 발행 등의 기능을 제공), (자재관리(MM) 모듈 – 구매 및 재고 관리를 지원하며, 자재 관리, 발주, 입고, 재고 평가 등을 포함), (생산관리(PP) 모듈 – 생산 계획 및 제어를 지원하며, 자재 요구 계획(MRP), 생산 일정 관리, 공정 관리 등을 포함), (물류관리(LM) 모듈 – 물류 및 공

급망 관리와 관련된 다양한 프로세스를 관리하는 데 사용), (재무회계(FI) 모듈 - 회계와 재무 관리를 담당하며, 재무제표 작성, 일반 원장 관리, 계정 정리 등의 기능을 제공), (관리회계(CO) 모듈 - 내부 회계 관리와 원가 계산, 수익성 분석 등을 수행하여 재무 성과를 관리) 등을 소개하고자 한다. 이러한 모듈은 각 기능별로 특정 비즈니스 영역을 관리할 수 있도록 설계되었다. 여기서 모듈이란 소프트웨어를 여러 개의 독립적인 단위로 분해한 것을 이야기한다. 소프트웨어를 모듈화하게 되면 소프트웨어를 구성하는 요소들을 논리적이고 독립적인 단위로 나누어 개발 및 유지보수할 수 있다. 이와 함께 SAP ERP는 기본 모듈 외에도 확장 모듈(Extended Modules)을 제공하여 특정 산업이나 비즈니스 기능에 초점을 맞추며, 기본 모듈과 밀접하게 연동되어 작동한다. 확장 모듈의 경우, 3장에서 따로 소개한다. [그림 2-2]에 나온 부분을 토대로 요약하여 살펴보면 (고객관계관리(CRM) - 고객 관계 관리를 지원하며, 마케팅, 영업, 고객 서비스와 관련된 기능을 제공), (공급자관계관리(SRM) - 공급업체 관계 관리를 위한 모듈로 구매 프로세스를 최적화하고 공급업체와의 협력을 강화), (제품수명주기(PLM) - 제품 수명 주기 관리를 지원하며, 제품 개발, 설계, 엔지니어링 변경 관리 등을 다룸), (최적화솔루션(APO) - 고급 계획 및 최적화 기능을 제공하며, SCM 모듈의 일부로, 생산 및 물류 계획의 효율성을 극대화) 등이 있다.

기본 모듈과 확장 모듈의 시너지를 3가지로 설명할 수 있다. 첫 번째, 확장 모듈은 기본 모듈의 기능을 보완하거나 확장하여, 보다 구체적이고 복잡한 비즈니스 요구 사항을 처리할 수 있도록 한다. 예를 들어, 기본 SD 모듈이 주문 및 판매 관리를 지원하는 반면, CRM 모듈은 고객 관계 관리까지 포함하여 영업과 마케팅을 더 포괄적으로 지원한다. 두 번째, 확장 모듈은 기본 모듈과 통합되어 데이터를 공유하고 프로세스를 연결한다. 예를 들어, SAP SCM의 APO 모듈은 PP 및 MM

모듈과 통합되어 생산 계획과 재고 관리를 고급 수준으로 수행할 수 있다. 이러한 통합은 데이터의 일관성을 유지하고, 비즈니스 프로세스 전반에 걸쳐 원활한 흐름을 보장한다. 세 번째, 특정 산업의 요구에 맞춘 확장 모듈은 기본 모듈을 기반으로 특정 산업의 특수한 요구 사항을 처리한다. 예를 들어, SAP IS-Retail은 소매업에 특화된 모듈로 MM, SD와 같은 기본 모듈과 연동되어 소매업체의 요구 사항을 지원한다.

02 SAP ERP의 기본 프로세스 개요와 모듈 구성

제조 기업에서의 발생할 수 있는 프로세스를 아주 간단히 나열함으로써 기본 모듈의 상호관계에 대해 설명하고자 한다. 이를 시각화하면 [그림 2-3]과 같다. 각 흐름에서 설명하는 결과는 기업에 따라 다를 수 있으며 아래 설명하는 기업의 기준은 자재를 공급업체에게 공급받아 완제품을 판매하는 곳이다. [그림 2-3]을 토대로 순서를 작성하면 다음과 같으며 각 순서는 각 모듈을 살펴보면서 덧붙이기로 한다.

▶ 그림 2-3 제조업에서의 업무처리 프로세스 ────────────

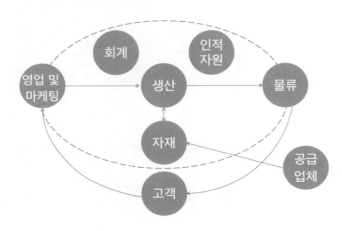

① 고객이 주문을 한다.

② 고객이 요청한 내용을 기반으로 기업은 고객의 요구사항을 체크한다. 예를 들어, 고객이 원하는 날짜, 요구한 수량과 제품을 지정한 가격에 납품할 수 있는지이다.

   1) (완제품이 있는 경우) 고객의 요구에 맞춰 출고한다.

   2) (자재를 제조해야 하는 경우) 자재를 생산하여 완제품을 완성한 후 출고한다.

   3) (자재가 없는 경우) 공급업체에 자재를 조달받아 생산하여 출고한다.

③ 완제품이 출고되면 고객은 입고된 제품에 대해 검수를 통해 이상이 없는지 확인하고 거래를 완료시킨다.

이렇게 간단히 설명되는 내용을 각 모듈의 기능들을 포함하여 구조화하면 [그림 2-4]와 같다.

▶ 그림 2-4 모듈별 데이터 및 업무 프로세스 ────────────

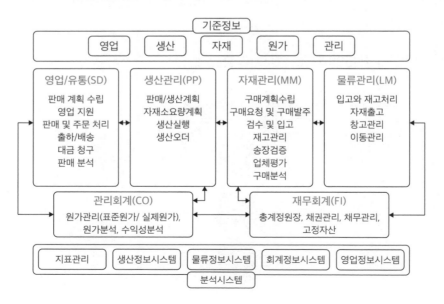

각 모듈에서 처리하는 데이터들을 중심으로 기능들을 정리해 놓았으며 각 모듈은 서로 밀접하게 연결되어 있음을 알 수 있다. 각 모듈에서 업무프로세스가 데이터와 더불어 흘러가는 업무처리 내용을 트랜잭션(Transaction)이라고 하는데, 트랜잭션의 데이터가 분석시스템에 모여 지표관리를 비롯하여 생산정보시스템, 물류정보시스템, 회계정보시스템, 영업정보시스템 등에서 한눈에 볼 수 있도록 제공된다.

03 영업/유통 모듈(SD: Sales & Distribution)

영업/유통 모듈은 제품 수요 예측부터 판매 계획 수립, 영업 지원, 판매 및 주문 처리, 출하/배송, 대금 청구, 판매 분석까지 영업 및 물류의 전 과정을 효율적으로 지원하는 모듈이다. SD 모듈은 주로 고객 관련 데이터(고객의 기본정보로 주소, 연락처, 신용 한도 등), 제품 관련 데이터(제품과 관련된 정보로 가격, 가용성 등), 가격 조건 데이터(할인, 세금, 추가 비용 등)에 대한 부분을 포함한다.

- 주문 관리: 고객 주문 접수, 확인, 변경, 취소 등의 기능을 통해 수주 프로세스를 관리
- 출하 관리: 주문된 제품의 출하 계획 수립, 포장, 운송 준비 및 출하 실행을 지원
- 청구 관리: 출하된 제품에 대해 고객에게 청구서를 발행하고, 수금 및 계좌 관리를 처리
- 신용 관리: 고객의 신용 상태를 평가하고, 신용 한도를 설정하여 위험을 관리

- 가격 결정: 다양한 가격 정책(할인, 세금 등)을 적용하여 정확한 가격을 책정
- 국제 무역: 수출입 관련 규정을 준수하고, 필요한 모든 문서와 절차를 관리

이 모듈은 SAP ERP 내의 다른 모듈들과 밀접하게 통합되어 있어, 기업의 전반적인 운영 효율성을 높인다. 영업/유통 모듈과 타 모듈과의 연계성을 설명한다.

1. SD & MM: SD 모듈에서 생성된 판매 주문은 MM 모듈의 자재 요구 사항으로 연결되고 이를 통해 필요한 자재가 적시에 조달되도록 지원
2. SD & FI: SD 모듈에서 발생한 청구서는 FI 모듈로 전달되어 회계 전표가 생성되고, 수익 및 채권 관리가 이루어짐
3. SD & CO: SD 모듈에서 발생한 수익과 비용 데이터를 CO 모듈로 전달하여, 원가 계산과 수익성 분석에 사용
4. SD & PP: SD 모듈에서 생성된 판매 주문은 PP 모듈의 생산 계획 수립에 영향을 미치고, 이를 통해 주문된 제품이 생산 일정에 포함시킴
5. SD & LM: SD 모듈의 판매 주문은 LM 모듈의 출고 및 배송 작업으로 연결

고객 주문 처리부터 출하, 청구, 수금에 이르는 전 과정이 이 모듈을 통해 관리되며, 다른 모듈과의 긴밀한 연계를 통해 비즈니스 전반의 효율성과 투명성을 높인다. 이를 통해 기업은 고객 요구에 빠르게 대응하고, 판매 과정을 체계적으로 관리하며, 수익성을 극대화할 수 있다. SD 모듈은 CRM(Customer Relationship Management) 부분과 밀접하게 연

결되어 있어서 고객에 대한 정보를 보다 세부적으로 이해하고 대응할
수 있다.

04 자재관리 모듈(MM: Material Management)

자재관리 모듈은 구매계획수립, 구매요청 및 구매발주, 검수 및 입
고, 재고관리, 송장검증, 업체평가, 구매분석에 이르는 구매 및 재고관
리 프로세스를 지원하는 모듈이다. MM 모듈은 주로 생산부문과 연계
된 구매계획 부분, 구매계획에 의거하여 구매요청 및 구매오더를 생성
하는 발주부분, 공급업체로부터 입고된 자재의 검수, 입고처리, 재고실
사, 생산으로의 출고 등을 담당하는 재고관리부분, 공급업체로부터 접
수된 송장의 검증을 통해 입고된 제품과 송장의 금액을 비교하는 송장
검증 부분 및 각종 구매관련 정보를 관리하는 구매정보시스템(PIS: Pur-
chasing Information System) 부분으로 구성된다.

- 구매 관리: 자재의 구매 요청 생성, 구매 주문 발행, 계약 관리 등
  을 통해 자재의 조달 과정을 효율적으로 관리
- 재고 관리: 자재의 입고, 출고, 재고 이동, 재고 평가 등의 활동을
  통해 재고를 실시간으로 모니터링하고 관리
- 창고 관리: 창고 내 자재의 물리적 위치를 효율적으로 관리하고,
  입고/출고 과정을 최적화
- 송장 검증: 공급업체로부터 받은 송장을 검토하고, 구매 주문 및
  입고 내역과 비교하여 결제 준비
- 소비 기반 계획: 자재 소비 패턴을 분석하여 재고를 최적화하고,
  적시에 필요한 자재를 조달할 수 있도록 지원

- 외부 서비스 관리: 외부에서 제공받는 서비스의 조달, 수령, 검증 과정을 체계적으로 관리

기업의 자재 관리 및 물류 운영의 중추적인 역할을 하는 모듈이다. 자재 조달부터 재고 관리, 송장 검증에 이르기까지, MM 모듈은 자재와 관련된 모든 프로세스를 통합적으로 관리하여, 기업이 자재를 효율적으로 조달하고 재고를 최적화하며, 운영 비용을 절감할 수 있도록 지원하기 때문이다. 해당 모듈이 타 모듈과의 다음과 같은 연계성이 존재한다.

1. MM & SD: MM 모듈의 재고 정보는 SD 모듈에서 제품 가용성을 확인하는 데 사용
2. MM & PP: MM 모듈에서 관리되는 자재 재고는 PP 모듈의 생산 계획에 반영되어, 자재의 가용성 여부를 확인
3. MM & FI:MM 모듈에서 송장 검증 후 발생한 결제는 FI 모듈의 회계 전표로 기록
4. MM & CO: MM 모듈의 자재 비용은 CO 모듈의 원가 계산에 반영되어, 제조 원가 및 영업 비용 분석에 사용
5. MM & LM: MM 모듈의 자재 입고 및 출고 데이터는 LM 모듈의 창고 관리 및 배송 활동에 반영

MM모듈은 SRM(Supplier Relationship Management) 부분과 유기적으로 연계되어 전자입찰, 경매 등 인터넷 환경을 바탕으로 한 공급자관계관리를 지원하기도 한다. 입고 및 검수 부분에서는 QM(Quality Management) 모듈과 연계되어 입고시 제품/자재의 품질을 검사하고, 각 등급에 따라 후속처리를 다르게 하도록 구성할 수 있다.

생산관리모듈은 판매/생산계획, 자재소요량계획, 생산실행, 생산오더를 관리하는 데 필요한 기능을 제공한다. 이 모듈은 제조업체가 효율적으로 생산 활동을 수행하고 자원을 최적화하며, 제품의 품질과 생산성을 높이는 데 중요한 역할을 한다. 장기생산계획, 기준생산계획, 자재소요량계획, 생산능력계획, 생산오더관리 및 생산원가관리에 이르기까지 전체 생산관리 업무를 지원하는 모듈이다.

- 생산 계획 수립: 수요 예측과 자원 가용성을 기반으로 생산 계획을 수립하여, 생산 일정과 자재 소요를 최적화
- 자재 소요 계획(MRP): 생산에 필요한 자재의 수요를 예측하고, 적시에 조달할 수 있도록 계획을 수립
- 용량 계획: 생산 설비와 작업 센터의 용량을 분석하고, 생산 계획에 따라 자원을 최적으로 할당
- 생산 실행 및 관리: 생산 지시서의 생성, 작업 진행 상황 모니터링, 생산 결과 기록 등을 통해 생산 현장을 관리
- 반복 생산 관리: 대량 생산에서의 반복적인 생산 작업을 최적화하고, 생산 성과를 측정
- JIT 생산: 자재가 필요한 시점에 적시에 제공되도록 관리하여, 재고를 최소화하고 생산 효율성을 높임

제조업체의 생산 활동을 체계적으로 관리하고, 생산성과 운영 효율성을 높이는 데 핵심적인 모듈이다. 자재 소요 계획부터 생산 실행, 자원 관리에 이르기까지, PP 모듈은 생산과 관련된 모든 프로세스를 통합하여, 생산 계획의 정확성을 높이고, 자원의 최적 사용을 지원한다.

구체적으로 타 모듈과의 연계성을 살펴보면 다음과 같다.

1. PP & SD: PP 모듈의 생산 상태는 SD 모듈에 전달되어, 고객 주문의 납기 일정을 관리하는 데 활용
2. PP & MM: PP 모듈에서 생성된 생산 계획은 MM 모듈로 전송되어, 자재 조달 및 재고 관리가 이루어져 있음
3. PP & FI: PP 모듈의 생산 활동에서 발생한 원가는 FI 모듈로 전송되어, 재무 회계에 반영
4. PP & CO: PP 모듈에서 발생한 생산 원가는 CO 모듈의 원가 계산에 반영되어, 제품 원가 계산과 수익성 분석에 사용
5. PP & LM: PP 모듈의 생산 계획에 따라 필요한 자재가 LM 모듈에서 창고로 입고되거나, 생산 라인으로 출고

다양한 산업에서 필수적인 기능을 제공하며, 특히 제조업체가 경쟁력을 유지하고, 변화하는 시장 수요에 신속하게 대응할 수 있도록 지원한다.

06 물류관리 모듈(LM: Logistics Management)

물류관리 모듈은 생산이 완성된 반제품, 제품 등에 대한 입고와 재고처리, 자재출고, 생산출고에 따른 창고관리, 이동관리에 대한 기능을 제공한다. 고객이 원하는 위치에 어떻게 이송할 것인지에 대한 부분으로 고객에게 주문을 전달하는 과정을 최적화할 수 있도록 서포팅한다. 제품의 입고부터 창고 내 보관(창고구조관리, 재고이동관리), 출고(운송계획, 배송관리, 운송비 계산), 그리고 최종 고객에게의 배송(출고작업관리, 배송문서관리, 배송 모니터링)까지 모든 물류 프로세스에 대한 기능을 포괄한다.

- 창고 관리(WM: Warehouse Management): 자재의 입고, 보관, 이동, 출고 작업을 효율적으로 관리하여, 창고 운영을 최적화
- 운송 관리(TM: Transportation Management): 물류의 운송 경로와 방법을 계획하고, 운송 비용을 최소화하며, 실시간으로 운송 상태를 추적
- 출고 및 배송 관리: 제품의 출고 작업과 배송 과정을 체계적으로 관리하여, 고객에게 제품이 정확히 전달되도록 함
- 물류 성과 분석: 물류 운영의 성과를 분석하고, 개선 방안을 도출하여 지속적인 물류 최적화를 지원

해당 모듈은 다른 모듈과의 연계성이 존재하는데 전사적인 물류 관리가 가능하기 때문이다.

1. LM & MM: LM 모듈에서 발생한 재고 이동은 MM 모듈에서 실시간으로 재고 수준에 반영
2. LM & SD: LM 모듈의 배송 상태는 SD 모듈에서 주문 추적 및 고객 서비스에 사용
3. LM & PP: LM 모듈의 재고 데이터는 PP 모듈의 자재 소요 계획(MRP)에 반영되어, 생산 계획 수립에 활용
4. LM & FI: LM 모듈의 운송비와 관련된 비용은 FI 모듈로 전송되어, 재무 회계에 반영
5. LM & CO: LM 모듈의 물류 운영 비용은 CO 모듈의 원가 계산에 반영되어, 비용 관리를 지원

재무회계 모듈은 총계정원장, 채권관리, 채무관리, 고정자산에 대한 데이터를 관리하는 모듈이다. 재무회계는 외부에 기업경영활동내역을 알림으로써 외부이해관계자들의 의사결정에 필요한 회계정보를 이야기한다. FI 모듈은 외부의 이해관계자들이 기업을 평가하여 투자하는 데 필요한 데이터들로 구성되어 있다. FI 모듈은 크게 채권관리, 채무관리, 총계정원장 등을 지원하며 영업유통(SD), 자재관리(MM), 생산관리(PP), 인적자원(HR) 등의 모듈과 통합되어 있다. 각 모듈에서 생성되는 데이터들을 바탕으로 재무상태표, 포괄손익계산서, 자본변동표, 현금흐름표 등을 제공할 수 있기 때문이다.

- 회계 기록 관리: 모든 재무 거래를 체계적으로 기록하고, 일관성 있는 회계 기록을 유지
- 법적 요구사항 준수: 각국의 회계 기준과 법적 요구사항을 준수하여, 정확한 재무 보고서를 생성
- 재무 보고서 생성: 다양한 재무 보고서(손익계산서, 대차대조표 등)를 생성하여, 경영진과 외부 이해관계자에게 필요한 정보를 제공
- 통합 회계 처리: 다양한 회계 기능을 통합하여, 전사적인 재무관리를 지원
- 실시간 데이터 접근: 실시간으로 회계 데이터를 접근할 수 있어, 신속한 의사 결정을 지원

재무회계 모듈은 다른 모듈들과 긴밀하게 통합되어 있어, 전사적인 재무관리를 가능하게 하며 주요 연계 모듈은 다음과 같다.

1. FI & SD: FI 모듈은 SD 모듈에 고객 신용 한도를 제공하며, 신용 관리와 연계
2. FI & MM: MM 모듈에서 발생한 자재 비용은 FI 모듈로 전송되어, 회계 처리 및 재무 보고서에 반영
3. FI & PP: FI 모듈은 생산 관련 비용을 관리하고, 회계 전표 생성에 사용
4. FI & LM: 창고 운영 및 물류 비용은 FI 모듈의 회계 처리 및 보고서 작성에 사용
5. FI & CO: FI 모듈의 회계 데이터는 CO 모듈의 원가 관리와 수익성 분석에 활용

기업은 FI 모듈을 통해 재무 데이터를 일관성 있게 관리하고, 법적 요구사항을 준수하며, 다양한 재무 보고서를 생성할 수 있다. 이는 기업의 재무 투명성을 높이고, 신뢰성 있는 정보를 제공함으로써 경영진의 의사 결정을 지원함을 의미한다. 다양한 산업에서 재무 관리의 표준으로 자리잡고 있기 때문에, 글로벌 기업들이 복잡한 재무 요구사항을 충족하고, 재무 보고의 일관성을 유지하는 데 필수적인 도구로 사용한다.

08 관리회계 모듈(CO: Controlling)

관리회계 모듈은 원가관리(표준원가, 실제원가), 원가분석, 수익성분석을 수행할 수 있다. 관리회계는 기업 내부에서 사용할 경영자의 의사결정에 필요한 회계정보를 제공하는 모듈이다. 경영자가 필요로 하는 회계정보의 기본은 원가정보이다. ERP를 구축하고자 하는 많은 기업들이 제품원가를 정확히 산정하려는 목적을 가지고 시작한다. 이러한 원가정보는 수

익성 분석의 기반이 된다. 따라서 CO 모듈의 많은 부분은 각각의 원가대상에 대한 원가정보를 생성하는 기능을 한다. 즉, 원가중심점(Cost Center), 내부 오더(Internal Order), 활동(Activity), 제품, 서비스, 마켓 세그먼트(Market Segment), 이익중심점(Profit Center) 등에 대한 원가정보를 계획하고 또한 실제원가를 생성하는 기능을 한다. 원가정보의 생성은 1차적으로 재무회계에서 발생한 원가를 받아들이고 2차적으로 이들 원가를 각각의 원가대상에 배분하는 절차로 이루어지는데, 전자를 1차 원가라 하고 후자를 2차 원가라 한다. 따라서 CO 모듈은 FI 모듈에서 흘러 들어온 1차 원가를 의사결정 목적에 따라 가공하는 절차라고 정의할 수 있다.

- 원가 관리: 제품, 서비스, 프로젝트 등의 원가를 계산하고, 이를 기반으로 비용 절감 방안을 도출
- 수익성 분석: 다양한 기준(제품, 고객, 시장 등)으로 수익성을 분석하여, 기업의 수익성 향상 전략을 지원
- 예산 관리: 예산을 수립하고, 실제 비용과 수익을 예산과 비교하여 성과를 평가
- 내부 보고서 생성: 경영진이 필요한 내부 보고서를 생성하여, 정확한 의사 결정을 지원
- 비용 배분: 정확한 비용 배분을 통해 원가 계산의 정밀도를 높이고, 비용 센터의 효율성을 평가

1. CO & SD: CO 모듈은 SD 모듈에서 이루어지는 영업 활동의 수익성을 평가하는 데 중요한 데이터를 제공
2. CO & MM: CO 모듈의 원가 센터는 MM 모듈의 자재 조달 및 사용에 대한 비용 할당의 기초로 사용
3. CO & PP: CO 모듈의 원가 센터는 PP 모듈의 생산 활동에 대한 비용 할당의 기초로 사용

4. CO & LM: CO 모듈의 원가 센터는 LM 모듈의 물류 활동에 대한 비용 할당의 기초로 사용

5. CO & FI: CO 모듈의 비용 센터는 FI 모듈의 회계 처리에 사용되며, 원가와 수익을 정확하게 배분할 수 있음

CO 모듈을 통해 기업은 원가 절감과 수익성 향상이라는 두 가지 목표를 동시에 달성할 수 있다. 특히, CO 모듈은 FI 모듈과의 긴밀한 연계를 통해 외부 회계(재무회계)와 내부 회계(관리회계)의 데이터를 통합 관리함으로써, 기업의 전체적인 재무 상태를 한눈에 파악할 수 있기 때문에 두 모듈 간 상호작용은 필연적이라고 할 수 있다.

09 그 외의 모듈

9.1 자금관리(TR: Treasury) 모듈

기업의 자금 관리 및 위험 관리를 위한 기능들이 담긴 모듈이다. 크게 자금관리, 투자관리, 차입 및 대출관리, 환율 및 리스크 관리, 금융 상품 관리, 리스크 분석, 보고 및 분석의 기능이 있다. 이러한 기능들을 통해 기업이 보다 효율적으로 자금을 관리하고, 금융 리스크를 효과적으로 통제할 수 있도록 지원한다. 자금관리 모듈과 타 모듈과의 연계성은 다음과 같이 설명할 수 있다.

1. TR & FI: TR 모듈에서 발생하는 거래(예: 투자, 대출, 외환 거래 등)는 FI 모듈에 자동으로 전표가 생성되어 회계 처리

2. TR & CO: TR에서 발생하는 비용 및 수익 데이터를 CO 모듈로 전송하여, 이를 바탕으로 내부 수익성 분석 및 비용 관리

3. TR & SD: SD 모듈에서 발생하는 판매 및 유통 활동과 관련하여, 외환 거래나 고객과의 계약에서 발생하는 리스크를 TR 모듈에서 관리

4. TR & MM: MM 모듈은 구매와 관련된 활동을 관리하며, 구매 과정에서 발생하는 외환 거래 또는 금융 리스크를 TR 모듈에서 관리

5. TR & HR: HR 모듈에서 발생하는 급여 및 보상과 관련된 자금 흐름이 TR 모듈의 현금 관리 기능에 영향을 미칠 수 있음

9.2 설비관리(PM: Plant Maintenance) 모듈

기업의 물리적 자산(설비, 기계, 장비 등)의 유지보수와 관리를 위한 기능을 제공하는 모듈이다. 크게 예방 유지보수, 수리 유지보수, 예측 유지보수, 설비이력관리, 예산 관리, 자재 관리에 관련된 기능들이 포함되어 있다. 주로 제조업, 에너지 산업, 공공 시설 관리 등에서 사용되며, 기업이 설비의 가용성을 최대화하고, 유지보수 비용을 효율적으로 관리할 수 있도록 지원하는 모듈이다. 설비관리 모듈과 타 모듈과의 연계성은 다음과 같이 설명한다.

1. PM & CO: PM 모듈과 CO 모듈은 유지보수 작업의 비용 관리를 위해 연계

2. PM & PP: PM 모듈과 PP 모듈은 생산 계획과 설비 가동 관리에서 연계되는데 설비의 유지보수 일정은 생산 계획에 영향을 미칠 수 있으며, 유지보수 작업에 따라 생산 계획이 조정될 수 있기 때문임

3. PM & HR: PM 모듈과 HR 모듈은 유지보수 작업에 투입되는 인력의 관리를 위해 연계

9.3 인사관리(HRM: Human Resource Management) 모듈

기업의 인사 관리, 인재 개발, 급여 관리, 조직 관리 등을 통합적으로 처리하는 데 사용하는 모듈이다. 크게 조직관리, 인사관리, 급여관리, 근태관리, 인재관리, 채용관리, 교육관리, 성과관리에 대한 기능을 포함한다. 인사관리 모듈의 경우 타 모듈과의 연계성은 구분하지 않고 모든 모듈과 동일하게 적용된다. 영업, 자재, 생산, 회계 등 모든 모듈의 데이터를 사용하고 만드는 것 그리고 활용하는 것까지 모든 프로세스에서 사람이 작업하기 때문에 각 모듈에는 모든 인사관리 모듈과의 연계성이 깊기 때문이다.

9.4 품질관리(QM: Quality Management) 모듈

기업의 품질 관리 활동을 지원하는 모듈로, 제품과 서비스의 품질을 보장하기 위해 품질 계획, 품질 검사, 불량 검사, 품질 증명서 관리, 품질 감사, 품질 통제, 연속 개선과 같은 기능을 포함한다. 품질관리 모듈과 타 모듈과의 연계성은 다음과 같이 설명한다.

1. QM & MM: MM을 원자재가 입고되면 입고된 자재는 QM 모듈에서 검사되어, 품질 기준에 맞지 않는 자재는 반품되거나 재작업 요청을 진행
2. QM & PP: PP 모듈에서 진행하는 생산 과정의 검사와 최종 제품 검사 등이 QM 모듈을 통해 수행되며, 불량이 발생하면 생산 계획이 조정됨
3. QM & SD: QM 모듈은 SD 모듈과 연계되어, 출하 전 제품의 품질 검사를 관리

연습문제

01 제조업에서의 전체 프로세스를 3가지 유형에 맞춰 서술하시오.

> 전제 1. 완제품이 있는 경우
> 전제 2. 자재가 있지만 완제품이 없어서 완제품을 제조해야 하는 경우
> 전제 3. 완제품도 없고 자재도 없는 경우

02 영업/유통(SD) 모듈에서의 핵심활동으로만 구성된 것은?

① 제품 수요 예측, 판매 계획 수립, 영업 지원, 판매 및 주문 처리, 출하/배송, 대금 청구, 판매 분석

② 원가관리(표준원가, 실제원가), 원가분석, 수익성분석

③ 구매계획수립, 구매요청 및 구매발주, 검수 및 입고, 재고관리, 송장검증, 업체평가, 구매분석

④ 판매/생산계획, 자재소요량계획, 생산실행, 생산오더

⑤ 총계정원장, 채권관리, 채무관리, 고정자산

03 영업/유통(SD) 모듈 중 판매관리 및 영업오더(Sales Order)에서 수행하는 세부 기능을 설명하시오.

04 SAP ERP에서 물류와 관련된 모듈 중, '구매 요청에서부터 자재 입고, 그리고 재고 관리까지의 전 과정을 관리하는 모듈'은 무엇인가?

05 자재관리(MM) 모듈과 영업/유통(SD) 모듈의 상호연계성에 대해서 설명하시오.

06 생산관리(PP)모듈의 주요 역할 및 기능을 설명하시오.

07 SAP ERP에서 자재관리(MM) 모듈과 생산관리(PP) 모듈 간의 연계에서, 자재 요구 사항이 자동으로 구매 요청으로 변환되는 과정은 어떤 기능을 통해 이루어지는가?

① 자재 소요 계획(MRP)　　　　② 내부 주문 처리
③ 품목 마스터 데이터 관리　　　④ 원가 요소 회계
⑤ 재고 평가

08 자재관리(MM) 모듈에서 자재 소요 계획(MRP)을 실행할 때, 어떤 기능이 자재 요구 사항을 생성하여 생산 계획에 영향을 미치는가?

① 자재 재고 수준 모니터링　　　② 품목 마스터 데이터 업데이트
③ 자재 구매 요청 자동 생성　　　④ 판매 주문 확인
⑤ 생산 작업 지시 생성

09 SAP 솔루션의 회계 모듈 중에서 간접비를 배부하고, 제조원가를 계산하며, 상품별 원가와 매출을 근거로 수익성을 분석하는 모듈은 어떤 모듈인가?

10 CO모듈의 1차 원가와 2차 원가의 개념을 기술하시오.

11 물류 관리의 관점에서, SAP ERP에서 출고된 제품에 대해 고객으로부터 대금을 수취하는 단계에서는 어떤 모듈이 중요한 역할을 할까?

12 MM 모듈과 FI 모듈, SD 모듈과 FI 모듈, PP 모듈과 CO 모듈 등 ERP의 통합 개념에 대한 예를 두 가지 이상 기술하시오.

13 SAP ERP에서의 기본 모듈과 확장 모듈의 연결 중 가장 깊은 연계성이 있는 것을
고르시오.

① SD - CRM   ② PP - SRM
③ FI - PLM   ④ LM - MES
⑤ CO - WMS

14 생산관리(PP) 모듈에서 작업 지시가 실행되면, 제품원가관리가 이루어지는
모듈에서 어떤 정보가 주로 기록되고 분석되는가?

① 제품의 시장 가격   ② 생산 비용 및 원가
③ 고객의 지불 내역   ④ 창고의 재고 수준
⑤ 판매 주문의 이행 상태

15 관리회계(CO) 모듈에서 비용 중심의 비용 분석이 이루어질 때, 자재관리
(MM) 모듈과의 연계에서 어떤 데이터가 주로 사용되는가?

① 고객의 지불 내역   ② 생산 일정
③ 재고 회전율   ④ 판매 가격
⑤ 자재의 구매 가격

16 SAP ERP에서 영업/유통(SD) 모듈의 판매 주문이 자재관리(MM) 모듈의 재고와
연계되면, 물류 관리(LM) 모듈의 어떤 기능이 자동으로 활성화되는가?

① 재고 재배치   ② 배송 및 출고 관리
③ 운송 경로 최적화   ④ 자재 구매 계획
⑤ 회계 거래 기록

CHAPTER 03

확장형 ERP

확장형 ERP

01 고객관계관리(CRM: Customer Relationship Management)

1.1 CRM의 개념

　　과거 기업은 고객을 관리하기 위해서 고객의 기본 정보, 구매 이력, 서비스 요청, 고객과의 상호작용 기록 등 다양한 데이터를 수집하고 여러 채널(전화, 대면 접촉, 이메일 등 전통적인 채널)에서 수집된 데이터를 통합하고자 매우 많은 시간과 투자를 들여야 했다. CRM은 기업이 고객과의 관계를 효과적으로 관리하고, 고객의 요구를 이해하며, 장기적인 고객 가치를 창출하는 데 필수적인 도구이다. 고객 정보를 체계적으로 관리하고, 이를 기반으로 고객과의 상호작용을 최적화하여 고객 만족도를 높이고, 충성도를 강화하는 데 중점을 둔다. 고객과 관련된 모든 데이터를 통합하여 고객의 행동 패턴, 선호도, 구매 경향 등을 분석할 수 있게 되었다. 이런 데이터는 고객에게 적용된 주문 추적정보(Order Tracking Information) 때문이며 이는 궁극적으로 새로운 가치를 창출할 수 있다.

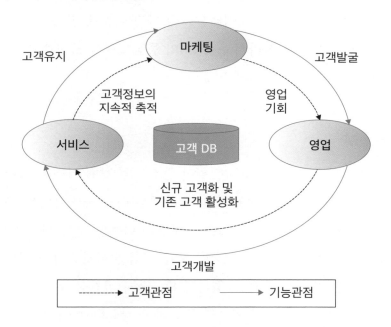

CRM은 운영적 CRM과 분석적 CRM 그리고 협업 CRM의 세 가지로 분류할 수 있다. 3가지 유형은 각각 다른 목적과 기능을 갖지만, 모두 고객과의 관계를 효과적으로 관리하는 데 중요한 역할을 한다. 운영적 CRM은 고객 데이터를 효율적으로 관리하고, 고객과의 직접적인 상호작용을 최적화한다. 분석적 CRM은 고객 데이터를 분석하여 유의미한 통찰을 도출하고, 이를 바탕으로 전략적 의사결정을 지원하는 시스템으로 고객의 행동 패턴, 선호도, 구매 경향 등을 분석하여 마케팅, 영업, 서비스 전략을 최적화한다. 협업 CRM은 기업 내 여러 부서 간의 협업을 강화하고, 외부 파트너와의 커뮤니케이션을 최적화하는 데 사용되며 고객과의 모든 접점을 관리하여 일관된 고객 경험을 제공하고, 부서 간 정보 공유를 촉진한다. 기업은 이 3가지 유형의 CRM을 적절히 활용하여 고객 만족도와 충성도를 높이고, 비즈니스 성과를 향상시킬 수 있다.

하지만 온라인 서비스가 등장하면서 기존의 시스템에서는 주로 내부 네트워크에서 접근하여 데이터를 획득하기 때문에 덜 실시간적이고 접근성이 좋지 않았다. 따라서 e-CRM이 등장하면서 고객과 관련된 더 많은 데이터를 획득할 수 있게 되었다.

1.2 e-CRM

과거의 서비스는 주로 사후 지원이 중심이었으며, 이러한 서비스도 극히 예외적인 경우에만 적용하였다. 최근 서비스 패러다임은 근본적으로 변화하고 있는데 새로운 서비스 모델은 단순한 문제 해결을 넘어, 적극적인 기회 창출을 목표로 하며, 모든 고객에게 맞춤화된 서비스를 제공하는 것을 핵심으로 삼고 있다. 이는 단지 고객을 유지하는 것이 아니라, 고객과의 장기적인 관계를 구축하고 강화하는 데 필수적인 접근 방식이기 때문이다. 이러한 변화는 통합된 고객 정보를 중심으로 각 기능이 유기적으로 연결되고, 그 과정에서 생성된 데이터가 다시 통합 고객 데이터베이스(DB)로 축적되는 선순환 구조를 형성하게 된다. 이러한 데이터는 지속적으로 재활용되고 분석되어, 고객 경험을 더욱 개인화하고 개선하는 데 사용된다. 최근에는 오프라인뿐만 아니라 온라인상에서 풍부한 양질의 고객 데이터가 수집되면서, 고객 행동에 따른 인사이트를 분석하는 것이 중요한 역할로 자리 잡았다.

e-CRM은 기존의 CRM 개념을 기반으로 하여, e-비즈니스 환경에서 고객과의 관계를 유지하고 강화하는 것을 목표한다. 기존의 CRM 솔루션이 고객 정보 및 거래 정보의 분석과 영업 활동 자동화에 중점을 두었다면, e-CRM은 인터넷 환경을 활용하여 이메일을 통한 고객 관리와 온라인 마케팅을 중심으로, 고객별로 차별화된 맞춤형 서비스를 제공하는 데 중점을 둔다. e-CRM과 전통적 CRM의 근본적인 차이는 고

객과의 접촉 방식에 있는데 e-CRM은 주로 온라인을 통해 고객과 상호작용하는 반면, 전통적인 CRM은 콜 센터나 오프라인 상호작용을 중심으로 고객과 접촉한다. 이로 인해 e-CRM은 고객 데이터 수집 측면에서 전통적 CRM에 비해 더 많은 장점을 갖고 있다. 정보의 질과 양이 훨씬 풍부하고, 정보 수집 비용 또한 상대적으로 저렴하다. 요즘에는 고객의 온라인 활동이 일반화되면서, CRM 개념에 e-CRM이 통합되어, 두 개념을 구분하지 않고 사용하는 추세이다. 이전의 전통적 CRM이 신규 고객 유치 및 관리에 많은 비용이 소요되었던 반면, e-CRM은 초기 고객 유치 비용이 높을 수 있으나, 유지 및 관리 비용은 상대적으로 저렴하며, 온라인을 통한 실시간 처리와 단순한 문제 해결을 지속적으로 제공할 수 있습니다. e-CRM의 장점을 기반으로 기업의 고객 관계에 대한 추구방향을 6가지로 정리할 수 있다.

1. 고객 수 증가: 보다 효율적인 온라인 마케팅과 개인화된 서비스 제공을 통해 더 많은 고객을 유치할 수 있음

2. 고객 유지율 증가: 맞춤형 서비스와 지속적인 온라인 상호작용을 통해 고객의 만족도를 높이고, 장기적으로 고객을 유지할 수 있음

3. 수익성 높은 고객 유지: 고객의 가치를 분석하여 가장 수익성이 높은 고객에게 집중적인 관리와 서비스를 제공

4. 고객 중심 접근: 제품 관점에서 벗어나 고객의 요구와 행동에 맞춘 전향적이고 고객 중심적인 서비스를 제공

5. 고객 충성도 향상: 개인화된 서비스와 지속적인 상호작용을 통해 고객과의 친근한 관계를 구축하고, 충성도를 높임

6. 평생 고객 관계 추구: 고객과의 장기적이고 지속 가능한 관계를 추구하여, 빠르고 정확하게 고객의 요구에 대응할 수 있음

▶ 그림 3-2 e-CRM의 구성 요소 ─────────────

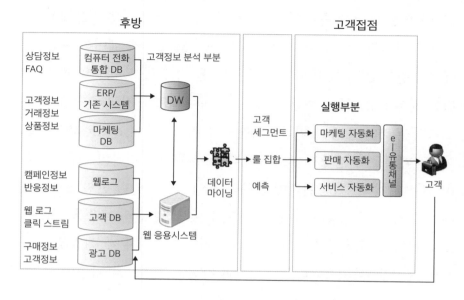

[그림 3-2]에서 볼 수 있듯이, e-CRM 시스템은 전통적 CRM의 프레임워크와 유사하게 고객 정보 분석 부문과 고객 접점의 실행 부문으로 나뉜다. 고객 정보 분석 부문에서는 사용자가 인터넷에서 보내는 시간 동안 방문한 웹사이트를 기록하는 클릭스트림(click stream) 정보 등을 고객 DB에 축적한다. 이러한 정보를 데이터웨어하우스, 데이터마이닝 및 통계 패키지 등을 활용하여 고객 세분화, 고객 요구사항 파악, 고객별 마케팅 전략 분석 등을 수행한다. 이를 통해 초점 세분 시장(Focused Market Segment)을 대상으로 효과적인 마케팅, 영업, 서비스 활동을 전개할 수 있다.

실행 부문은 실제 고객과의 접촉이 이루어지는 부분으로, 고객에게 다양한 정보를 제공하고, 판매와 서비스 측면에서 다양한 지원을 가능하게 한다. 이는 고객 측면에서 보면 구매 프로세스 전체를 자동적으로 지원하는 것으로, e-마케팅, e-영업, e-서비스 등의 기능이 제공한다. e-CRM의 실행 부문은 고객의 구매 프로세스를 자동으로 지원하며, 온라인상에서 e-마케팅, e-영업, e-서비스를 통해 고객 지원 활동을 수행한다. 이러한 통합된 시스템은 고객의 요구를 빠르고 정확하게 반영하며, 기업이 고객과의 장기적인 관계를 강화할 수 있도록 돕는다.

1.3 사례: 올리브영(Olive Young)

올리브영(CJ Olive Young)은 한국의 대표적인 헬스 앤 뷰티 스토어로, CRM(Customer Relationship Management) 전략을 통해 고객과의 관계를 강화하고 있다. 올리브영의 CRM 전략은 고객 데이터를 분석하고, 이를 기반으로 맞춤형 마케팅 및 서비스를 제공하여 고객 만족도를 높이고, 충성 고객을 확보하는 데 중점을 두고 있다.

기업에서 고객이 주문할 때 기업은 주문한 고객의 특성에 따라 할인을 하거나 주문의 방식이 변경되는 등의 전략을 고려할 수 있다. 고객이 주문한 후 제품을 받으면 고객의 주문데이터를 업그레이드하고 이후 주문에 고객의 특성을 보완할 수 있다. 이 전략을 올리브영으로 설명하고자 한다. 올리브영은 한국의 드럭스토어로 국내외 화장품, 미용기기, 수입과자 등을 판매하는 기업이다. 올리브영은 오프라인뿐만 아니라 온라인(자사의 어플리케이션)에서도 제품을 판매하고 있다. 만약 고객이 올리브영의 온라인 채널에서 제품을 구매하였다면 그 내역이 고객의 데이터상에 기록되게 된다. 이 이력은 오프라인에서도 연동되며 온라인에서 다운받은 쿠폰 등을 활용할 수 있다. 이렇게 각 고객마다 저장된 내역은 매년 정리되고 다음해 고객에게 제공할 혜택을 정리한다. 1년간 많은 제품을 구매한 고객의 경우 특별한 할인이나 서비스를 제공받을 수 있게 된다. 올리브영은 이렇게 1년 동안의 고객활동을 분석하면서 고객마다의 매출을 계산하고 고객대응전략을 선택한 것이다.

고객 데이터 수집 및 관리	회원제 운영	멤버십 프로그램을 운영 - 포인트 적립, 할인 혜택 등
	다양한 채널 통합	온·오프라인 매장 - 구매 패턴, 선호 제품, 방문 빈도 등
	앱과 웹사이트	- 개인 맞춤형 추천 상품 - 할인 쿠폰 등
맞춤형 마케팅	\multicolumn{2}{세분화된 타깃 마케팅}
	\multicolumn{2}{개인화된 프로모션(고객의 구매 이력과 선호도를 바탕으로 함)}
	자동화된 마케팅 캠페인	생일 축하 메시지, 특별 기념일 할인 쿠폰 등 - 이메일, SMS, 푸시 알림
디지털 기술 활용	\multicolumn{2}{AI 기반 추천 시스템}
	\multicolumn{2}{챗봇 서비스}

02 공급자관계관리(SRM: Supplier Relationship Management)

2.1 SRM의 개념

과거에는 인터넷을 통해 공급자와 상호작용할 수 있는 e-Procurement(전자 조달) 시스템이 주로 사용되었다. 이 시스템은 주로 구매와 관련된 단순한 거래 처리에 중점을 두었지만, SRM은 이러한 개념을 훨씬 더 확장하여 공급자와의 전반적인 관계를 관리하는 데 중점을 둔다. SRM은 단순한 구매 프로세스를 넘어, 공급자와의 협업, 성과 관리, 전략적 파트너십 구축까지 포괄하는 시스템이다. e-비즈니스 환경에서는 아웃소싱의 확대와 기존 공급사슬의 해체가 진행되면서, 여러 독립적인 업체들이 기능을 수행하고, 이들이 전략적 제휴를 통해 가치를 창출하는 네트워크 경제 형태로 산업 구조가 변화하였다. 이러한 상황에서 SRM은 고객에게 가치를 전달하는 전체 과정에서 관련된 파트너들과의 관계를 효과적으로 관리하는 중요한 역할을 한다. SRM은 '보다 나은 제품을 개발, 생산하고 비용을 절감하기 위해 공급업체와의 협업 및 통합을 강화하기 위한 기업 간의 업무혁신 방법'이자 이를 구현하기 위한 솔루션이라고 할 수 있다. SRM은 다음과 같은 주요 기능을 포함한다.

1. 공급 및 구매 전략 개발을 통한 전략적 공급업체 선정: 단순히 저렴한 가격의 공급자를 찾는 것이 아니라, 장기적으로 협력할 수 있는 전략적 파트너를 선정하는 데 중점을 둠
2. 공급업체의 역량 증진 및 협업: 공급자와 협력하여 새로운 제품 개발이나 프로세스 혁신을 추진한다. 이는 공급자의 기술력과 기업의 자원을 결합하여 상호 이익을 극대화하는 것
3. 공급업체 평가 및 공급자 관계의 지속적 관리:공급자의 납기 준수율, 품질, 비용 효율성 등을 정기적으로 평가하고, 이를 바탕으로 관계를 지속적으로 관리하는 것

SRM의 전반적인 프로세스가 [그림 3-3]에 나타나 있다. 구매하는 업체에서는 전략구매와 협업관점에서 ① 견적요청서(RFQ)요청, ② RFQ생성, 상세조건 및 사양협의, ③ 응찰내역 평가, ④ 낙찰자 선정, ⑤ 구매발주 및 계약, 주문변경, 입고응답, 송장응답 등의 업무가 이루어진다. 그리고 여기에서 이루어진 업무들이 SRM시스템에 계속 입력되고 축적되면서 ⑩ 계약 활용도와 계약 만료여부, ⑪ 납품 지연과 납품 수량의 차이 등이 계속 업데이트되며, ⑫ 공급업체 평가가 납기, 품질, 수량 등의 관점에서 이루어진다. 그리고 이 평가내용이 다시 전략구매 활동으로 피드백되는 모습을 볼 수 있다. 또한 공급업체에서는

입찰초대, 상세조건 및 사양협의, ⑥ 판매주문 입력, ⑦ 주문응답, ⑧ 입고확인 전송, ⑨ 송장전송 등의 업무가 진행되는 것을 알 수 있다.

▶ 그림 3-3 SRM의 전반적인 프로세스

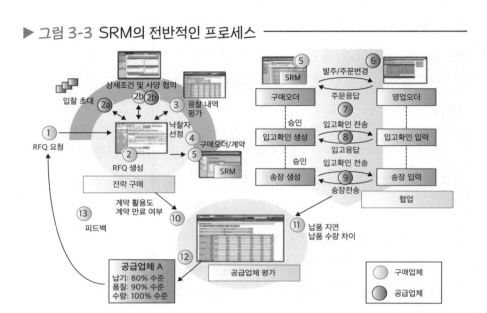

최근의 구매 전략은 전통적인 구매 방식과는 달리, 단순히 구매 가격에 중점을 두는 것이 아니라, 총 소유비용(Total Cost of Ownership, TCO)을 중요시한다. TCO는 구매한 재화의 초기 비용(잠재적 공급자 탐색, 협상, 주문 준비 등의 비용)뿐만 아니라, 재화의 전체 수명주기 동안 발생하는 모든 비용(운영비용 - 제품 사용 중 발생하는 유지보수, A/S, 재작업 비용, 폐기비용 - 제품의 수명 종료 후 발생하는 폐기 비용)을 포함하는 개념이다. 이러한 비용은 조직이 재화를 실제로 사용하기 전에 발생하기도 하고, 조직이 재화를 사용하고 난 이후에 나타날 수도 있다. 이러한 TCO 접근 방식으로 SRM의 중요성도 더욱 부각되고 있기 때문에 기업은 TCO를 최소화하기 위해 공급자와의 긴밀한 관계를 유지하고, 정보를 공유하며, 협력을 강화하고자 한다. SRM 시스템은 이러한 과정을 지원하며, 공급자와의 통합된 정보 관리를 통해 TCO 절감 목표를 달성할 수 있도록 돕는다.

2.2 예시: 나이키(NIKE)

나이키는 전 세계적으로 가장 큰 스포츠 의류 및 장비 제조업체 중 하나로, 복잡하고 광범위한 공급망을 관리해야 하는 글로벌 기업이다. 나이키는 수천 개에 달하는 공급업체와 협력하여 제품을 생산한다. SRM 시스템은 모든 공급업체의 데이터를 통합하여 중앙에서 관리할 수 있도록 하며 이를 통해 나이키는 각 공급업체의 성과, 재고 상황, 납기 준수율 등을 실시간으로 모니터링할 수 있다. 나이키는 단일 공급자에 대한 의존도를 낮추기 위해 주요 제품이나 부품에 대해 다중 공급자 전략을 채택하는데 SRM 시스템을 통해 공급자 간의 비교 평가를 통해 최적의 공급자를 선택한다. 또한 나이키는 품질, 납기 준수, 비용 효율성 등의 기준으로 공급업체를 평가한다. 공급업체의 성과를 정기적으로 평가하고, 이를 바탕으로 향후 협력 여부를 결정한다. 평가 결과가 미흡한 공급업체에 대해서는 개선 계획을 요구하고, SRM 시스템을 통해 그 진행 상황을 추적함으로써 공급망에 대한 전체적인 품질을 높인다. 나이키는 신소재 개발, 제조 공정 혁신 등의 프로젝트를 공급업체와 공동으로 진행하기도 하는데 프로젝트의 진행 상황을 공유하고, 필요한 리소스를 적시에 조율할 수 있도록 시스템을 이용하기도 한다. 나이키는 환경 보호와 지속 가능성을 중요한 경영 원칙으로 삼고 있기 때문에 에너지 사용량, 탄소 배출량, 폐기물 처리 등의 지표를 추적하고, 이를 개선하기 위한 공동의 노력을 장려하는 데에도 시스템을 사용한다. 이뿐만 아니라 글로벌 공급망에 따른 위험노출을 감소시키고자 신속한 대응체계를 구축하거나 TCO를 관리하기 위해서도 사용한다.

최적 공급사슬계획시스템
(APS: Advanced Planning & Scheduling)

3.1 APS의 개념

전통적인 MRP 시스템은 독립수요에서 종속수요를 산출하고 그 종속수요를 만족시키기 위해 필요한 리드타임이나 생산용량에 대해 단순한 가정에 근거하여 계획을 수립한다. 만약 고객으로부터의 주문량의 변동을 미리 감안하여 매우 큰 주문이 발생하더라도 주어진 리드타임 내에 조달이 가능하도록 하려면 리드타임을 길게 설정해 놓아야 한다. 그런데 만약 주문량이 적을 경우에는 긴 리드타임 동안 불필요한 공정 재고가 많이 발생하게 된다. 그렇다고 해서 또 리드타임을 너무 짧게 잡아두면 주문량이 많을 경우 주어진 리드타임 내에 조달이 불가능한 경우도 발생한다. 이러한 문제를 해결하기 위해서 설비, 인력, 자재 등의 가용 자원을 기반으로 실제 가능한 생산 계획을 제시하여, 자원 부족이나 과잉 사용을 방지하고 생산 운영의 효율성을 높일 수 있는 APS가 등장하였다. APS는 다음과 같은 특징을 가지고 있다.

① **APS는 MRP와 자원능력계획을 동시에 수립한다.**

MRP의 단점은 공장과 자원의 능력이 항상 가용한 것으로 가정하고 자재에 대한 계획을 먼저 수립하는 것이다. 따라서 모든 자원의 일정계획은 자재계획을 준수하도록 수립되어야 했다. 또한 MRP와 자원능력계획이 순차적으로 이루어지기 때문에, 상호 간섭되는 부분을 무시하게 되었다.

그 결과, MRP는 자원능력계획에 문제를 야기하고 자원능력계획의 문제가 해결되면 MRP의 실행이 불가능해지므로, 반복적으로 수정을 할 수 있는 기능이 요구되었다. 반면, APS는 자재소요량계획과 자원능력계획을 동시에 수립함으로써, 불확실성을 제거하고 유용한 통합생산계획을 제공한다.

② APS는 리드타임에 대한 비현실적 가정을 배제한다.

전통적인 MRP계산방식에서는 자원의 능력을 고려하지 않고 자재계획을 수립하기 때문에, 리드타임을 고정된 것으로 가정한다. APS는 변동된 리드타임을 사용하기 때문에 작업량, 생산제품, 자원의 가용성 등 여러 가지 요인에 의한 상황변동에 유연하게 대처할 수 있다.

③ APS는 진보된 로직을 사용한다.

MRP의 계획과정은 매우 단순하며 수학적으로나 논리적으로 사칙연산 정도의 매우 간단한 계산을 한다. APS는 규칙에 따른 로직이나 최적화 이론, 휴리스틱기법, 인공지능기법 등 주문과 생산의 제약조건의 문제를 풀기 위한 최신기법을 사용한다.

사람이 어떤 의사결정을 하기 전에 여러 대안을 고려하는 것과 마찬가지로, ASP는 보다 논리적인 방법을 통해 생산계획의 문제점을 파악하고, 다양한 조건을 이용하여 문제를 해결할 수 있다. ASP에 의해 계산된 생산계획은 공장의 현재 상황에 대해 여러 부문에 더욱 현실적이고 충실한 정보를 제공하기 때문에 공급사슬혁신을 달성하기 위한 방법을 제공한다. 그러나 APS가 본연의 역할을 하려면 APS 운영에 필요한 수많은 기준정보들이 모두 정착하게 유지·관리되어야 하는 어려움이 뒤따른다.

3.2 APS의 특징

공급망계획(Supply Network Planning)에서는 수요에 대한 중장기 공급계획을 세운다. 공급망계획의 목적은 다양한 수요, 주문, 구매요청 등에 대응하여 생산, 구매, 물량 이동 등의 공급계획을 수립하는 것이다.

여기서 고려되는 요소는 공급망 전반에 걸친 물동 경로, 상품을 필요로 하는 판매법인과 공급공장 위치 간의 관계, 생산능력, 생산에 필요한 주요 원부자재에 대한 요구량 등이다. 중요한 점은 공급망계획이 공급망 전반에 걸쳐 제약사항을 고려한 중기 생산용량계획(Rough Cut Capacity Planning)의 개념을 실현하고 있다는 것이다. 제약사항에는 생산능력, 원부자재의 가용성, 운송수단의 가용성 등이 포함된다. 중기 생산용량계획이라는 관점의 생산계획을 세우기 위해서, 자세한 자재명세서(BOM)와 공정경로(Routing)보다는 주요 자재 및 애로공정에 있는 자원 (Bottleneck Resource)을 고려하는 생산모델이 필요하다. 이를 위해 다양한 휴리스틱(Heuristic)기법 및 최적화 기법이 제공된다.

▶ 그림 3-4 공급망 계획의 휴리스틱 기법 수행 예

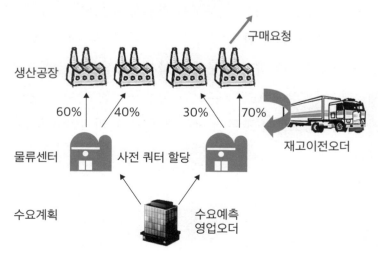

[그림 3-4]에서 볼 수 있는 바와 같이 만족 해를 구하는 무한계획 (Infinite Planning) 방식인 휴리스틱(Heuristic)을 활용하여 공급망에서 발생한 수요를 만족시키기 위한 여러 공장의 생산오더(Production Order)와 재고이전오더(Stock Transfer Order)를 계획할 수 있다. 이때 물류센터를 포함하는 운송경로, 쿼터(Quota) 할당, 자재별 로트 크기, 안전재고, 자재명세서(BOM)와 공정경로 그리고 각 공장의 작업일과 자재별 스크랩 양 등을 휴리스틱 수행 시 고려하는 요인으로 활용할 수 있다.

APS를 통해 고객의 주문이나 예상주문을 계획할 수 있는 능력을 가질 수 있다. 즉, 제조업체는 기계, 작업자, 자재 등과 같은 모든 자원과 다른 고객의 주문 등 현재의 공장 상황을 전체적으로 분석하여 신뢰할 수 있는 출하일자를 계산하는 것이 가능해지므로 실시간으로 의사결정을 할 수 있다.

출하일자는 애매한 가정을 바탕으로 하는 것이 아니라, 공장에 대한 실제적인 모델과 자원 및 주문량을 고려한 것이므로 매우 현실적이다. APS를 통해 제조업체는 실시간으로 납기를 통보할 수 있으며, 그 납기는 모든 요인을 고려하여 산정된 것이므로 실제 출하일자는 고객에게 통보한 납기일자와 일치시킬 가능성이 높아진다.

MRP의 제약은 정보화시대 초기의 컴퓨터 기술이 충분히 발전하지 못했던 것에 기인한다. MRP의 계산기법이 단순했음에도 불구하고, 컴퓨터에 의한 계산시간은 20~30시간이나 소요되었다. 그러나 시간이 지남에 따라 기술이 급격히 발전하여, 1975년에 수백만 달러에 팔리던 컴퓨터보다 오늘날의 개인용 컴퓨터가 더 좋은 성능을 가지게 되었다. 요즘의 PC는 10년 전에는 상상도 하지 못했던 수준의 계산속도와 메모리 용량을 보유하고 있다. 이러한 컴퓨터 기술의 발전으로 대량의 계산을 빠르게 수행할 수 있는 기반이 조성되었다.

컴퓨터 기술의 발전과 더불어 논리적인 수학모형과 알고리즘의 개발도 함께 이루어졌다. 새로운 관리이론과 접근방식의 개발과 함께 컴퓨터 기술과 수학모형의 발전으로 인해 ASP와 같은 기업의 새로운 경영개념과 요구가 실제로 구현되게 되었다.

3.3 예시: 도요타(TOYOTA)

도요타는 다양한 부품들을 공급업체에게 주문하여 자동차를 생산하는 기업이다. 세계적인 자동차 제조업체인 도요타가 공급망을 효과적으로 관리하고, 공급업체와의 협력을 강화하며, 전반적인 운영 효율성을 높이는 데 중점을 둔 전략적 접근 방식으로 SRM을 사용하였다. 자동차를 만들기 위해서 내연기관을 기준으로 약 2만 개 이상의 부품이 필요하다. 이 부품들이 모두 있어야 자동차를 제작할 수 있기 때문에 부품을 공급해주는 공급업체와의 관계를 지속적으로 관리해주어야 한다. 이러한 협력적 파트너십은 양측이 서로를 신뢰하고 지원함으로써 서로의 성장과 발전을 도모하는 것이기 때문에 중요한 부분이다. 수 많은 공급업체에서 받은 부품들을 필요한 시점에 정확히 공급하여 낭비를 줄이고, 생산 속도를 최적화하는 저스트 인 타임(JIT: Just In Time)이 가능하기 때문이다. JIT는 과잉생산의 낭비, 재고의 낭비, 운반의 낭비, 불량의 낭비, 가공 그 자체의 낭비, 동작의 낭비, 대기의 낭비를 개선하기 위해서 도입된 개념이다. 도요타는 공급자들로부터 고품질의 부품을 안정적으로 공급받기 위해 엄격한 품질 관리 기준을 요구하며 공급자들은 도요타의 품질 관리 시스템을 준수하고 지속적으로 품질 향상을 위한 노력을 기울인다. 예를 들어, 실시간으로 데이터를 교환, 협력하는 것이다. 공급자 선정과 계약 관계에서 공정성을 중시하며, 투명하고 명확한 기준에 따라 공급자를 평가하고 관리함으로써 공급자 간의 경쟁과 협력 관계를 공정하게 유지한다. 도요타는 공급자들과의 협력을 통해 기술 혁신을 촉진하고 제품의 품질과 성능을 지속적으로 개선하는데 SCM을 이용하고 APS를 활용하여 시장에서 경쟁력을 유지하고 더 나은 제품을 제공하는 데 중요한 역할을 한다.

제품정보관리(PDM: Product Data Management)와 제품수명주기(PLC: Product Life Cycle)

4.1 제품정보관리의 개념

고객의 요구가 점점 다양해지면서 소품종 다량생산 방식을 넘어 개인맞춤화생산 체계를 구축하는 흐름으로 바뀌었다. 이러한 상황에서 제품개발과 생산에 있어서 다양한 제품 데이터의 효율적인 관리 필요성이 꾸준히 증대되어 왔다. PDM(Product Data Management)의 주요 목적은 복잡해지는 제품에 관련된 데이터를 관리하고 제품의 설계공정을 관리하는 데 있다. 제품관련 데이터의 효율적인 관리를 통하여 ① 제품개발과 생산에 걸쳐 발생하는 비용을 줄이는 원가절감, ② 제품 수율 향상 및 설계변경 감소를 위한 품질향상, ③ 시장에서 영업기회를 극대화하기 위한 제품개발 기간의 단축을 도모하는 것이 목적이다.

PDM은 다섯 가지 주요 기능을 가지고 있다. ① 도면이나 3D 형상정보, 조립정보데이터를 저장하고 관리하는 전자금고 및 문서관리 기능, ② BOM과 같은 제품구성 및 변경관리 기능, ③ 제품 및 부품을 분류하고 부품의 재활용이 용이하도록 검색하는 기능, ④ 제품개발 프로세스와 설계변경 프로세스를 정형화하고 규칙에 따라 자동적으로 진행되도록 하는 작업흐름과 프로세스 관리 기능, ⑤ 제품개발의 일정과 비용 자원을 관리하는 기능 등이다.

▶ 그림 3-5 PDM의 5대 기능 ─────────────────────

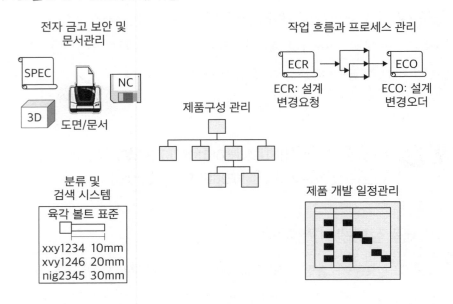

4.2 제품수명주기의 개념

제품이 시장에 출시된 후, 시장에서 사라질 때까지의 전체 과정을 설명하는 개념이다. 이 개념은 제품이 생애 동안 겪는 각 단계의 특성과 전략적 요구를 이해하고, 적절한 관리와 조치를 통해 제품의 성공을 극대화하기 위해 사용된다. 제품의 수명주기는 도입, 성장, 성숙, 쇠퇴 등 네 단계로 나누어진다. 각 단계는 고유한 속성, 요소기술, 시장전략, 투자전략, 이익산출 면에서 구별된다. PLM에서 중시하는 단계별 특징을 정리하면 다음과 같다.

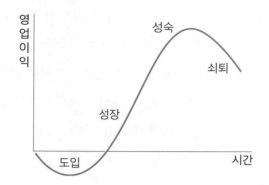

(1) 도입(Introductory)

신제품 개발에 집중하며, 경쟁자와의 직접적인 경쟁보다 제품 설계와 기술 검증에 중점을 둔다. 신제품과 신기술의 빠른 개발을 통해 시장이나 고객을 확보하는 것이 중요하기 때문이다. 이 단계에서의 주요 활동은 아이디어 관리, 신기술의 위험 관리, 유연한 설비 사용, 대략적인 비용 평가, 초기 투자 비용 확보, 그리고 회수되지 않은 비용에 대한 의사결정이다. 이 때는 설계 변경이 용이하며, 다양한 솔루션과 새로운 패러다임(PDM, 동시설계, 협업공학 등)을 활용하여 제품 개발의 용이성을 높일 수 있다.

(2) 성장(Growth)

시장에서 리더십을 확보하고 경쟁자가 가시화되며, 업계 표준 기술을 채택하는 경우이다. 대량 생산을 위한 설비 투자, 브랜드 이미지 제고, 가격 인하, 혁신적인 제품 출시를 위한 새로운 투자, 이익 창출의 가속화 등이 주요 특징이다. 시장 점유율을 확대하고, 제품을 개선하며, 효율적인 생산과 비용 관리를 통해 이익을 극대화할 수 있다.

(3) 성숙(Maturity)

고객의 구매력이 극대화되고 시장 성장 속도가 느려지며, 많은 경쟁자들이 시장에서 사라지거나 경쟁력을 잃는 경우이다. 제품 수정, 생산 자동화, 안정된 가격 검증, 새로운 투자 물색, 정점에 다다른 이익 현금화 등의 의사결정이 이루어진다. 따라서 안정된 생산과 효율성 검증, 비용 절감 및 안정된 수익 확보에 중점을 준다.

(4) 쇠퇴(Decline)

시장에서의 경쟁력을 유지할 것인지, 아니면 시장에서 철수할 것인지 결정하는 단계이다. 새로운 경쟁자가 나타나지 않으며, 제품 혁신도 없고, 생산체제 변화도 없다. 가격은 지속적으로 하락하며, 소규모 구매력만을 위한 제품 유지 여부와 연착륙 방법에 대한 의사결정이 주요 특징이다. 제품의 수익성이 줄어들며, 유지 또는 철수 전략을 결정하는 것이 중요해진다.

4.3 제품수명주기의 변화

과거 A제품에 대한 제품수명주기의 시간이 1년 6개월이 걸렸다면 현재 A제품에 대한 수명주기의 시간은 6개월이 소요된다. 수명주기는 기술 발전, 시장 변화, 소비자 요구의 변화와 같은 다양한 요인으로 인해 짧아진다. 특히, 소비자의 요구가 능동적으로 변화하게 된 점도 주기를 짧게 하는데 많은 영향을 끼쳤다. 소셜미디어와 같은 온라인 커뮤니케이션 플랫폼의 등장으로 사용자가 제품을 구매하지 않더라도 제품에 대한 평가나 경험을 할 수 있게 되었기 때문이다. 단순히 사진이나 짧은 동영상이 아닌 고화질의 영상속에서 제품에 대한 구체적인 평가를 할 수 있고 제품구매에 따른 리뷰도 쉽게 공유될 수 있다. 정보가 빠르게 전달되는 환경에서 기업은 생존하기 위해 새로운 제품 혹은 기능이 접목된 제품을 빠르게 출시해야 할 필요성이 높아지게 되고 결국 제품의 주기가 짧아지게 된다.

▶ 그림 3-7 **과거의 제품 라이프 사이클**   ▶ 그림 3-8 **현재의 제품 라이프사이클**

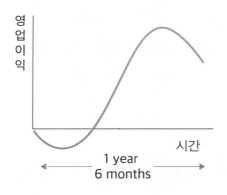

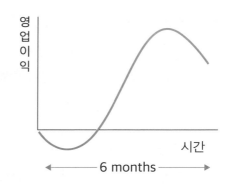

4.4 제품수명주기관리 목적

PLM을 이용한 목적은 총 3가지가 있으며 기업은 해당 목적을 달성하기 위한 전략을 구사해야 한다.

① 제품출시 기간의 단축

제품출시까지의 주요한 병목 구간 혹은 지연에 대한 동인을 이해하는 것이 중요하다. 산업군 별로 차이는 있겠으나 제품개발단계 초반의 프로세스가 주요 병목 구간으로 파악되고 있다. 상품화를 위한 여러 단계 중 가장 유연하면서도 정형화시키기 힘든 부분이 바로 초기 제품개발단계이다. 초기계획의 착오나 변경에 의한 비용 중에서 가장 큰 부분을 차지하는 단계가 제품개발 초기단계인 것을 감안하면 그 중요성에 대해 공감하지 않을 수 없다. 이는 이미 동시설계(Concurrent Engineering)에 기반한 PDM 도입 시부터 강조되어왔던 것으로 제품개발분야를 최적으로 지원하는 기능을 제공해야 하는 당위성을 제공하고 있다.

지원되어야 할 주요 기능에는 도면/문서관리를 기본으로 하여, CAD와의 연계, 설계변경관리, 제품구조관리, 분류관리, 워크 플로우(Workflow) 활용 등을 들 수 있겠다. 이들은 단순히 제품개발분야에 대한 지원에만 그쳐서는 안 되며, 동시설계 개념에 기반하여 전후 공정에서도 제품정보를 적절히 활용할 수 있는 기능구조가 되어야 한다.

또한 자재 선정 이전의 제품개발 초기에서부터 기능 구조와 공정, 그리고 공장 라인까지를 고려한 설계가 가능하도록 지원할 수 있어야 한다.

② 제품출시 비용의 절감

전통적 관리기법을 시스템적으로 개선하기 위한 프로세스에 드는 여러 비용 요소의 제거, 그리고 기업 간 협업에 의한 정보교류를 위해 발생되는 제반 물류비용의 축소를 통해 가능할 것이다.

다시 말해서, 제품출시 과정에서 발생하는 관련부서 간 혹은 기업 간의 거래비용 발생 요인을 시스템적으로 최적화할 수 있어야 한다. 또한 제품개발 프로젝트에 소요되는 각종 인적/물적자원과 진척에 대해 관리하고, 소요 비용 및 목표원가에 대한 관리가 지원되어야 하며, 설비의 고장이나 이상으로 인하여 발생할 수 있는 생산성 저하 및 비용 증가에 대해서도 지원할 수 있어야 한다.

③ 시장의 요구에 정확하게 부합하는 제품의 출시

앞에서 설명한 CRM과 같은 시스템과의 연계/통합을 통해, 시장요구 정보를 용이하게 얻고 고객의 요구를 쉽게 수용할 수 있는 다양하고 복잡한 제품구조의 수용, 품질에 대한 대내·외적인 확신을 지원할 수 있는 시스템 기능, 그리고 향후 고객만족을 위한 유지보수 지원까지 고려한 제품구성 이력의 관리가 필요하다.

이상과 같이, PLM의 세 가지 목표를 충족하기 위해서는 제품 초기 개발에서부터 유지보수 및 폐기에 이르기까지의 전체 프로세스 지원과 고객 및 협업을 위한 다양한 형태의 파트너에 대한 고려, 그리고 내부적 관점에서의 철저한 비용 및 품질관리가 필수적 구성요건이라 하겠다. 이러한 일련의 기능지원들은 기업의 핵심역량에 대한 지식화로 이어져, 기업의 성과를 향상시키는 데 도움을 줄 것이다.

4.5 제품정보관리와 제품수명주기의 관계

제품의 수명주기에서 도입 단계는 신제품이나 신기술의 시장 진입을 위한 핵심 시점이면서 제품 개발 과정의 최전선에 해당되는데 이때 제품 개발과 시장 확보를 위해 많은 노력이 필요하다. 제품을 신속하게 시장에 출시함으로서 경쟁 우위를 확보하고 고객의 관심을 끌고 시장 점유율을 높여야 한다. 정보의 흐름이 조직 내에 단절되지 않도록 PDM을 이용하고 제품 개발 과정에서 여러 부서가 동시에 작업을 진행하는 방법론인 동시설계나 제품 개발 과정에서 팀 간의 협업을 촉진하는 도구와 프로세스를 포함하는 협업공학 등을 통해 제품에 대한 관리 방안을 추적할 수 있다. PLM 시스템은 제품 개발과 관련된 모든 정보를 통합하고 관리하여, 설계부터 생산, 서비스까지의 전 과정을 지원하고 이를 통해 제품의 전체 생애주기를 관리하고, 각 부서와 팀 간의 협업을 원활하게 하여 정보의 흐름을 최적화하는데 사용된다. 이렇게 연결된 데이터들은 제품 개발 과정에서 수집된 데이터를 분석하거나 의사결정에 도움을 주면 이를 통해 설계 변경, 제조 공정 개선, 시장 요구사항에 대한 신속한 대응이 가능해진다.

예를 들어, 자재구성표(BOM)은 제품을 개발하기 위해 만들어지지만 해당 데이터를 다른 부서 혹은 단위 부서와 연결되고, 정확하게 공유되어야 한다. BOM정보는 설계부문, 생산부문, 영업부문의 가치사슬 최적화에 꼭 필요한 중요한 정보이기 때문이다. ERP와 CRM의 개념과 일부 중복되기도 하지만, 이러한 정보의 흐름을 가능하게 하는 것이 PLM이다.

4.6 제품정보관리와 제품수명주기 예시

음악과 관련된 제품수명주기는 기술의 발전과 소비자 선호의 변화를 반영하고 있다. 카세트와 CD 플레이어는 물리적 매체의 시대를 대표하며, MP3 플레이어는 디지털 음악의 초기 단계를 보여 준다. 스마트폰은 음악 재생을 넘어, 전반적인 디지털 라이프스타일의 중심으로 자리 잡고 있다. 이렇게 총 4개의 제품에 대한 수명주기를 이야기하면 다음과 같이 정리할 수 있다.

▶ 표 3-2 음악 스토리지 수명주기

	카세트 테이프	CD 플레이어	MP3 플레이어	스마트폰
도입기	1970년대 초	1980년대 중반	1990년대 후반	2000년대 초
성장기	1970년대 중반 ~ 1980년대 초	1980년대 후반 ~ 1990년대 중반	2000년대 초	2000년대 중반 ~ 2010년대 초
성숙기	1980년대 중반 ~ 1990년대 초	1990년대 중반 ~ 2000년대 초	2000년대 중반 ~ 2010년대 초	2010년대 중반 ~ 현재
쇠퇴기	1990년대 중반 ~ 2000년대 초	2000년대 중반 ~ 현재	2010년대 초 ~ 현재	

음악 스트리밍 서비스의 앨범 관리라는 예시를 통해 제품정보관리와 제품수명주기의 관점에서 어떤 의사결정을 하는지 살펴보고자 한다.

▶ 표 3-3 음악 스트리밍 서비스의 제품정보관리 및 제품수명주기 ─────

	제품정보관리	제품수명주기
도입기	정보 수집(앨범 출시 전, 아티스트의 이름, 앨범 제목, 곡 목록, 발매일, 장르, 음질 정보, 커버 아트워크, 프로듀서 및 작곡가 정보 등) 등	초기투자, 기술검증 등
성장기	정보 업데이트(사용자 리뷰, 추가 곡 또는 특별판 발매 등) 등	가격 조정 등
성숙기	정보 유지 및 관리, 자동추천 등	대량생산, 이익창출 등
쇠퇴기	시장분석 등	유지 또는 철수, 가격 인하 등

제품정보관리는 앨범의 모든 관련 정보를 수집, 정리, 배포하며, 제품수명주기는 앨범의 출시에 따라 도입, 성장, 성숙, 쇠퇴 단계에서의 활동을 포함한다. 이 과정에서 PIM 시스템은 제품 정보를 정확하게 유지하고, 수명주기 전반에 걸쳐 효과적인 관리와 최적화를 가능하게 한다.

05 전략적 기업관리(SEM: Strategic Enterprise Management)

5.1 균형성과지표

기업에서 지속적인 가치창출이 이루어지려면 모든 계층의 관리자가 통합된 의사결정을 하고 가치에 기반한 의사결정을 하여야 한다.

최근 지능형 기업관리(BI: Business Intelligence)의 일환으로 전략적 기업관리(SEM: Strategic Enterprise Management)에 대한 관심이 고조되고 있다. 기업이 ERP를 통해 내부 데이터를 정비하면, 과거 수작업으로 수행하던 프로세스 모니터링 작업을 실시간으로 진단할 수 있도록 핵심성과지표(KPI: Key Performance Indicator)를 자동적으로 시스템에서 볼 수 있는 프로젝트를 하는 기업이 늘어나고 있다.

▶ 그림 3-9 균형성과지표의 네 가지 관점과 예시 ─────────

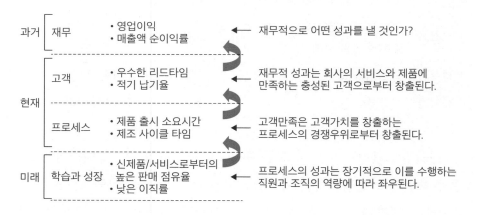

의미있는 성과지표가 되려면, [그림 3-9]에서 볼수 있는 바와 같이 기업전략을 고려하여 성과지표를 재무, 고객, 프로세스, 학습 및 성장의 네 가지 관점에서 정의하고, 각 성과지표를 측정할 수 있는 구체적인 기준을 마련한 후 각 부서들이 합의를 하는 과정을 거쳐야 한다. 이러한 네 가지 관점의 균형있는 성과지표를 균형성과지표(BSC: Balanced Scorecard)라고 부른다.

즉, BSC는 전통적으로 중시되어 오던 재무적 관점외에 고객, 내부 프로세스, 학습과 성장이라는 비재무적 관점도 함께 고려함으로써 조직의 전략을 입체적으로 관리할 수 있는 효과적인 가치중심의 성과관리기법이라 할 수 있다. 그 이유는 재무적 관점의 성과지표는 과거의 성과를 나타내므로, 현재 진행중인 업무의 성과와 미래의 잠재 성과를 파악하기 힘들기 때문이다. 따라서 현재 상황을 나타내주는 고객관점과 내부 프로세스관점, 그리고 미래의 상황을 보여 주는 학습 및 성장 관점까지 균형있게 측정하고 모니터링해야 기업의 성과와 가치를 파악할 수 있다.

또한 여러 부서들의 정보를 통합함으로써 의사결정에 영향을 미치는 리스크들을 사전에 포착하기 위한 활동이 가능해진다. 이를 위해 정보들 간의 관계를 파악하여 사전에 리스크들의 징후를 포착할 수 있는 다양한 규칙들을 정형화하여 시스템에 구현할 수 있다. 예를 들어, 위의 BSC 모니터링시스템을 기반으로하여 서로 다른 부서들의 모니터링 결과 및 생산계획시스템의 정보들을 연결함으로써 사전에 문제의 발생 가능성을 어느 정도 예측할 수 있는 시스템을 구현할 수 있다. 문제의 발생을 미리 예측할 수 있다면, 그러한 문제가 발생하기 전에 이를 예방할 수도 있을 것이다.

5.2 가치사슬 및 핵심성과지표 예

실제 기업에서 관리하는 핵심성과지표는 어떤 지표들인지 살펴보도록 하자. 삼성전자가 협력업체들과 연계하여 각 부문별로 프로세스 관점의 성과지표를 정립한 예를 들어 보면 다음과 같다.

(1) 영업관리 부문 성과지표

① 수주 납기 준수율: 월 납기일자 이전 출고된 수주 건수 / 월 수주 건수 * 100

② 수주 대응률: 월 출고수량 / 월 수주수량 * 100

③ 제품 반입률: 반입수량 / 출고수량 * 100

④ 예외 입고처리율: 월 예외입고 건수 / 월 총 입고 건수 * 100

⑤ 예외 출고처리율: 월 예외출고 건수 / 월 총 출고 건수 * 100

⑥ 예외 입고처리 비중: 월 예외입고 수량 / 월 총 입고 수량 * 100

⑦ 예외 출고처리 비중: 월 예외출고 수량 / 월 총 출고 수량 * 100

(2) 생산계획부문 성과지표

① 생산계획 달성률: 월 생산지시 수량 / 월 생산실적 수량 * 100

② 생산지시 준수율: SUM(1-납기 내 실적 수량 / 생산지시 수량) / 생산지시 건수 * 100

(3) 품질관리부문 성과지표

① 양품률: 월 합격 수량 / 월 실적 수량 * 100

② 불량률: 월 불량 수량 / 월 실적 수량 * 100

③ 수입검사 LOT 불량률: 월 불량 LOT 수 / 월 접수 LOT 수 * 100

③ 불량 LOT 판정 기준: 전체 생산 수량 대비 불량 발생 비율이 특정 기준을 초과하는 경우 등(해당 부분은 기업의 불량기준에 따라 다름)

④ 수입검사 불량률: 월 불량 수량 / 월 접수 수량 * 100

(4) 구매관리부문 성과지표

① 자동발주율: 월 전환된 발주 건수 / 월 발주 건수 * 100

② 단가 미등록률: 단가 미등록 건수 / 원자재 및 외주가공품 수 * 100

③ 구매 납기 준수율: 입고 완료 건수 / 월 발주 건수 * 100

④ 장기 미납률: 30일 입고 지연된 발주 건수 / 월 발주 건수 * 100

(5) 자재관리부문 성과지표

① 예외 입고율: 월 예외 입고 건수 / 월 입고 건수 * 100

② 예외 출고율: 월 예외 출고 건수 / 월 출고 건수 * 100

③ 예외 입고 비중: 월 예외 입고 수량 / 월 입고 수량 * 100

④ 예외 출고 비중: 월 예외 출고 수량 / 월 출고 수량 * 100

⑤ 재고 조정률: 실사조정출고 건수 / 재고 이월 건수 * 100

(대상 : 제품 + 원자재, 제품, 원자재)

(6) 기준정보관리 부문 성과지표

① BOM 구성률: BOM 미 구성 건수 / 월 생성 제품, 반제품 수 * 100

② 신규 코드 발생율 : 월 등록 건수 / 총 품목 수 * 100

(7) 원가관리부문 성과지표

① 매출 신장률: (전월 매출 – 당월 매출) / 당월 매출 * 100

② 재료비율: 총재료비 / 매출액 * 100

③ 제조원가 비율: 제조원가 / 매출액 * 100

④ 제조원가 재료비율: 재료비 / 제조원가 * 100

⑤ 제조원가 노무비율: 노무비 / 제조원가 * 100

⑥ 제조원가 경비율: 경비 / 제조원가 * 100

⑦ 재고일수: ((기초재고금액 + 기말재고금액)/2)/월 출고 금액 * 30

⑧ 재고일수: (원자재, 재공품, 제품별 계산)

위에서 예를 든 삼성전자의 부문별 핵심성과지표는 균형성과지표 (BSC)의 입장에서 보면 프로세스관점의 지표들이다. 즉, 프로세스의 우수성을 유지하고 향상시키기 위하여 이러한 핵심성과지표를 모니터링하면서 문제점을 파악하고 프로세스를 개선해 나가야 한다.

또한 대우조선해양에서는 프로세스 혁신요원들이 워크샵을 통해 각주요 성공요인별로 가치사슬을 도시화하고 하부의 주요 성공요인 별로핵심성과지표를 설정하였다. 조선업은 주문설계형 생산방식으로 선박

이 제조된다. 따라서 수주부터 출하까지의 리드타임을 단축시키는 것이 수주 경쟁력을 확보하고 제조원가를 낮추는 데 매우 중요한 성공요인이다. 또한 수주부터 출하까지의 리드타임을 단축시키려면 설계 리드타임과 생산 리드타임을 모두 감소시키는 것이 중요한 성공요인이다. 이러한 리드타임 단축을 위한 가치동인구조와 성과지표가 [그림 3-10]에 나타나 있다. 또한 가치동인구조에서 도출된 핵심성과지표에 대한 정의와 측정기준이 [그림 3-11]에 기술되어 있다. '정확한 PND'라는 주요 성공요인을 측정하는 지표 중에서 '생산 BOM 정확도'를 선정하고, '일정계획 변경 최소화'라는 주요 성공요인에 대한 성과를 측정하는 지표 중에서 '계획변경확정 이탈률'을 선정하여 각 KPI에 대한 정의와 측정 계산식을 정의한 내용을 볼 수 있다.

▶ 그림 3-10 대우조선의 리드타임 단축을 위한 가치동인구조와 주요 성공요인별 성과지표

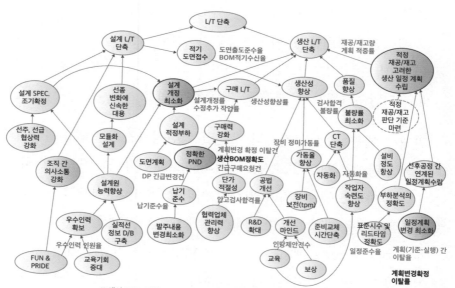

※생산 BOM 정확도와 계획변경확정 이탈률 측정 내용은 [그림 3-11] 참조

[그림 3-10]은 가치사슬의 예시이므로 실제 기업의 가치사슬과는 많이 다를 수 있다. 이러한 가치동인구조에 의해 어떠한 KPI에 문제가 생기면 차후에 영향을 미치는 주요 성공요인을 알 수 있으므로 문제를 미리 파악하는 조기 경보의 역할을 할 수 있다. 또한 중요한 KPI들은 [그림 3-11]과 같이 관련주요 성공요인, 정의, 측정목적, 계산식, 측정시스템, 해당 조직, 측정주기 등을 자세히 기술하고, 측정뿐만 아니라 실제로 KPI의 향상과 주요 성공요인의 달성을 위해 노력하는 것이 필요할 것이다.

▶ 그림 3-11 성과지표 정의서 예시 ─────────────

지표 명 생산 BOM 정확도

1. CSF	정확한 PND		2. 주관부서	생산관리팀
3. 정의/측정단위	• 생산 BOM의 정확도를 지표화하여 산출관리함으로써 신뢰도 및 정확도를 향상함으로써 불필요한 업무 및 수작업 근절 • 의장설치 공종의 BOM확정(착수 -3주 전) 후에 BOM 변경에 변경 건수를 관리함			
4. 측정목적	지원생산 및 제작사에 정확한 PND를 제공함으로서 긴급 구매요청, 결품 및 재고증가 방지			
5. 계산식	• 확정 후 변경(추가/삭제) 안 된 BOM 건수/확정된 BOM건수 대상 BOM 기간 내 완료된 의장 주생산 오더 BOM에 대해			
6. Source System/생성부	SAP ERP			
7. 조직 Level	☑ 전사 ☑ 본부 ☑ 사업부 ☑ 팀			
8. 측정주기	월 / 분기 / 반기 / 년		9. 데이터 생성시기	월
10. 표현방식	☐ Single Bar ☐ Multi Bar ☑ PL Bar ☐ Simulation Tree			
11. 고려요소	변경요인 상세분석 관리지원 가능해야 하며 책임조직 명확화 필요 시행 시에는 프로세스 KPI로서 공동책임 형태로 개선을 선도하는 역할이 중요			

지표 명 계획변경확정 이탈률

1.CSF	일정계획 변경 최소화		2. 주관부서	생산관리팀
3. 정의/측정단위	계획확정기간 내에 착수예정인 주생산 오더에 대한 일정변경건수			
4. 측정목적	지원생산 또는 후공정과 연계된 일정계획 합의 후 일방적인 수정을 방지			
5. 계산식	확정 후 버터를 이탈한 오더 수/계획확정기간 내에 착수예정인 오더 수∙100 • 버터: 계획단위(기준/실행) 공종별로 별도 관리 • 계획확정기간: 기준계획 3개월, 실행계획 2주			
6. Source System/생성부	SAP ERP			
7. 조직 Level	☑ 전사 ☑ 본부 ☑ 사업부 ☑ 팀			
8. 측정주기	월 / 분기 / 반기 / 년		9. 데이터 생성시기	월
10. 표현방식	☐ Single Bar ☐ Multi Bar ☑ PL Bar ☐ Simulation Tree			
11. 고려요소	KPI는 기준과 실행계획이 구분 관리 필요함 생산 오더 확정관리 필요 및 버터 일수에 대한 공종별 합의가 필요			

5.3 SEM의 발전

SEM은 BSC와 가치경영(VBM: Value Based Management)의 이론이 활용될 수 있는 정보시스템의 형태로 구현되고 있다.

SEM은 전략경영에 활용 가능한 새로운 형태의 애플리케이션으로 90년대 후반부터 다양한 기업용 소프트웨어 공급자에 의해 개발되기 시작하였다. 이러한 SEM 애플리케이션은 일반적으로 BSC와 VBM 등 최근에 개발된 경영이론을 대부분 반영하고 있다.

SEM에 관심이 증가한 이유로는 첫 번째로, BSC와 VBM 등 미래 지향적이면서 정량적으로 관리가 가능한 경영이론이 발전되면서 전략적 경영을 지원할 수 있는 소프트웨어개발이 가능해졌고, 두 번째로 ERP와 데이터웨어하우스(DW) 등이 개발되고 폭넓게 활용되면서 기업의 경영관련 정보가 축적되어 이러한 정보를 전략적 경영에 활용할 수 있는 가능성이 증가한 점 등을 들 수 있다.

SEM은 관리사이클(Management Cycle)인 계획(Plan), 실적(Do), 진척(See)에 기반을 두고 ① 계획을 수립하기 위해 필요한 정보수집단계(BIC: Business Information Collection), ② 계획수립단계(BPS: Business Planning and Simulation), ③ 기업에서 업무를 수행한 결과를 취합(BCS: Business Consolidation), ④ 계획 대비 결과를 평가(CPM: Corporate Performance Monitoring)하고, ⑤ 최종 결과를 모든 이해관계자에게 배포하고 관리(SRM: Stakeholder Relationship Management) 등으로 구성되어 있다.

이러한 시스템을 통해 경영진을 포함한 기업문화가 획기적으로 바뀌는 결과가 나올 수 있다. 즉, 문제가 발생한 후에 이를 해결하기 위한 경영이 아닌, 문제를 미리 파악하여 이를 방지하는 경영으로 탈바꿈할 수 있다.

또한 각 리스크 관리요인에 대한 관리주기를 일 단위나 주 단위로 단축시키고 이를 시스템화하여 한눈에 파악할 수 있도록 함으로써 경영의 대응력을 강화할 수 있다. 이러한 대응력 향상은 전략과 일관성 있도록 기업의 의사결정을 올바르게 할 수 있게 해주기 때문에 전략적 기업관리라고 일컫는다.

한국타이어와 삼성SDI에서는 ERP를 구축하여 성과에 대한 내용을 신속하게 집계하여 볼 수 있는 조기 결산체제와 조기 경보체제를 이루었으며, 전략적 기업관리를 통해 성과를 달성한 내용을 정확하게 모니터링하면서 인센티브에 반영함으로써 책임경영체제를 달성한 바 있다.

06 그 외의 확장모듈

6.1 지식관리(KM: Knowledge Management)

조직 내에서 지식의 생성, 공유, 관리, 활용을 체계적으로 지원하는 시스템으로 KM은 지식 자산을 효율적으로 관리하여 조직의 의사결정과 혁신을 지원한다. 조직 내에서 발생한 다양한 지식을 수집하고, 이를 데이터베이스, 문서, 문서 관리 시스템에 저장한다. 단순히 지식을 저장하지 않고 지식을 공유하기도 하며 저장된 지식을 업무에 적용하여 문제 해결과 의사결정을 지원한다. 신속한 의사결정은 짧은 순간에 활용되어져야 하기 때문에 최신 정보를 유지하기 위해 지식을 정기적으로 업데이트하고, 불필요하거나 오래된 정보를 삭제하면서 정보를 관리한다.

6.2 창고관리시스템(WMS: Warehouse Management System)

창고의 운영과 관리를 최적화하기 위한 시스템으로, 재고 관리, 창고 운영, 주문 처리 등을 지원한다. 해당 시스템을 통해 실시간으로 재고 수준을 모니터링하고, 재고의 입출고를 관리함으로써 재고 부족이나 과잉을 방지한다. 주문을 처리할때에도 적절한 창고 위치에서 재고를 선택하여 신속하게 배송할 수 있도록 한다.

6.3 마스터 데이터 관리(MDM: Master Data Management)

조직의 핵심 데이터(고객, 공급업체, 제품 등)를 중앙에서 관리하여 일관성, 정확성, 통합성을 유지하는 시스템이다. 다양한 시스템과 소스에서 발생하는 마스터 데이터를 중앙에서 통합하여 일관된 정보를 제공하고 데이터의 정확성과 일관성을 보장하기 위해 데이터 품질 규칙을 적용하고, 데이터 오류를 식별 및 수정한다. 마스터 데이터의 형식과 정의를 표준화하여 데이터의 일관성을 유지함으로써 데이터의 안전성과 보안을 유지한다.

6.4 최적화 솔루션(APO: Advanced Planner & Optimizer)

공급망의 계획 및 최적화를 지원하는데 복잡한 공급망 계획과 최적화 문제를 해결하는 데 사용된다. 예측된 수요를 기반으로 생산 계획을 수립하거나 생산 능력과 자원을 고려하여 생산 계획을 최적화하고 생산 일정과 자원 배분을 조정하여 효율성을 극대화한다. 또는 자재, 인력, 설비 등 자원의 사용 계획을 최적화하여 자원의 낭비를 줄이는 데 활용되기도 한다.

6.5 생산관리시스템(MES: Manufacturing Execution System)

생산 공정의 실시간 모니터링과 관리, 공정 최적화를 지원하는 시스템으로 생산 계획을 실행하고, 생산 현장의 데이터 수집 및 분석을 담당한다. 예를 들어, 생산 라인의 상태를 실시간으로 모니터링하고, 생산 속도, 품질, 장비 상태 등을 추적하거나 작업 진행 상황을 기록하고, 문제 발생 시 대응한다. 생산 과정에서의 품질 데이터를 수집하고 분석하여 품질 문제를 조기에 발견하고 해결하기도 하며 생산에 필요한 자재와 자원의 사용을 관리하고, 자원의 효율성을 분석하는데 사용된다.

6.6 물류실행 솔루션(LES: Logistics Execution Solution)

물류와 관련된 모든 실행 작업을 지원하는 시스템으로, 재고의 이동, 주문 처리, 배송 등을 관리한다. 운송업체와의 협력을 통해 효율적인 물류 경로를 결정하며 이에 필요한 배송 일정을 조정하고, 배송 경로를 최적화한다. 효율적 재고 관리를 위해 창고 내 재고의 위치와 상태를 실시간으로 추적한다.

연습문제

01 CRM은 기업의 '___'을 관리하기 위해 만들어진 시스템이다.

02 JIT를 처음 구체화한 기업을 APS와 연관지어 설명하시오.

03 제품의 정보를 관리해야 하는 이유가 <u>아닌</u> 것은?

① 제품라이프사이클 탐색
② 제품개발과 생산에 걸쳐 발생하는 비용절감
③ 제품 수율 향상 및 설계변경 감소
④ 영업기회의 극대화를 통한 제품개발기간단축

04 제품정보관리와 제품수명주기의 관계를 서술하시오.

05 제품수명주기의 수명단계가 잘 이루어진 것은?

① 도입-성숙-성장-쇠퇴
② 도입-성장-성숙-쇠퇴
③ 개발-도입-성장-쇠퇴
④ 개발-성장-성숙-쇠퇴

06 제품수명주기가 짧아지는 이유가 무엇인가?

[기출문제]

07 ERP 패키지의 효과적인 도입을 위한 고려사항으로 가장 적절하지 <u>않은</u> 것은?

① 경영진의 확고한 의지가 있어야 한다.
② 경험 있는 유능한 컨설턴트를 활용해야 한다.
③ 전사적으로 전 임직원의 참여를 유도해야 한다.
④ 현업을 반영하도록 최대한의 커스터마이징을 실행한다.

08 ERP 시스템의 SCM 모듈을 실행함으로써 얻는 장점으로 가장 적절하지 <u>않은</u>
것은?

① 공급사슬에서의 가시성 확보로 공급 및 수요변화에 대한 신속한 대응이
가능하다.
② 정보투명성을 통해 재고수준 감소 및 재고회전율(inventory turnover)
증가를 달성할 수 있다.
③ 공급사슬에서의 계획(plan), 조달(source), 제조(make) 및 배송
(deliver) 활동 등 통합 프로세스를 지원한다.
④ 마케팅(marketing), 판매(sales) 및 고객서비스(customer service)를
자동화함으로써 현재 및 미래 고객들과 상호작용할 수 있다.

09 도요타 생산방식에서 말하는 7가지 낭비로 적절하지 <u>않은</u> 것은?
① 재고의 낭비
② 제조의 낭비
③ 동작의 낭비
④ 가공 그 자체의 낭비

10 JIT(Just-In-Time)와 MRP(Material Requirements Planning)에 대한 설명으
로 적절하지 <u>않은</u> 것은?

① JIT는 실제 수요에 기반한 유연생산을 목적으로 한다.
② MRP는 수요예측에 기반한 계획생산을 목적으로 한다.

③ MRP는 계획에 기반하여 미리 제품을 계획적으로 제조하는 방식으로, 생산 계획에 따라 원자재를 조달 및 생산하는 Push 시스템을 적용한다.

④ JIT 시스템은 수요에 따라 공급하는 방식으로, 제품이 필요할 때까지 제조하지 않고 필요한 만큼만 제조함으로써 재고를 최소화하는 Push 시스템을 적용한다.

11 ERP 시스템 투자비용에 관한 개념 중 '시스템의 전체 라이프사이클(life-cycle)을 통해 발생하는 전체 비용을 계량화한 비용'에 해당하는 것은?

① 유지보수 비용(Maintenance Cost)

② 시스템 구축비용(Construction Cost)

③ 총소유비용(Total Cost of Ownership)

④ 소프트웨어 라이선스비용(Software License Cost)

CHAPTER

04

ERP 구축방법론

Chapter 04

ERP 구축방법론

01 ERP 시스템 구축단계

새로운 시스템을 기업에 들여오려면 4가지의 프로세스가 있다. 첫 번째, 시스템에 대한 투자단계가 있다. 투자단계에서는 기업에 시스템이 필요한지에 대한 의사결정을 하게 된다. 시스템은 들여오기 위해서는 아주 많은 비용과 시간이 들기 때문이다. 두 번째, 구축단계로 본 Chapter에서 구체적으로 살펴볼 내용으로 기업에 시스템을 들여올 때 어떤 의사결정이 포함되는지에 대한 부분을 설명한다. 해당 부분은 본 단락이 끝나면 구체적으로 설명한다. 세 번째, 실행단계로 시스템을 직접 사용하는 단계로 시스템을 도입함으로써 획득할 수 있는 최대한의 성과를 위해 시스템을 사용하는 사용자에게 교육하는 것이 포함되며 실제로 사용해보면서 불편한 점을 수집한다. 네 번째, 확산단계로 실행단계에서 문제가 되었던 부분을 수정하고 기업에 최적화된 시스템을 기업전반에 걸쳐 확산시킨다.

새로운 시스템을 들여올 때 크게 4가지의 프로세스가 존재하며 ERP를 도입한다는 관점에서 구축단계를 상세하게 살펴보고자 한다. 일단 투자 단계를 거쳐 기업에 ERP를 들여오기로 결정하였다면 ERP의 구축단계를 고려해야 한다. ERP 시스템을 조직에서 사용하는 것은 일반적인 경영정보시스템(MIS, Management Information System)의 구축방식과 비슷하지만 명확한 차이가 있다. 먼저, 유사한 점은 두 시스템을 구축할 때 모두 착수(Preparation), 분석(Analysis), 설계(Design), 구축(Construction), 구현(Implementation) 등 다섯 단계를 거친다는 것이다. 이때 각 단계에서 ERP 시스템을 구축하기 위한 주요 활동과 MIS를 구축하기 위한 주요 활동이 다르다. 보통의 MIS의 경우 데이터들을 수집하고 기존의 업무프로세스에서 반복처리되는 부분들을 자동화함으로써 기존의 업무에서 크게 벗어나지 않은 시스템을 구축할 가능성이 매우 높다. 반면, ERP의 경우 베스트 프랙티스가 시스템상에 포함되어 있기 때문에 이미 조직에서 관행처럼 이루어진 업무가 있더라도 혁신을 통해 보다 효율적으로 처리할 수 있다. ERP 시스템은 혁신에 기반하기 때문에 조직 내부에서 많은 저항과 문제에 봉착하고 이를 극복하는 과정이 필요하기 때문에 전문적인 컨설팅이 요구된다. ERP시스템을 구축하는 데 사용되는 방법론(Methodology)은 ERP 공급업체나 컨설팅 회사가 자체적으로 개발하여 보유하고 있는 것을 활용한다. ERP 공급업체는 자사의 ERP 제품을 구축하기에 적합한 방법론을 보유하고 있으며, 컨설팅회사도 자체적으로 기업의 경영혁신 및 시스템 구축에 범용적으로 사용이 가능한 방법론을 개발하여 사용한다. 구체적으로 ERP 구축을 위한 주요 활동은 총 9가지가 있다.

▶ 그림 4-1 ERP 구축단계에 따른 주요활동

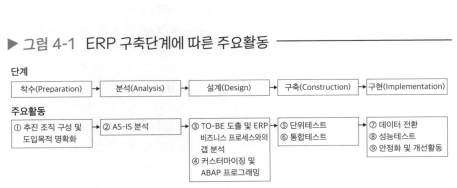

단계

| 착수(Preparation) | → | 분석(Analysis) | → | 설계(Design) | → | 구축(Construction) | → | 구현(Implementation) |

주요활동

| ① 추진 조직 구성 및 도입목적 명확화 | → | ② AS-IS 분석 | → | ③ TO-BE 도출 및 ERP 비즈니스 프로세스와의 갭 분석
④ 커스터마이징 및 ABAP 프로그래밍 | → | ⑤ 단위테스트
⑥ 통합테스트 | → | ⑦ 데이터 전환
⑧ 성능테스트
⑨ 안정화 및 개선활동 |

CHAPTER 04 ERP 구축방법론   109

1.1 착수단계

착수단계는 ERP 도입을 목적을 명확히하고 추진 조직을 확정하여 필요할 경우 외부 컨설턴트를 선정하는 단계이다.

(1) 추진 조직 구성

ERP를 도입하기 위해서는 조직이 특정 조직원에게 일임하는 것이 아니라 이를 수행한 팀을 구성해야 한다. 시스템 전체를 담당한 조직원과 각 모듈에서 수행해야 하는 프로젝트 관리, BPR, 하드웨어/소프트웨어/네트워크 등의 기술적 문제, 시스템 교육과 문서화, 프로젝트 지원 등을 관리할 수 있는 능력있는 조직원들로 구성한다.

[표 4-1]에는 회사내부와 컨설팅 회사의 일반적인 역할과 책임을 정리하여 놓았다.

▶ 표 4-1 수행주체별 구성원의 역할 예시

직무	회사 내부	컨설팅 회사
PM	• 프로젝트 범위 및 추진일정 관리 • 모듈별 우선순위 조정 • 진척관리 및 이슈관리 • 모듈별 위험요소 관리 • 표준 프로세스 적용률 관리	
모듈 담당자	• 프로세스 표준화 및 개선과제 도출 • SAP ERP 기능 및 베스트 프랙티스 지식 습득 • TO-BE 프로세스 및 비즈니스 시나리오 작성 및 변경 • 이슈보고 및 의사결정 • 프로토타이핑 수행 • 단위 테스트 및 통합 테스트 수행 • 완성 여부 최종승인	• 경영혁신(Process innovation) 개선과제 대한 제시 • SAP ERP 기능 및 베스트 프랙티스 지식 교육 • 현행 프로세스 분석으로 TO-BE 프로세스 대안 제시 • 커스터마이징 및 테스트 • 프로토타이핑 가이드라인 제시 • 프로그램 개발 사양서 작성

	• 마스터데이터 및 이관 지원 • 파워유저에게 전달교육	• 단위 테스트 및 통합 테스트 지원 • 데이터 이관 준비 및 지침 제시 • 안정화를 위한 변화 관리 지원 • 사용자 매뉴얼 작성
기술지원 담당자	• 개발 프로그램의 관리 • 하드웨어, 데이터 베이스 네트워크 구축 • 개발환경 및 운영시스템 준비 및 관리 • 사용자 관리 및 권한 설정	• 추가변경 프로그램의 개발 및 테스트 • 하드웨어, 데이터베이스, 네트워크 구축 지원 • 개발환경 운영 및 운영시스템 준비 지원 • SAP 시스템관리 기술 전수

▶ 그림 4-2 ERP 조직 구성의 대표적 사례

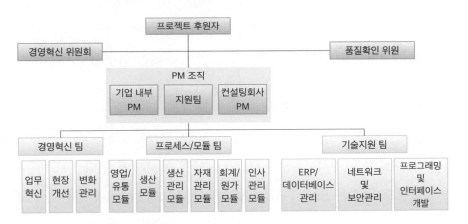

[그림 4-2]는 일반적인 ERP 추진조직이며 조직의 구성과 책임 및 역할은 ERP 시스템의 구축특성과 기업의 규모에 따라 달라질 수 있다. ERP 프로젝트는 기업의 전반적인 운영 효율성을 극대화하고 경쟁력을 강화하기 위해 필수적인 대규모 프로젝트로, 성공적인 실행을 위해 막대한 인적·물적 자원이 요구된다. 이러한 이유로 ERP 프로젝트 팀은 ERP추진 TFT(Task Force Team)로 구성되며, 이 팀의 성공 여부는 기업의 미래를 좌우할 만큼 중요하다. TFT의 구성원들은 회사 내부에서 선발된 정예 요원들로 구성되며, 이들은 기업의 전략적 방향을 결정하

고 실행하는 데 중추적인 역할을 맡고 있다. 예를 들어, CIO(Chief Information Officer)는 전체 프로젝트의 정보 기술적 측면을 총괄하며, 기획 부서는 프로젝트의 전반적인 목표와 전략을 설정한다. 또한 전산 부서는 ERP 시스템의 기술적 구현과 유지보수를 담당하며, 각 부서의 현업 담당자들은 자신들이 맡고 있는 업무의 특성을 반영해 ERP 시스템을 설계하고 적용하는 데 중요한 역할을 한다. 여기에 더해 ERP 패키지의 설치와 사용법 교육을 담당할 ERP 공급업체 직원들이 참여하며, 이들은 시스템의 기술적 세부 사항에 대한 전문 지식을 제공한다. 또한 ERP 구축 방법론에 맞추어 프로젝트를 주도적으로 추진할 컨설팅 회사의 전문가들도 포함된다. 이들은 프로젝트의 단계별 진행을 관리하고, 시스템이 기업의 요구에 맞게 최적화될 수 있도록 다양한 자문을 제공하며, 프로젝트의 성공적인 완료를 위해 필수적인 역할을 수행한다.

(2) 세부 추진일정 수립

프로젝트팀의 구성이 끝나면 PM조직에서 전체 일정을 수립하고 결정한다. 프로젝트 전체 일정은 [그림 4-3]에 예시되어 있다. 해당 예시는 프로젝트 일정은 SAP 회사의 ASAP(Accelerated SAP) 방법론을 기반으로 만들어진다. 이 일정은 ERP의 베스트 프랙티스를 중심으로 표준 프로세스를 ERP 시스템에 신속하게 구축할 때를 가정한 것이다.

프로젝트가 본격적으로 시작되기 전, 일 처리에 대한 초기 계획을 세우는 킥오프(Kick-off) 미팅이 진행된다. 이 미팅을 통해 프로젝트의 방향성과 목표를 명확히 한 후, TFT(Task Force Team)는 전체적인 프로젝트 추진 일정을 수립한다. 이러한 전체 일정 계획은 프로젝트의 각 단계를 상세화하는 세부 추진 일정으로 더욱 구체화된다. 세부 추진 일정 계획에서는 프로젝트의 주요 단계인 분석, 설계, 구축, 그리고 구현 등 각 단계별로 구체적인 추진 사항을 명시하게 된다. 이와 더불어 각 단계에서 요구되는 산출물, 점검 사항 등도 포함되며, 프로젝트의 효율적인 진행을 위해 각 분야별 담당자가 지정된다. 지정된 담당자는 자신의 책임 하에 일정에 맞춰 업무를 수행하게 되며, 이를 통해 프로젝트의 일정과 목표가 효과적으로 달성될 수 있도록 관리한다.

예를 들어, [표 4-2]는 ERP 프로젝트의 세부 추진 일정의 예시를 보여 주며, 각 단계별로 세분화된 작업 항목과 날짜 등을 명시하고 있다. 이를 통해 프로젝트 팀은 일정에 따른 업무 수행을 체계적으로 관리하며, 성공적인 프로젝트 완료를 목표로 업무를 진행하게 된다. 이러한 세부 일정 관리와 책임 할당은 ERP 프로젝트의 복잡성을 효과적으로 관리하고, 각 단계가 계획대로 진행될 수 있도록 하는 핵심 요소가 된다.

▶ 그림 4-3 ERP 구축 전체 일정계획 예시

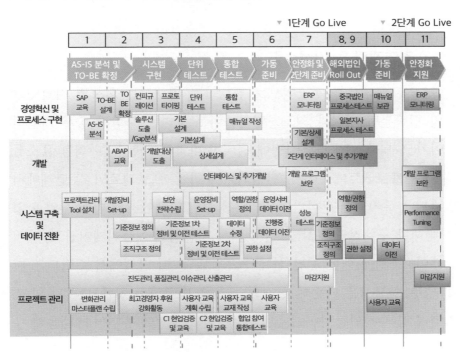

▶ 표 4-2 세부 추진일정 및 산출물 예시 ─────────────

	작업 이름	기간	시작 날짜	완료 날짜	선행 작업	산출물
1	⊟ 1단계(한국 및 미국 구현)	157일	25-06-02(월)	25-01-02(금)		
2	⊟ 분석 및 설계단계	35일	25-06-02(월)	25-07-18(금)		
3	⊟ To-Be 확정	30일	25-06-09(월)	25-07-18(금)		
4	SAP 교육	2주	25-06-09(월)	25-06-20(금)		
5	AS-IS 분석	2주	25-06-09(월)	25-06-20(금)		현업 인터뷰 결과서
6	글로벌 To-Be 설계	2주	25-06-23(월)	25-07-04(금)	5	Global To-Be 설계서(부문별 PI과제, 실행방안, TO-BE Process정의서,
7	To-Be 해외검증	7일	25-07-07(월)	25-07-15(화)	6	Global To-Be 검증결과서
8	글로벌 To-Be 확정	2일	25-07-16(수)	25-07-17(목)	7	Global To-Be 보고서(부문별 PI과제, 실행방안, TO-BE Process정의서.
9	To-Be 보고	1일	25-07-18(금)	25-07-18(금)	8	
10	⊟ 개발	10일	25-06-30(월)	25-07-11(금)		
11	ABAP 교육	2주	25-06-30(월)	25-07-11(금)		
12	⊟ 시스템 구축	35일	25-06-02(월)	25-07-18(금)		
13	OneStop Manager 설치	3주	25-06-02(월)	25-06-20(금)		
14	개발장비 Setup	4주	25-06-23(월)	25-07-18(금)	13	

(3) 경영전략 및 비전수립

ERP 프로젝트를 성공적으로 진행하기 위해서는 회사의 이념이나 경영 전략뿐만 아니라 최고경영자들이 요구하는 사항과 향후 기업이 나아가고자 하는 방향을 사전에 철저히 파악해야 한다. 이러한 요소들은 ERP 프로젝트에 반드시 반영되어야 하며, 프로젝트의 각 단계에서 일관되게 유지되어야 한다. 특히 비전 수립 단계에서는 미래 사업과 업무에 대한 구체적인 구상, 그리고 이를 뒷받침할 애플리케이션 및 데이터베이스(DB)에 대한 개념 설계가 포함된다. 이 단계에서 수립되는 미래 업무 청사진은 단순히 현재의 요구를 반영하는 것에 그치지 않고, 기업이 향후 직면할 수 있는 다양한 변화와 도전에 유연하게 대응할 수 있는 시스템 구축을 목표로 해야 한다. 따라서, 청사진은 현업의 구체적인 요구사항을 충족시키는 동시에 기업의 장기적인 전략을 고려한 유연성을 갖추어야 한다.

또한 비전 수립 단계에서는 업무 프로세스 재설계(BPR, Business Process Reengineering)와 같은 업무 개선 방법론을 활용하여, 기존의 불합리한 업무나 프로세스를 최소화하고, 보다 효율적이고 효과적인 상위 수준의 미래 업무 이미지를 작성해야 한다. 이는 단순한 기술적 설계를 넘어, 기업의 전반적인 운영 효율성을 극대화하고, 비즈니스 목표 달성에 기여할 수 있는 방향으로 ERP 시스템을 설계하는 것을 의미한다.

결국, 비전 수립 단계는 ERP 프로젝트의 성공을 좌우하는 핵심 단계로, 이 단계에서 설정된 비전과 목표는 프로젝트 전반에 걸쳐 일관되게 반영되어야 하며, 이를 통해 기업의 미래 성장과 발전에 기여할 수 있는 강력한 ERP 시스템을 구축할 수 있게 된다.

(4) 주요 성공요인 도출

경영전략과 비전이 수립된 후에는, 이러한 전략과 비전을 현실로 구현하기 위한 필수 조건들을 도출해내는 과정이 필요하다. 이때 도출되는 조건들은 주요 성공요인(CSF, Critical Success Factor)이라고 불리며, 이는 전략을 달성하기 위한 구체적인 세부 추진사항으로 볼 수 있다. 주요 성공요인은 경영전략과 비전을 성공적으로 실현하기 위해 반드시 충족되어야 하는 핵심 요소들이다. 이들은 조직이 직면한 도전과제와 기회를 고려하여 설정되며, 기업의 목표를 달성하기 위해 중점적으로 관리해야 할 분야를 명확히 정의한다. 예를 들어, 효율적인 자원 관리, 고객 만족도 향상, 혁신적인 기술 도입, 조직 내 소통 강화 등이 주요 성공요인으로 설정될 수 있다. CSF는 기업의 전략적 목표와 직접적으로 연결되며, 이 요인들이 충족되지 않으면 전략적 목표를 달성하는 데 큰 어려움이 따를 수 있다. 따라서 ERP 프로젝트에서는 이러한 주요 성공요인들을 명확히 파악하고, 이를 달성하기 위한 구체적인 계획을 수립하는 것이 매우 중요하다. 이를 통해 기업은 경영전략과 비전을 현실로 구현하고, 경쟁 우위를 확보할 수 있는 ERP 시스템을 구축할 수 있게 된다.

1.2 분석단계

(1) AS-IS분석

분석 단계에서 가장 핵심적인 활동은 바로 AS-IS 분석이다. 성공적인 ERP 시스템 구축을 위해서는 기업의 현 상태, 즉 '현주소'를 명확히 이해하는 것이 무엇보다 중요하다. ERP 패키지 내에는 매우 방대한 비즈니스 프로세스가 구현되어 있어, 이를 도입하는 기업은 반드시 자신들의 특성에 맞는 모듈과 기능을 신중하게 선택해야 한다. 이 분석 단계는 일종의 기업 진단 과정으로, 문제점을 세심하게 파악하는 것이 핵심이다. 마치 의사가 정확한 진단을 통해 적절한 처방을 내리는 것처럼, 기업도 자신의 가장 큰 문제점(Pain Points)을 명확히 밝혀야만 효과적인 개선 방향을 도출할 수 있다.

AS-IS 분석은 ERP 프로젝트의 초기 단계에서 기업의 현재 상태를 철저히 파악하고, 업무 흐름에서 발생하는 문제점을 발견하는 중요한 과정이다. 이 분석은 기업이 현재 운영하고 있는 독특한 문화, 관행, 그리고 업무 처리 방식을 심층적으로 이해하는 데 초점을 맞춘다. ERP 프로젝트에서는 이러한 현황을 토대로 불합리하거나 비효율적인 관행을 제거하고, 보다 효율적이고 최적화된 프로세스를 도입하는 것을 목표로 한다.

그러나 이 과정에서 중요한 것은 무조건 기존의 업무 처리 방식이나 프로세스를 배제하는 것이 아니다. 기업의 특수성과 고유한 상황을 충분히 고려하면서도, 혁신을 통해 더 나은 업무 프로세스를 구축하는 것이 중요하다. ERP를 도입하는 궁극적인 목적은 ERP 패키지에 구현된 선진 업무 프로세스를 도입하여 기업의 운영 효율성을 극대화하는 데 있다. 따라서 프로젝트의 우선순위는 ERP 패키지에서 제공하는 표준 프로세스를 최대한 활용하는 것이며, 본질적인 목표를 해치지 않는 범위 내에서 기업의 요구사항을 수용하는 것이 최상의 접근 방식이다.

AS-IS 분석을 통해 도출된 결과물은 다음 단계인 설계 단계에서 중요한 자료로 활용된다. 이 결과물들은 기업의 현재 상태와 개선이 필요한 부분을 반영하여, 기업의 미래 비전과 전략에 맞춘 TO-BE 모델을 설계하는 데 중요한 역할을 한다. 결과적으로, AS-IS 분석은 ERP 프로젝트의 성공을 위한 기초를 다지는 과정으로, 철저한 분석이 곧 성공적인 ERP 시스템 구축의 밑바탕이 된다.

(2) 목표와 범위 설정

ERP 프로젝트는 그 규모가 크기 때문에, 프로젝트의 성공을 위해서는 대상 범위를 명확하게 확정하고 철저히 관리하는 것이 필수적이다. 이 범위에는 대상 조직, 업무, 그리고 ERP 패키지 모듈의 범위 설정이 포함된다. 특히, 프로젝트의 규모와 복잡성을 감안할 때, 정해진 기간과 인력 내에서 프로젝트를 성공적으로 완료하기 위해서는 이러한 요소들을 정확히 정의하는 것이 매우 중요하다. 프로젝트 수행 시, 주로 예산상의 제약 때문에 모든 모듈을 일시에 도입하지 못하는 경우가 많다. 이러한 경우, ERP 프로젝트는 단계적으로 수행하는 방식을 선택할 수 있다. 예를 들어, 사업장별 또는 각 사업 부문별로 시스템을 구축하거나, ERP 시스템을 영업, 생산, 구매, 자재, 회계, 인사급여 등 모듈별로 나누어 도입하는 방식을 고려할 수 있다. 이와 같은 단계적 도입 방식(Phased Approach)은 예산이나 인력 관리 측면에서 유연성을 제공하지만, 몇 가지 중요한 고려 사항이 따른다. 특히 글로벌 패키지의 경우, 각 단위 모듈별로 구축하는 사례가 많지만, 모듈별로 개별적으로 구축할 경우 향후 시스템 통합성에 문제가 생길 수 있다. 모듈 간의 통합성이 저하되면, 서로 다른 모듈 간의 데이터 연계가 원활하지 않거나 시스템의 일관성이 깨질 위험이 있다. 이러한 문제를 예방하기 위해, 모듈별 구축 시 통합성 관점에서 신중하게 결정해야 한다. 단계적 이행 방식의 단점 중 하나는, 이후 다른 모듈을 추가로 구축할 때 기존 모듈을 대폭 수정해야 하는 중복 투자와 관련된 비용이 발생할 수 있다는 점이다. 이 때문에, 통합성을 중시하는 경우 모든 모듈을 동시에 구축하는 빅뱅(Big Bang) 방식을 고려할 수 있다. 빅뱅 방식은 모든 모듈을 한꺼번에 도입하여 통합된 시스템을 구축하는 접근 방식으로, 통합성 측면에서는 이상적이지만, 한 번에 많은 자원과 인력이 필요하고, 프로젝트 관리가 매우 복잡해질 수 있다.

따라서, 프로젝트 추진팀은 통제 가능한 범위 내에서 모듈의 구축 범위를 선정하는 것이 중요하다. 추가되는 모듈이 많아질수록 통합성과 변화 관리 업무가 기하급수적으로 증가하게 되며, 이는 프로젝트의 복잡성을 크게 높일 수 있다. 반면, 빅뱅 방식의 도입은 어려움이 따르지만, 기대되는 효과 또한 크다는 점을 명심해야 한다. 궁극적으로, ERP 프로젝트의 성공은 기업의 상황과 목표에 맞춘 전략적 결정에 달려 있으며, 통합성과 유연성 간의 균형을 신중하게 고려해야 한다.

1.3 설계단계

설계 단계는 분석 단계에서 파악된 결과를 바탕으로, 문제점을 해결할 수 있는 새로운 업무 프로세스를 수립하고 ERP 시스템 구축을 준비하는 중요한 과정이다. 이 단계에서 가장 핵심적인 과업은 바로 향후 업무 프로세스인 TO-BE 프로세스를 도출하는 것이다. TO-BE 프로세스는 현재의 업무 프로세스와 회사 또는 경영진, 현업에서 요청한 사항들을 종합적으로 고려하여, ERP 패키지에 내재된 베스트 프랙티스와 조화를 이루도록 설계해야 한다. 이는 ERP 프로젝트의 성공 여부를 결정짓는 가장 중요한 요소 중 하나다.

ERP 사상에 따르면, ERP 패키지에 내재된 프로세스 자체를 TO-BE로 설정하여 모든 업무를 이에 맞추는 것이 이상적이다. 이 접근 방식은 ERP 패키지의 표준 프로세스를 최대한 활용하는 것으로, 시스템 구축과 유지 관리의 효율성을 높이는 데 기여할 수 있다. 그러나 현실적으로 모든 기업이 동일한 방식으로 운영될 수는 없으며, 각 기업의 특수성과 고유한 요구사항이 존재하기 때문에, ERP 패키지가 모든 상황에 완벽하게 적용되기는 어렵다.

따라서 설계 단계에서는 TO-BE 프로세스를 ERP 패키지에 내재된 표준 프로세스와 비교하여, 두 프로세스 간의 차이점을 발견하고 분석하는 갭(Gap) 분석이 필수적이다. 갭 분석을 통해, ERP 패키지의 표준 프로세스와 기업의 요구사항 사이의 불일치를 식별하고, 이를 해결하기 위한 방법을 모색한다. 이 과정에서 도출된 갭을 어떻게 처리할 것인지에 대한 전략적 결정이 필요하다. 예를 들어, 특정 프로세스를 ERP 패키지에 맞게 변경할지, 아니면 ERP 시스템을 기업의 특수 요구사항에 맞게 커스터마이징할지를 결정해야 한다.

결국, 설계 단계는 ERP 시스템이 기업의 특성과 요구에 부합하면서도, ERP 패키지의 장점을 최대한 활용할 수 있도록 하는 중요한 과정이다. 이 단계에서 잘못된 설계나 부적절한 갭 해결 방법을 선택하면, 이후의 구축 단계에서 큰 문제가 발생할 수 있으므로, 신중하고 철저한 접근이 요구된다.

(1) 향후의 업무 프로세스 도출

새로운 업무 프로세스를 정립할 때는 기업 전체의 업무 흐름과 각 기능 간의 연관성을 명확하게 표시하는 전체 개요도를 작성하는 것이 중요하다. 이 개요도는 새로 도입하는 ERP 패키지의 기능을 염두에 두고, 업무 프로세스를 재설계하는 과정에서 핵심적인 역할을 한다. TO-BE 프로세스를 도출하기 위해서는 경영 전략과 비전, AS-IS 분석, 주요 성공요인(CSF) 등의 결과물과 ERP 패키지에 내재된 프로세스 간의 차이를 철저히 분석해야 한다.

TO-BE 프로세스를 도출하는 과정에서, ERP 패키지의 프로세스를 완전히 무시하는 것은 바람직하지 않다. ERP 패키지에는 이미 검증된 베스트 프랙티스가 포함되어 있으며, 이를 활용하지 않고 자체적인 프로세스를 구축하려 한다면, 오히려 중요한 기회를 놓칠 수 있다. 또한 ERP 패키지와 동떨어진 TO-BE 프로세스를 설계할 경우, 다음 단계인 구축 과정에서 ERP 시스템을 대폭 수정해야 할 가능성이 높아지며, 이는 프로젝트의 복잡성을 증가시키고, 추가적인 시간과 비용을 초래할 수 있다.

따라서 TO-BE 프로세스를 도출할 때는 ERP 패키지에 포함된 베스트 프랙티스를 최대한 활용하면서, 기업의 특수성과 요구사항을 반영하는 균형 잡힌 접근이 필요하다. 이러한 방식으로 TO-BE 프로세스를 설계하면, ERP 시스템의 구축 단계에서 불필요한 수정 작업을 최소화하고, 시스템의 효율성과 통합성을 유지할 수 있다. 궁극적으로, 이는 ERP 프로젝트의 성공을 보장하는 중요한 요소가 될 것이다.

(2) 차이분석

회사에서 정립한 TO-BE 프로세스와 ERP 패키지의 프로세스를 하나하나 대조하면서 차이를 발견하는 작업을 차이분석(Gap Analysis) 또는 갭 분석이라고 한다. 이 과정은 ERP 프로젝트에서 매우 중요한 단계로, 기업의 요구사항과 ERP 패키지 간의 불일치 사항을 식별하고, 이를 해결하기 위한 방안을 모색하는 데 목적이 있다.

갭 분석을 통해 발견된 차이를 해결하는 방법은 크게 두 가지로 나눌 수 있다. 첫째, 가능한 한 ERP 패키지 내에서 해결 방안을 마련하는 것이다. ERP 패키지는 이미 다양한 기업의 베스트 프랙티스를 반영한 프로세스를 내장하고 있기 때문에, 회사의 TO-BE 프로세스를 ERP 패키지의 기능으로 조정하거나 보완하는 방법을 우선적으로 고려한다. 이러한 접근은 ERP 패키지를 최대한 표준에 가깝게 유지하면서, 추가적인 수정이나 개발을 최소화할 수 있는 장점이 있다. 둘째, ERP 패키지 내에서 수용되지 않는 부분에 대해서는 수정 또는 추가 개발을 통해 갭을 해결하는 과정을 거친다. 이 경우, ERP 시스템을 기업의 특수한 요구사항에 맞게 커스터마이징해야 하며, 이는 추가적인 시간과 비용을 요구할 수 있다. 그러나 이러한 커스터마이징 작업은 기업이 ERP 시스템을 통해 최대한의 효율성과 경쟁력을 확보하기 위해 불가피한 경우도 있다.

결국, 갭 분석은 ERP 프로젝트에서 매우 중요한 단계로, ERP 패키지와 기업의 요구사항 간의 차이를 명확히 식별하고, 이를 해결하기 위한 최적의 방안을 찾아내는 것이 프로젝트 성공의 열쇠다. 이를 통해 기업은 ERP 시스템을 효과적으로 구축하고, 운영 효율성을 극대화할 수 있게 된다.

(3) 패키지 설치 및 파라미터 설정

ERP 시스템의 구축 과정에서 하드웨어 및 소프트웨어가 설치된 후,

실제 ERP 패키지의 설치가 시작된다. 이때 ERP 패키지에는 예상할 수 있는 거의 모든 비즈니스 프로세스가 내재되어 있으며, 이러한 기능들은 일반적으로 여러 장의 CD에 포함되어 있다. ERP 패키지는 각 기업의 여건에 맞게 파라미터(Parameter)를 설정할 수 있도록 설계되어 있다. 파라미터 설정은 ERP 시스템이 기업의 특정 요구사항과 프로세스에 맞추어 조정되도록 하는 중요한 과정이다.

갭 분석이 완료되고 TO-BE 프로세스가 도출되면, 다음 단계는 이 TO-BE 프로세스를 검증하기 위해 기본적인 파라미터를 설정하는 것이다. 이 과정에서 ERP 패키지의 기본 기능이 어떻게 기업의 요구사항을 충족하는지 평가할 수 있다.

ERP 구축 방법론의 특징 중 하나는 프로토타이핑(Prototyping)을 반복적으로 실시하는 것이다. 프로토타이핑은 ERP 시스템의 설정과 새로운 업무 프로세스를 테스트하는 과정으로, 이를 통해 시스템이 실제 업무에 어떻게 작동하는지를 확인할 수 있다. 이 과정에서 파라미터를 설정하여 새로운 프로세스를 시뮬레이션하고, 발견된 문제점을 설계에 반영하여 지속적으로 수정·보완한다. 프로토타이핑 과정에서는 가끔 갭 분석에서 개발이 필요하다고 판단된 업무 프로세스가 실제로는 ERP 패키지의 베스트 프랙티스에 포함되어 있어, 추가 개발 없이 적용할 수 있는 경우도 있다. 이와 같은 발견은 프로젝트 진행 중 중요한 전환점이 될 수 있으며, 설계와 구축 단계 간의 반복적인 작업을 용이하게 한다.

따라서 ERP 구축 및 구현 단계에서는 설계 단계와 구축 단계 또는 구현 단계 간의 작업이 유연하게 반복될 수 있다. 이 반복적인 과정은 시스템의 정확성과 적합성을 높이며, 최종적으로 기업의 요구사항에 가장 적합한 ERP 솔루션을 구현하는 데 도움을 준다. 이러한 접근 방식은 ERP 시스템의 성공적인 도입과 운영을 보장하는 중요한 요소로 작용한다.

(4) 추가개발 설계

설계 단계에서 도출된 TO-BE 프로세스가 ERP 패키지 내에서 그대로 수용 가능하다면, 추가 개발이나 수정 보완이 필요 없으며, ERP 시스템은 기업의 요구사항을 충족하는 데 충분할 것이다. 그러나 대부분의 경우, 기업의 독특한 업무 및 거래 관행, 현업 및 경영자 요구 등으로 인해 ERP 패키지가 제공하는 표준 프로세스만으로는 모든 요구를 충족하기 어려운 경우가 많다. 이러한 경우에는 추가 개발이나 수정 보완이 필요하다. 이를 통해 ERP 시스템이 기업의 특수한 요구사항을 충족할 수 있도록 조정해야 한다.

(5) 인터페이스(Interface) 설계

많은 기업들이 경영자 정보, 영업, 서비스 등 다양한 업무 영역에 대해 별도의 독립된 어플리케이션을 사용하고 있다. 이러한 어플리케이션들은 자체적으로 개발된 것이거나 외부에서 도입한 패키지일 수 있으며, 기업의 특정 요구에 맞추어 운영된다. ERP 시스템을 도입할 때, 모든 시스템 범위를 ERP로 전환하는 경우도 있지만, 많은 경우에는 ERP 이외의 다른 시스템과 상호 보완적으로 사용하는 방식을 채택한다. 이러한 복잡한 시스템 환경에서는 ERP와 다른 어플리케이션 간의 인터페이스 설계가 필요하다. 인터페이스 설계는 서로 다른 시스템 간에 데이터와 정보가 원활하게 교환되도록 하는 과정을 포함한다.

1.4 구축단계

분석과 설계 과정에서 도출된 결과를 시스템적으로 구축하고 검증하는 과정이다. 분석과 설계 과정에서 영업, 생산, 구매, 자재, 회계, 인사급여 등 회사의 모든 업무에 대해 재설계한 결과를 바탕으로 ERP 패키지의 세부 모듈과 비교하여 필요한 모듈의 파라미터를 조합하고, 기능을 구성한 후에 이를 충분히 테스트한다. 이 과정에서는 각 모듈이 기업의 업무 프로세스에 맞게 제대로 작동하는지 확인하며, 실제 데이터와 시나리오를 사용하여 시스템의 성능과 적합성을 검증한다.

(1) 파라미터 조합화(Configuration)

분석과 설계 과정에서 도출된 TO-BE 프로세스를 ERP 패키지 내에서 구축하게 된다. 이 단계는 많은 모듈과 파라미터들을 조합하여 TO-BE 프로세스를 시스템적으로 구현해 나가는 과정이다. 이를 위해 관련된 파라미터를 세부적으로 세팅하는 과정이 필요하다.

ERP의 가장 큰 특징 중 하나는 파라미터 조합화이다. 이는 파라미터를 세부적으로 세팅함으로써 내장되어 있는 프로그램들을 연결하는 방식으로, 기업 고유의 업무 프로세스가 자연스럽게 흐를 수 있도록 만들어 준다. 따라서 각 파라미터들이 어떤 이론을 바탕으로 어떠한 기능을 수행하는지를 잘 이해하는 것이 매우 중요하다. 실제로 많은 기업들이 TO-BE 프로세스를 구현할 때, ERP의 기본 기능을 제대로 이해하지 못하거나 각 파라미터의 기능을 충분히 숙지하지 못한 채 작업을 진행하는 경우가 있다. 이로 인해 불필요한 프로그램을 개발하거나, 기존에 제공되는 기능을 제대로 활용하지 못하는 상황이 발생할 수 있다. 따라서 파라미터 조정에 있어 충분한 이해와 정확한 설정이 필요하며, 이를 통해 ERP 시스템의 효율성을 극대화하고, 기업의 요구사항에 맞는 최적의 솔루션을 구현할 수 있다.

(2) 단위 테스트

우선 각 단위 모듈별로 새로운 업무 프로세스를 구현하고, 모듈 단위 테스트(Unit Test)를 수행한다. 모듈 단위 테스트에서는 각 모듈이 독립적으로 설계된 대로 정상적으로 작동하는지 확인한다. 테스트 과정에서 문제가 발생하면, 파라미터를 조합하여 다시 테스트를 진행하는 과정을 반복적으로 수행한다.

(3) 통합테스트

위의 단위 테스트와는 달리, 영업, 생산, 자재, 원가, 회계 등 프로세스 간에 밀접하게 연결된 모듈 간 기능을 전체적으로 테스트하는 것이 필요하다. 통합 테스트에서는 ERP 패키지가 제공하는 기본 기능뿐만 아니라, 수정·보완 결과와 추가 개발 사항이 모두 집결된 기업의 통합 시스템으로서 ERP 시스템이 제대로 작동하는지를 점검해야 한다.

이를 위해 통합 테스트 시나리오를 면밀하게 작성하고, A 모듈에서 B 모듈, B 모듈에서 C 모듈로 정보가 제대로 흐르는지를 확인해야 한다. 각 모듈 간의 데이터 흐름과 상호 작용이 정확하게 이루어지는지 검증하며, 시스템이 전체적으로 일관되게 작동하는지 평가한다.

또한 예상한 시스템 성능 시간 내에 기능이 구현되는지를 확인할 수 있도록 시스템 성능 시간(Performance) 테스트도 수행해야 한다. 이 테스트는 시스템이 주어진 시간 내에 성능 목표를 충족하는지, 즉 응답 속도와 처리 속도가 적절한지를 평가한다. 성능 테스트를 통해 시스템이 실사용 환경에서도 안정적이고 효율적으로 운영될 수 있도록 보장할 수 있다.

(4) 수정·보완 프로그램개발

기업의 요구 사항을 충족시키기 위해 ERP 패키지의 핵심 프로그램이나 프로세스를 변경하지 않는 선에서 수정·보완 프로그램을 개발한다. 핵심 프로그램이나 프로세스를 변경하면 향후 기능을 수정하거나 추가할 때도 새로운 프로그램을 개발해야 하며, ERP의 버전이 업그레이드되면서 새로운 기능이 추가될 때도 호환성 문제로 어려움을 겪을 수 있다. 이러한 점 때문에 수정·보완 프로그램을 개발할 때는 이 프로그램이 정말로 필요한 것인지 확인하는 과정이 필수적이다. ERP 내에 이미 기능이 존재하는 경우, 사용자가 이전 시스템에 익숙해서 요구하는 사항이라면 교육과 변화 관리를 통해 해결하는 것이 바람직하다. 따라서 추가로 수정·보완되는 것은 주로 사용자용 입력 화면, 보고서, 추가 정보 관리 등에 관련된 프로그램으로 제한하는 것이 좋다. 수정·보완 프로그램 중 추가 시스템(Add-on) 개발은 ERP에 새로운 프로그램을 추가하는 설계에 관한 사항을 포함한다. 추가 시스템을 개발하여 ERP 패키지에 적용할 경우, 향후 ERP 공급자로부터 지속적인 업그레이드 지원을 원활히 받기 위해 공급자가 제시하는 개발 도구와 방법론을 따르는 것이 바람직하다. 이로써 ERP 시스템의 통합성과 호환성을 유지하며, 장기적으로 안정적인 시스템 운영을 보장할 수 있다.

(5) 사용자 교육

ERP를 구축하는 과정에서, 그리고 구축이 완료된 후에 현업 사용자들이 시스템을 잘 사용할 수 있도록 관련 교육을 실시하는 것이 매우 중요하다. 교육에 성공해야만 현업의 사용자가 불만 없이 시스템을 받아들이고, 시스템을 충실하게 활용하여 소기의 목적을 달성할 수 있다. ERP 시스템이 아무리 잘 구축되어도 사용자 교육이 부족하면 시스템이 제대로 활용되지 않는 경우가 많다. 특히 ERP의 사용자 교육은 구축 단계부터 시작하는 것이 중요하다. 구현 단계에서도 사용자 교육이 이루어지지만, ERP는 단순한 사용 방법 교육을 넘어 시스템에 내재된 사상과 비즈니스 프로세스까지 이해할 수 있도록 교육하는 것이 필요하다. 시스템이 단순한 도구가 아니라 기업의 비즈니스 프로세스를 지원하는 핵심 요소라는 점을 인식시켜야 한다.

또한 사용자 교육이 잘 이루어져야만 프로토타이핑을 거치면서 ERP의 베스트 프랙티스를 효과적으로 활용할 수 있으며, 이로 인해 성과를 극대화하는 시스템을 구축할 수 있다. 교육을 통해 사용자들이 시스템의 기능을 정확히 이해하고, 이를 실제 업무에 적용할 수 있도록 함으로써, ERP 도입의 성공 가능성을 높일 수 있다. 향후 ERP를 사용하는 수준에서 분석하고 발전시킬 수 있는 단계에 도달하려면, 시스템을 충분히 이해하고 숙련될 때까지 반복 교육이 필요하다.

1.5 구현단계

시스템 구축이 완료되면, 실제 시스템을 운영하기 전 시험적으로 운영하는 과정이 필요하다. 이 과정은 구현 단계에서 수행되는 프로토타이핑(Prototyping)이라고 볼 수 있다. 구축된 시스템에 실제 데이터를 입력시켜 시험적으로 운영함으로써, 시스템이 예상대로 작동하는지 확인한다. 프로토타이핑의 과정을 통해 문제점이 발견되면, 이를 개선하기 위해 TO-BE 프로세스를 수정하거나 보완하여 다시 구축을 진행한다. 이와 같은 반복적인 프로토타이핑을 통해, 구축 단계와 설계 단계를 반복하여 시스템을 점진적으로 완성시켜 나가게 된다. 구현 단계에서는 보다 완성된 형태로 프로토타이핑을 수행하게 되며, 이를 통해 시스템의 완성도를 높인다. 또한 구현 단계에서는 기존 데이터의 전환 작업도 이루어진다. 기존 시스템에서 필요한 데이터를 ERP 시스템으로 옮기는 과정이 바로 데이터 전환이다. 데이터 전환 작업은 시스템의 원활한 운영을 위해 필수적인 단계로, 기존 시스템에서 수집된 데이터를 정확하고 일관되게 ERP 시스템으로 이관하는 것을 목표로 한다. 이 과정에서는 데이터의 정확성과 무결성을 유지하면서, 새로운 시스템에 적합하게 데이터를 변환하고 통합하는 작업이 이루어진다.

(1) 실제 상황 프로토타이핑

프로토타이핑은 본격적인 시스템 가동에 앞서 시험적으로 시스템을 운영하는 과정이다. 구현 단계에서 프로토타이핑을 수행할 때에는 실제 사용자들이 참여하여 시스템의 활용도를 점검하고, 기업의 실제 데이터를 입력하여 거의 실제 상황과 같은 조건으로 시스템을 운영해본다. 이 과정은 시스템이 실제 환경에서 어떻게 작동하는지 확인하고, 사용자들이 시스템을 실제로 사용할 때 발생할 수 있는 문제를 사전에 발견하여 수정할 기회를 제공한다. 프로토타이핑을 통해 시스템의 기능과 성능을 검토하고, 필요한 개선 사항을 파악하여 최종적으로 안정적이고 효율적인 시스템을 구현할 수 있도록 한다.

(2) 데이터 전환

분석, 설계, 구축 과정에서 데이터 전환의 범위와 방법에 대해 논의한 결과를 바탕으로, 폐기할 데이터와 시스템에서 보유할 데이터를 결정한 후, 과거 시스템이나 수작업으로 관리하던 데이터를 ERP 시스템으로 옮기는 작업을 수행한다. 실제 가동이 이루어지기 전에, 품목, 고객, 공급업체 등의 마스터 데이터와 수주, 발주 등의 업무 처리 데이터(Transaction Data)를 이행해야 한다. 데이터 전환 전에 중복된 레코드나 부정확한 데이터를 정리하여 데이터의 정확성을 높이는 것이 필수적이다. 이는 시스템의 안정성과 신뢰성을 보장하는 데 중요한 단계이다. 데이터 정리 작업을 통해 불필요하거나 오류가 있는 정보를 제거하고, 필요한 데이터만을 정확하게 이관하여 ERP 시스템의 데이터 품질을 확보한다. 현재 진행 중인 구매 오더, 생산 오더, 판매 오더 등 업무 처리 데이터에 대해서는 각별히 주의해야 한다. 이러한 데이터는 진행 상태와 순서에 맞춰 ERP 기능을 적절히 수행하면서 통합성을 유지하도록 해야 한다. 이를 통해 진행 중인 데이터가 ERP 시스템에 정확히 반영되어, 잘못된 정보가 입력되지 않도록 하며, 시스템 간의 데이터 통합성을 보장할 수 있다.

(3) 시스템 평가

프로토타이핑을 통해 구축된 시스템이 본 가동에 들어가면, 시스템 평가가 이루어진다. 이 과정에서는 문서화가 철저히 점검되며, 각 단계별로 필요하지만 제대로 작성되지 않은 문서는 보완하여 향후 ERP 개선 프로젝트나 업그레이드 프로젝트를 대비해야 한다.

평가 과정에서 제기된 문제점이나 새로운 요구가 생기면, 이러한 부분을 반영한 새로운 개선 방향과 TO-BE 프로세스가 도출된다. 운영 과정에서 도출된 TO-BE 프로세스는 다시 주요 과제로 정의되고, 이를 개선 프로젝트로 설정하여 ERP 시스템을 지속적으로 발전시켜 나가는 것이 중요하다. ERP 가동 직후에 TFT(Task Force Team)를 해산하고 안정화나 고도화 프로젝트를 수행하지 않으면, ERP 구축 후에 기대한 성과를 달성하기 어려울 수 있다.

따라서 개선 프로젝트를 통해 기업 성과를 향상시키기 위한 설계를 하고, 설계가 완료되면 프로토타이핑 작업을 통해 다시 구축 과정으로 들어간다. 구축이 끝나면 다시 구현 단계로 돌아오게 된다. 이와 같은 구현-설계-구축-구현의 순서가 반복되면서, 시스템은 점진적으로 안정화되고 완성도 높은 상태로 발전하게 된다. 이러한 반복적인 개선 과정을 통해 ERP 시스템은 기업의 변화와 발전에 적응하며, 지속적으로 효율성을 높여 나갈 수 있다.

02 주요 이슈 및 고려사항

2.1 ERP도입 시에 고려할 점

ERP 시스템 도입 시 실질적인 효과를 얻기 위해서는 기업이 투자한 만큼의 가치를 확보하는 것이 필수적이다. 이를 위해 ERP 시스템을 구축하는 과정에서 여러 측면을 면밀히 검토하고 신중한 판단이 필요하다. 다음 장에서는 ERP 도입 시 고려해야 할 요인들과 ERP 구축 성공을 위한 기본 전략들을 살펴본다.

(1) ERP를 도입하려는 이유는 무엇인가?

ERP 시스템을 도입하기 전에 다음과 같은 의문을 갖는 것이 매우 중요하다. 우선, 왜 ERP를 도입하려고 하는지 명확히 해야 한다. ERP 도입의 목적과 이유를 분명히 하는 것이 첫걸음이다. 또한 ERP를 도입함으로써 기업이 얻는 효익은 무엇인지 구체적으로 파악해야 한다. 예를 들어, 운영 효율성 향상, 데이터 통합, 비용 절감 등 구체적인 이점을 고려해야 한다.

그다음으로는 현재 기업이 보유하고 있는 시스템의 문제점을 명확히 이해하고, 이러한 문제점이 ERP 시스템을 구축함으로써 해결될 수 있는지 검토해야 한다. 문제점이 무엇인지, ERP가 어떻게 해결책을 제공할 수 있는지에 대한 확실한 이해가 필요하다.

이러한 의문들에 대한 확실한 해답이 없다면 ERP 구축의 초기 단계에서부터 방향성을 잃거나 목표 달성에 어려움을 겪을 수 있다. 따라서 ERP 도입이 단순한 시스템 설치가 아니라, 기업의 비즈니스 프로세스와 전략에 깊이 맞춘 전략적 결정이라는 점을 명심해야 한다. 초기 단계에서부터 이러한 질문에 대한 명확한 답을 가지고 접근하는 것이 장기적인 성공을 위해 필수적이다.

(2) 어떠한 구체적인 성과지표의 향상을 기대하고 있는가?

ERP 시스템은 상당한 금액과 인력을 투자하여 도입되는 만큼, 기업은 그에 상응하는 효과를 기대하게 된다. 그러나 ERP는 마법처럼 간단히 문제를 해결해 주는 도깨비 방망이가 아니다. 이러한 기대 격차를 줄이기 위해서는 ERP 도입으로 얻고자 하는 구체적이고 세부적인 성과 지표를 설정하는 것이 필수적이다.

기업이 원하는 효과를 달성하기 위해서는 이러한 성과 지표가 구축 초기부터 명확히 설정되어 있어야 한다. 단순히 포괄적이고 일반적인 효과로 설명되는 매출 증대, 이익 증대, 인원 절감, 재고 감축 등의 목표에 그쳐서는 안 된다. 보다 구체적이고 세부적인 기대치를 설정해야 한다. 예를 들어, 어떤 자재의 재고를 어느 정도까지 감축할 것인지, 수주부터 출하까지의 소요 시간을 단축할 수 있는 목표는 무엇인지, 고객 문의에 대한 응답 시간을 얼마나 개선할 것인지 등의 세부적인 지표를 설정함으로써 ERP 시스템의 도입 효과를 명확하게 측정할 수 있다.

이러한 구체적인 기대치를 설정하면, ERP 시스템의 성과를 보다 실질적으로 평가할 수 있으며, ERP 도입 후의 개선 방향과 목표를 명확히 하고, 시스템이 실제로 어떤 변화를 가져오는지에 대한 명확한 기준을 제공할 수 있다.

(3) 변화에 대한 마음가짐은 어떠한가?

ERP 시스템을 구축하는 것은 단순히 전산 시스템을 도입하는 것이 아니다. ERP라는 이름에서 알 수 있듯이, 이는 기업 전반의 프로세스를 재구축하고 관련 자원을 연계하는 작업을 의미한다. 따라서 ERP 시스템을 단순히 기존의 업무 프로세스에 맞추는 것에 그치지 말고, ERP 시스템이 제공하는 장점을 적극적으로 활용하는 것이 중요하다.

즉, ERP 시스템의 기능과 현재의 업무 프로세스가 상충할 때, 기업의 업무 프로세스가 불합리하다고 판단되면 기존의 방식을 고수하지 말고 ERP의 베스트 프랙티스(Best Practices)를 채택하는 단호한 결단이 필요하다. ERP 시스템은 이러한 결단을 통해 더 좋은 결과를 가져올 수 있다. 많은 도입 실패 사례들은 자신만의 업무 방식에 대한 고집이나 변화에 대한 소극성으로 인해 ERP 시스템의 최적의 프로세스를 제대로 활용하지 못하고, 전체 업무 프로세스의 효과를 감소시키는 오류를 범해온 경우가 많다.

결국 ERP 시스템을 도입하는 목적은 단순히 기존의 업무를 전산화하여 편리하게 만들기 위한 프로젝트가 아님을 명심해야 한다. ERP 시스템에 내재된 이론과 사상을 학습하고, 스스로 변화할 수 있는 자세를 갖추어야 한다. ERP 시스템을 통해 업무 효율성을 극대화하고, 기업의 전반적인 프로세스를 최적화하려는 노력이 필요하다.

(4) 추진범위는 어디까지인가?

ERP 시스템을 도입하는 초기 단계에서는 ERP의 영향 범위에 대해 신중히 고려해야 한다. 이는 여러 측면에서 결정해야 할 중요한 사항들로 구성된다. 우선, ERP를 도입할 업무 범위를 명확히 해야 한다. 즉, 어떤 부서나 기능까지 ERP 시스템을 적용할 것인지, 어떤 하드웨어와 소프트웨어, 네트워크 인프라를 사용할 것인지 등의 결정이 필요하다. 회사가 서울, 지방, 해외 법인 등 지리적으로 분산되어 있을 경우, 어느 지역까지 통합할 것인지도 중요한 고려사항이다. 추진 범위는 회사의 상황, 성공 가능성, 기대효과를 종합적으로 고려하여 결정해야 한다. 예를 들어, 작은 규모의 파일럿 프로젝트로 시작하여 점진적으로 범위를 확장할 것인지, 아니면 대규모로 전체 시스템을 한 번에 도입할 것인지 결정하는 것이 중요하다. 이러한 결정은 프로젝트 팀원의 선발에도 영향을 미친다. 팀원들은 도입 범위와 프로젝트의 복잡성에 따라 적절히 선발되어야 하며, 각자의 전문성과 역할이 명확히 정의되어야 한다. 결론적으로, ERP 시스템의 영향 범위와 추진 전략은 신중하게 계획하고 결정해야 하며, 이는 프로젝트의 성공과 직결된다.

(5) 어떠한 구축 방법을 채택할 것인가?

ERP 시스템을 구축하는 방법에는 크게 두 가지 접근 방식이 있다.

▶ 표 4-3 ERP 시스템 구축 접근방식 ───────────────

	총괄적 접근 (Big Bang Approach)	단계적 접근 (Phased Approach)
정의	영업, 생산, 자재, 물류, 회계, 인사 등 여러 부문을 한 번에 통일된 ERP 시스템으로 구축하는 방식	ERP 시스템을 한 부문(예: 회계 모듈)부터 시작하여 점진적으로 다른 부문(예: 영업, 생산, 자재 등)으로 단계적 도입 방식
장점	• 일관된 시스템 환경을 빠르게 구축 가능 • 전체 프로세스가 통합되어 데이터 일관성과 시스템의 통합성을 높일 수 있음 • 부서 간의 정보 흐름 원활	• 초기 투자 비용과 리스크 분산 가능 • 사용자들이 새로운 시스템에 적응시간이 충분 • 각 부문별로 세밀한 조정이 가능

| 단점 | • 초기 투자 비용이 큼
• 시스템 도입과정에서 많은 리스크 동반
• 시스템의 복잡성으로 인해 도입 초기에는 여러 가지 문제와 버그가 발생할 수 있으며, 이러한 문제를 해결하는 데 시간이 소요됨 | • 전체 시스템의 통합성과 데이터 일관성 유지 어려움
• 모듈 간의 통합 문제
• 데이터 이전 문제 |

ERP 시스템의 구축 방식은 기업의 규모, 자원, 요구사항, 그리고 도입의 목적에 따라 적절히 선택해야 하며, 각 접근 방식의 장단점을 고려하여 전략적으로 계획을 세우는 것이 중요하다.

(6) 최고경영자의 의지가 강하고 자질을 갖춘 PM이 몰입할 수 있는가?

최고경영자의 지속적인 관심과 ERP에 대한 적극적인 의지는 프로젝트의 성공에 결정적인 역할을 한다. 최고경영자가 ERP 시스템에 대한 적극적인 의지를 보이는 것은 조직 구성원들에게 ERP를 단순한 IT 프로젝트가 아니라 경영 혁신의 핵심 수단으로 인식하게 만든다. 이는 전체 조직의 참여와 협력을 이끌어내는 데 필수적이다. 특히, 최고경영자는 각 부서에서 발생할 수 있는 잡음과 갈등을 효과적으로 해결할 수 있는 위치에 있다. 부서 간 의견 차이나 업무 추진에 따른 불만이 생길 수 있지만, 최고경영자가 직접 개입하여 문제를 신속하게 해결함으로써 프로젝트의 원활한 진행을 보장할 수 있다.

또한 프로젝트 매니저(PM: Project Manager)의 역할도 ERP 시스템 구축의 성공에 있어 매우 중요하다. 우수한 프로젝트 매니저를 선임하면 ERP 시스템 구축 과정에서 발생할 수 있는 많은 갈등과 문제를 최소화하고 프로젝트를 성공적으로 이끌어갈 수 있다. 프로젝트 매니저는 팀원들 간의 갈등을 조율하고, 사용자들의 불만을 해결하며, 컨설팅 회사와의 협력을 원활히 진행하는 등 다양한 문제를 해결하는 역할을 맡는다. 그들은 추진 일정에 맞추어 프로젝트를 성공적으로 완료하기 위해 전념하며, 시스템 구축의 각 단계를 효과적으로 관리하고 조정하는 책임을 진다.

(7) 구성원들은 ERP를 잘 이해하고 있는가?

ERP 시스템의 구현은 단순히 상용 패키지를 구매하고 외부 컨설팅 인력을 활용하여 진행하는 것이 아니다. 실제로는 기업 내부의 프로젝트 팀과 외부 컨설턴트가 협력하여, 시스템을 조직의 업무에 맞게 맞춤화하는 복잡한 과정이 필요하다. 이러한 과정에서 기업 구성원들의 협조와 관심이 필수적이며, 그렇지 않으면 성공적인 시스템 구현이 거의 불가능할 수 있다.

프로젝트 진행 중에는 종종 부서별로 ERP 시스템에 필요한 정보를 재정립해야 하며, 기존의 업무 처리 방식을 변경해야 하는 경우도 발생할 수 있다. 실무자들은 자신의 업무와 새로운 ERP 시스템 추진 과정 사이에서 많은 부담을 안게 되며, 이러한 부담에 대한 불만은 구성원이 ERP 시스템을 얼마나 이해하고 있는가에 따라 달라진다. ERP에 대한 충분한 이해가 없는 구성원은 시스템 도입을 단순한 일거리로만 여기며, 협조에 소홀해지거나 심지어 거부감을 느낄 수 있다. 이러한 부정적인 태도는 ERP 시스템의 사용 단계에서 많은 문제를 야기할 수 있다. ERP 시스템 도입에 대한 그릇된 시각은 시스템 도입이 즉각적인 인원 감축으로 이어진다는 잘못된 편견을 포함한다. ERP 시스템의 궁극적인 목표는 기존 관리 수준을 보다 세부적으로 향상시키고, 부가가치가 높은 분석 업무를 강화하여 효과적인 의사결정을 통해 이익을 극대화하는 것이다. 인원 감축이 ERP 시스템 도입의 주요 목적이 아니라는 점을 명확히 인식해야 한다.

ERP 시스템의 적극적인 활용을 통해 생산성을 향상시키고, 수주부터 출하, 수금, 결산까지 모든 업무 프로세스를 혁신함으로써 업무 지표를 향상시키는 것이 중요하다. 이러한 변화를 통해 기업의 전반적인 성과를 개선하고, 더 나아가 경쟁력을 강화할 수 있다.

2.2 단계별 ERP 구축전략

기업에서 ERP 시스템을 구축하려 할 때, 시간, 노력, 그리고 비용 측면에서 상당한 투자가 필요하다는 점은 이미 언급된 바 있다. 그럼에도 불구하고 이러한 많은 자원을 들여 구축한 ERP 시스템이 제 기능을 다하지 못하는 실패 사례를 종종 접할 수 있다. 그렇다면 어떻게 하면 성공적으로 ERP 시스템을 구축할 수 있을까? 성공적인 구축을 위해서는 실패를 초래하는 요인들을 미리 파악하고 이를 제거하는 것이 필요하다. 또한 단계별로 요구되는 성공 요인을 이해하고, 그와 상반되는 저해 요인들을 과감히 제거하며 시스템을 구축해야 한다.

(1) ERP 도입 검토단계에서의 전략

도입 검토단계란, 기업이 ERP 시스템을 도입할 필요성을 느끼는 단계부터 ERP 제품 및 서비스의 공급자를 선정하는 단계까지를 말한다. 이 도입 검토단계는 ERP 구축의 방향을 설정하는 가장 중요하고 기초적인 단계로, 절대 간과할 수 없는 단계이다.

① 위기의식을 공유하라

ERP 시스템은 현장에서 매끄럽게 받아들여지기 어려운 시스템이다. 대부분의 사람들은 과거의 타성에 젖어 현재를 과거의 연장에서 처리하려는 경향이 강하며, 이런 이유로 개혁적인 성격을 가진 ERP 시스템을 현장에서 모두 달갑게 받아들이는 것은 어려운 목표일 수 있다. 이러한 현장의 저항을 제거하기 위해서는 ERP 시스템 도입의 목적을 현장 인원들과 공유해야 한다. 가장 설득력 있는 방법 중 하나는 회사의 미래에 대한 위기의식과 현재의 업무 프로세스에 대한 문제점을 공유하는 것이다. 많은 경우 이러한 전략이 효과적이며, ERP 시스템 구축에서도 이러한 전략은 기업 집단 구성원의 결속력을 강화하는 구심점 역할을 한다.

② 최고경영자의 관심과 우수한 PM

앞서 언급한 것처럼 최고경영자의 결단은 ERP 성공의 열쇠가 되는 경우가 많다. 따라서 최고경영자가 프로젝트에 관심을 가질 수 있는 여건을 만드는 것이 중요하다. 최고경영자의 관심을 끌기 위해서는 프로젝트 상황과 현장의 저항에 대한 빠른 보고, ERP 시스템 구축 관련 행사에 최고경영자가 참석하도록 하는 것, 최고경영자의 의지를 공표할 수 있는 과정 등을 미리 계획하고 준비하는 것이 바람직하다.

프로젝트를 이끌어가는 PM과 ERP 컨설턴트를 선정할 때는 능력과 경험을 충분히 고려해야 하며, 프로젝트 진행 중 실행력이 뛰어나고 주위와 마찰이 생기지 않을 관리자 및 외부 컨설턴트를 임명하는 것이 중요하다.

③ 도입 예정 ERP 제품의 품질과 성능 검토

ERP 도입 시에는 실제로 사용할 ERP 패키지의 선정 작업도 중요하다. 패키지 소프트웨어를 선정할 때는 [그림 4-4]와 같은 고려사항이 있으며, 이는 실제로 진행해보면 상당히 어려운 작업이 될 수 있다. 더

욱이 프로젝트의 성패에 따라 기업의 미래에 큰 영향을 미치기 때문에 신중함이 요구된다.

▶ 그림 4-4 ERP 패키지 선정 시 고려 사항

통합성 업무 커버 기능	자사 경영기법과의 일치 여부
커스터마이징 방식	도입 방법 검토
로컬 요구사항 지원 상태	최신 정보기술의 적응 여부
다른 소프트웨어와의 연동	경영 성과 향상 지원
개발회사의 ERP 구축 사례	개발회사의 신뢰성 여부

ERP 패키지를 선정할 때에는 우리 회사의 업무를 ERP 패키지에서 잘 수용할 수 있는 정도와 ERP 패키지의 향후 발전가능성 등을 면밀하게 검토해야 한다.

(2) 착수 및 분석/설계 단계에서의 전략

착수 및 분석/설계 단계는 ERP 시스템을 구축하기 위해 제품이나 서비스의 공급사와 계약을 체결한 후부터 시작되는 단계이다. 이 단계에서는 ERP 시스템 구축을 위한 전략적 계획을 수립하고, 기업의 업무 프로세스 및 시스템에 대한 문제점을 분석하며, 제반 환경을 표준화하는 과정이 포함된다.

구성원은 현업 주체로서 핵심 인재를 선발하여 프로젝트에 투입해야 한다. 일반적으로 자체 개발 MIS 구축 시에는 정보시스템 부서를 중심으로 현장에서 몇 명을 선발하는 것이 일반적이다. 이는 컴퓨터 그자체가 무경험자에게 너무 어려워 이해하기 쉽지 않기 때문이다.

그러나 ERP 패키지에는 처음부터 모델이 되는 업무 처리 순서가 포함되어 있어, 컴퓨터 전문가보다는 업무 경험과 혁신 의지를 가진 구성원이 더욱 적합하다. ERP의 모델을 참고하여 파라미터를 설정해 나가는 방식을 컨피규레이션(Configuration)이라고 하는데, ERP 패키지가 이 기능을 구비하고 있다. ERP 패키지를 통한 업무 혁신을 위해서는 기업의 경영과제와 현장 업무의 이해가 전제 조건이 되며, 현장의 저항을 제거하기 위해 충분한 업무 경험을 가진 현장 중심의 전문가를 프로젝트에 포함시키는 것이 매우 중요하다.

우선 기업의 문제점을 정확히 진단하고, ERP 시스템 안에서 구현할 수 있는 기업 업무 프로세스를 파악하며, 그러한 프로세스에서 너무 동떨어지지 않은 실현 가능한 TO-BE 프로세스를 정립하는 것이 중요하다. 또한 프로젝트 감사 계획을 세워 프로젝트 추진의 효율과 투명성을 높이는 것도 중요하다.

이 외에도 많은 고려 사항 및 성공 전략이 있다. 예를 들어, 전체 프로젝트 일정 계획의 합리성, 모듈별 자발적인 목표 관리 실시, 문서화 및 개발 절차 등 프로젝트 환경의 표준화, PM 및 모듈 관리자의 프로젝트 통제 등이 이 단계의 중요한 성공 요소라고 할 수 있다.

(3) ERP 구축/구현단계의 전략

앞에서 살펴본 바와 같이 구축/구현단계란, ERP 시스템을 모듈별로 세팅하고 관련데이터나 정보를 입력하며, 시나리오별 테스트를 통해 시스템을 통합하고, 현업 사용자가 사용할 수 있게 최종시험을 거쳐 개통하는 과정을 말한다. 이 단계에서의 주요 성공요인들을 다음과 같이 간략히 요약하도록 하겠다.

① 철저한 사용자 교육 및 ERP 사상에 대한 이해: 사용자들에게 ERP 시스템과 그 사상을 깊이 이해시키는 교육을 실시

② 시나리오에 기초한 통합테스트: 실제 운영 시나리오를 기반으로 시스템 통합 테스트를 수행

③ 대안에 대한 신속한 의사결정: 문제 발생 시 신속하고 효율적인 의사결정을 내림

④ 모든 과정의 문서화: 구축 및 구현 과정의 모든 활동과 결정을 문서화함

⑤ 현장 저항을 최소화하기 위한 주요 현업에 의한 자체 사용자 교육 마련: 주요 사용자들이 자체적으로 ERP 시스템을 이해하고 활용할 수 있도록 교육을 제공

⑥ 프로토타이핑을 통한 시행착오 최소화: 프로토타입을 활용하여 시스템의 시행착오를 줄임

⑦ 미결 이슈사항의 신속한 해결: 발생한 문제나 이슈를 신속하게 해결

⑧ 비상시를 대비한 백업, 복구 절차 준비와 실행: 시스템 장애에 대비하여 백업 및 복구 절차를 준비하고 실행

⑨ ERP 사상과 부합하는 업무재설계와 조직별 업무 역할 정립: ERP 시스템의 사상에 맞춰 업무를 재설계하고 역할을 명확히함

⑩ 신뢰할 수 있는 데이터 전환 및 사전 검증: 데이터 전환 시 정확성과 신뢰성을 확보하고 검증

2.3 ERP의 실패 요인

ERP 시스템의 구축은 상당한 시간과 비용을 요구하며, 성공적으로 구축하기 위해서는 다양한 요인들을 고려해야 한다. 그러나 ERP 패키지의 구축이 실패하는 경우는 주로 단계별 성공 요인을 제대로 실행하지 못했기 때문이다. ERP 패키지의 기능이 기업의 요구를 충족하지 못

하는 경우도 있지만, 패키지 기능 부족만으로 실패를 단정하기 어려운 경우가 많다. 패키지 제공 회사와 도입 기업 양측의 문제를 모두 고려해야 한다. 다음은 일반적으로 발생할 수 있는 실패 요인들이다.

(1) 프로세스 구현 기능의 부족

ERP 패키지가 지원하는 프로세스 기능이 부족할 경우, 기업의 전체적인 ERP 활용에 어려움을 겪을 수 있다. 이로 인해 필요한 기능을 자체적으로 수정·보완해야 하며, 이는 예상보다 많은 시간과 비용을 소모하게 된다. 패키지의 기능 부족으로 인해 업무 효율성이 떨어지거나 시스템 통합이 원활하지 않게 된다.

(2) 사용자 능력 및 교육의 부족

ERP 시스템의 효과적인 운용은 사용자들의 패키지 운용 능력과 이해에 크게 의존한다. 사용자가 ERP의 베스트 프랙티스와 관련된 경영이론을 충분히 이해하지 못하면, 시스템의 기능을 제대로 활용하지 못해 ERP의 도입 효과가 제한될 수 있다. 따라서 충분한 교육과 훈련이 필요하며, 사용자들이 ERP 시스템의 이점을 이해하고 업무에 적용할 수 있도록 해야 한다.

(3) 자질 및 몰입 부족

프로젝트에 참여하는 인원의 자질 부족은 목표 달성에 큰 영향을 미칠 수 있다. 시스템에 대한 일반적인 이해에 그치지 않고, 기업의 고유한 업무 프로세스와 특수성을 충분히 반영하지 않으면 프로젝트가 실패할 수 있다. 또한 프로젝트에 대한 동기부여와 몰입도가 부족하면, 작업의 진행이 느려지거나 문제 해결이 지연될 수 있다.

(4) 기업의 관심 부족

ERP 시스템 구축 후 사용자들의 거부감이나 기존 프로세스의 고집이 ERP 시스템 사용에 대한 장애물이 될 수 있다. 특히, 프로젝트 추진 과정에서 현업과의 소통 부족이나 최고경영자의 지원 부족은 ERP 시스템의 도입과 사용에 큰 영향을 미친다. 기업의 전반적인 관심과 참여가 부족하면 ERP 시스템의 효과를 제대로 누릴 수 없다.

이러한 실패 요인들을 미리 방지하고, 문제가 발생할 경우 신속하고 적절한 조치를 취하는 것이 ERP 시스템의 성공적인 구축에 대한 바른 길이다. 성공적인 ERP 시스템 구축을 위해서는 경영자의 관심과 지원, ERP 추진 팀의 적극적인 참여, 현업 경험이 풍부한 핵심 인력의 배치, 지속적인 교육과 훈련 등이 병행되어야 한다. 결국 이러한 요소들이 원활히 이루어질 때, ERP 시스템의 구축과 운영에서 높은 성공 가능성을 기대할 수 있다.

결국 ERP 시스템을 구축하면서 경영자의 관심, ERP추진 팀뿐만 아니라 여타 구성원 전원이 참여하는 공조된 분위기, 현업경험이 풍부한 핵심 인력중심의 ERP 패키지 도입, 지속적인 교육과 훈련 등을 병행한다면 성공적으로 ERP 시스템을 구축할 가능성이 높아진다고 볼 수 있다.

연습문제

01 ERP 구축방법은 착수, 분석, 설계, 구축, 구현단계로 구분할 수 있다. 이 중 설계단계와 구축단계의 활동을 각기 나열하시오.

02 귀사에서는 ERP를 구현하는 일정계획을 수립하고자 한다. ERP추진을 위한 다섯 단계를 기술하고 간단히 설명하시오.

03 ERP를 도입하기 위하여 현재 있는 그대로의 상황을 분석하고, 이를 바탕으로 기업이 앞으로 업무프로세스를 어떻게 개선하는 것이 바람직한 가를 담은 이상적인 TO-BE 프로세스를 제안하여야 한다. 이렇게 기업업무가 앞으로 지향해야 하는 TO-BE 프로세스를 도출하기 위하여, 사전에 기업의 현재 상황을 있는 그대로 표현한 프로세스를 무엇이라고 하는가?

04 기업이 ERP 시스템을 도입하는 과정에서 주로 이루어지는 차이 분석(Gap Analysis)에 대해 설명하시오.

05 통합 테스트와 데이터 변환의 개념과 유의점에 대해서 기술하시오.

06 어떠한 시스템 개발도 사용자 교육은 매우 중요하다. 특히 ERP 구축단계의 사용자 교육이 자체개발 MIS에 비해 더욱 중요한 이유를 설명하시오.

07 프로토타이핑(Prototyping) 구현방식의 특징을 기술하시오.

08 통합테스트에서 중시해야 하는 내용을 설명하고, ERP 구축이 자체개발 MIS 구축보다 사용자 교육이 더욱 중요한 이유를 설명하시오.

09 ERP 프로젝트를 진행함에 있어, 다른 기업들의 ERP 도입사례를 참고하면 큰 도움이 될 수 있다. 이렇게 벤치마킹을 통해 시행착오를 학습할 수 있는 이전의 ERP 프로젝트 사례, 혹은 시사점이 있는 우수한 ERP 프로젝트를 수행한 기업을 일컬어 무엇이라고 하는가?

10 프로젝트관리자로서 범위관리와 시간관리의 중요성에 대해서 설명하시오.

11 ERP 도입이나 특별한 중요 프로젝트를 위하여 구성하는 팀을 TFT(Task Force Team)이라고 한다. 특히 성공적인 ERP 프로젝트를 수행하기 위하여서 TFT를 구성할 때에는, 각 분야의 업무프로세스를 정확히 파악할 수 있도록 배려하는 것이 중요하다. 따라서 어떠한 사람들로 TFT가 구성되는 것이 바람직한 지 기술하시오.

12 ERP를 도입하고자 하는 기업의 CEO, PM, 그 밖의 모든 구성원들이 어떠한 마음가짐과 태도를 갖는 것이 중요한가, 그리고 어떠한 노력을 기울여야 하는지에 대해 서술하시오

13 ERP를 성공적으로 추진하기 위해 도입 검토단계에서 중요하다고 생각되는 점은 무엇인가?

14 어떤 기업에서 ERP 프로젝트를 진행하였지만, ERP를 도입한 이후 제대로 활용하지 못하고 있다. 이럴 경우 어떠한 실패요인이 있을 수 있는지 설명하고, 실패를 예방하기 위해서는 어떤 방법이 있는지 기술하시오.

15 효과적인 ERP 패키지 도입을 위한 고려사항으로 가장 적절하지 <u>않은</u> 것은?

① 도입 효과를 위해 자사에 맞는 패키지 선정

② 가시적인 성과를 거둘 수 있는 부분에 집중

③ 업무 효율을 위해 전체 모듈에 대한 전면적인 수정

④ 지속적인 교육 및 워크샵을 통해 직원들의 변화 유도

16 ERP를 성공적으로 도입하기 위한 전략으로 적절하지 <u>않은</u> 것은?

① 단기간의 효과 위주로 구현해야 한다.

② 현재의 업무방식만을 그대로 고수해서는 안 된다.

③ 프로젝트 구성원은 현업 중심으로 구성해야 한다.

④ 최고경영층도 프로젝트에 적극적으로 참여해야 한다.

17 ERP 시스템의 구축절차 중 모듈조합화 및 수정기능확정은 어느 단계에서 진행되는가?

① 분석단계

② 구축단계

③ 설계단계

④ 구현단계

18 정보시스템의 역할로 가장 적절하지 <u>않은</u> 것은?

① 기업의 다양한 업무지원

② 고객만족 및 서비스 증진 효과

③ 효율적 의사결정을 위한 지원기능

④ 기업 내 단위업무의 독립적인 운영과 일괄처리 기능 지원

19 ERP 구축 시 컨설턴트를 고용함으로써 얻는 장점으로 가장 적절하지 <u>않은</u> 것은?

① 프로젝트를 컨설턴트가 주도하게 할 수 있다.

② ERP 기능과 관련된 필수적인 지식을 기업이 습득할 수 있다.

③ 숙달된 소프트웨어 구축방법론으로 프로젝트 실패를 최소화할 수 있다.

④ 컨설턴트의 경험을 통해 최적의 패키지를 선정하는데 도움을 받을 수 있다.

20 ERP 도입전략 중 ERP 자체개발 방법에 비해 ERP 패키지를 선택하는 방법의 장점으로 가장 적절하지 <u>않은</u> 것은?

① 커스터마이징을 최대화할 수 있다.

② 검증된 기술과 기능으로 위험 부담을 최소화할 수 있다.

③ 검증된 방법론 적용으로 구현기간의 최소화가 가능하다.

④ 향상된 기능과 최신의 정보기술이 적용된 버전(version)으로 업그레이드 (upgrade)가 가능하다.

21 기업에서 ERP 시스템을 도입하기 위해 분석, 설계, 구축, 구현 등의 단계를 거친다. 이 과정에서 필수적으로 거쳐야하는 'GAP분석' 활동의 의미를 적절하게 설명한 것은?

① TO-BE 프로세스 분석

② TO-BE 프로세스에 맞게 모듈을 조합

③ 현재업무(AS-IS) 및 시스템 문제 분석

④ 패키지 기능과 TO-BE 프로세스와의 차이 분석

22 ERP와 전통적인 정보시스템(MIS) 특성 간의 차이점에 대한 설명으로 가장 적절하지 <u>않은</u> 것은?

① 전통적인 정보시스템의 시스템구조는 폐쇄형이나 ERP는 개방성을 갖는다.

② 전통적인 정보시스템의 업무범위는 단위업무이고, ERP는 통합업무를

처리한다.

③ 전통적인 정보시스템의 업무처리 대상은 Process 중심이나 ERP는 Task 중심이다.

④ 전통적인 정보시스템의 저장구조는 파일시스템을 이용하나 ERP는 관계형 데이터베이스시스템(RDBMS) 등을 이용한다.

23 ERP와 기존의 정보시스템(MIS) 특성 간의 차이점에 대한 설명으로 가장 적절하지 <u>않은</u> 것은?

① 기존 정보시스템의 업무범위는 단위업무이고, ERP는 통합업무를 담당한다.

② 기존 정보시스템의 전산화 형태는 중앙집중식이고, ERP는 분산처리구조이다.

③ 기존 정보시스템은 수평적으로 업무를 처리하고, ERP는 수직적으로 업무를 처리한다.

④ 기존 정보시스템은 파일시스템을 이용하고, ERP는 관계형 데이터베이스시스템(RDBMS)을 이용한다.

24 ERP도입 기업의 사원들을 위한 ERP교육을 계획할 때, 고려사항으로 가장 적절하지 <u>않은</u> 것은?

① 지속적인 교육이 필요함을 강조한다.

② 전사적인 참여가 필요함을 강조한다.

③ 최대한 ERP커스터마이징이 필요함을 강조한다.

④ 자료의 정확성을 위한 철저한 관리가 필요함을 강조한다.

25 'Best Practice' 도입을 목적으로 ERP 패키지를 도입하여 시스템을 구축하고자 할 경우 가장 적절하지 <u>않은</u> 방법은?

① BPR과 ERP 시스템 구축을 병행하는 방법

② ERP 패키지에 맞추어 BPR을 추진하는 방법

③ 기존 업무처리에 따라 ERP 패키지를 수정하는 방법

④ BPR을 실시한 후에 이에 맞도록 ERP 시스템을 구축하는 방법

26 ERP 아웃소싱(Outsourcing)에 대한 설명으로 적절하지 <u>않은</u> 것은?

① ERP 자체개발에서 발생할 수 있는 기술력 부족을 해결할 수 있다.

② ERP 아웃소싱을 통해 기업이 가지고 있지 못한 지식을 획득할 수 있다.

③ ERP 개발과 구축, 운영, 유지보수에 필요한 인적 자원을 절약할 수 있다.

④ ERP 시스템 구축 후에는 IT 아웃소싱 업체로부터 독립적으로 운영할 수 있다.

27 효과적인 ERP교육을 위한 고려사항으로 가장 적절하지 <u>않은</u> 것은?

① 다양한 교육도구를 이용하라.

② 교육에 충분한 시간을 배정하라.

③ 비즈니스 프로세스가 아닌 트랜잭션에 초점을 맞춰라.

④ 조직차원의 변화관리활동을 잘 이해하도록 교육을 강화하라.

28 ERP 도입 의의를 설명으로 적절하지 <u>않은</u> 것은?

① 기업의 프로세스를 재검토하여 비즈니스 프로세스를 변혁시킨다.

② 공급사슬의 단축, 리드타임의 감소, 재고비용의 절감 등을 목표로 한다.

③ 전체적인 업무 프로세스를 각각 별개의 시스템으로 분리하여 관리하여 효율성을 높인다.

④ 기업의 입장에서 ERP 도입을 통해 업무 프로세스를 개선함으로써 업무의 비효율을 줄일 수 있다.

29 ERP의 특징에 관한 설명 중 가장 적절하지 <u>않은</u> 것은?

① 세계적인 표준 업무절차를 반영하여 기업 조직구성원의 업무수준이 상향평준화된다.

② ERP 시스템의 안정적인 운영을 위하여 특정 H/W와 S/W업체를 중심

으로 개발되고 있다.

③ 정확한 회계데이터 관리로 인하여 분식결산 등을 사전에 방지하는 수단으로 활용이 가능하다.

④ Parameter 설정에 의해 기업의 고유한 업무환경을 반영하게 되어 단기간에 ERP 도입이 가능하다.

30 **ERP의 특징에 대한 설명으로 가장 옳지 <u>않은</u> 것은?**

① Open Multi-vendor: 특정 H/W 업체에만 의존하는 open 형태를 채용, C/S형의 시스템 구축이 가능하다.

② 통합업무시스템: 세계유수기업이 채용하고 있는 Best Practice Business Process를 공통화, 표준화시킨다.

③ Parameter 설정에 의한 단기간의 도입과 개발이 가능: Parameter 설정에 의해 각 기업과 부문의 특수성을 고려할 수 있다.

④ 다국적, 다통화, 다언어: 각 나라의 법률과 대표적인 상거래 습관, 생산 방식이 시스템에 입력되어 있어서 사용자는 이 가운데 선택하여 설정할 수 있다.

CHAPTER

05

영업/유통 모듈의 주요 기능

영업/유통 모듈의 주요 기능

01 영업/유통 모듈 기본 이해

영업/유통 모듈의 전체적인 구조는 [그림 5-1]과 같다. 영업/유통 모듈에서의 핵심 활동과 핵심 활동을 지원해주는 타 모듈 간의 관계를 설명하고자 전반적인 프로세스를 시각화하였다. 먼저, 영업/유통 모듈과 생산 모듈에서 얼마만큼의 제품을 만들고 실제로 어떻게 이행할 것인지에 대해서 설정한다. 고객의 문의를 접수하고 이에 대한 견적 프로세스를 지원하는 판매지원 부분, 문의 및 견적이 실제 주문으로 접수되어 영업오더를 생성하고 처리하는 판매부분, 생성된 영업오더를 고객에게 배송하기 위해 출하지시를 내리고 실제 출고처리가 이루어지는 배송/수송부분, 배송이 완료된 영업오더에 대해 고객에게 대금을 청구하는 대금청구부분 및 전체 판매활동에 대한 정보를 관리하는 영업정보시스템(SIS: Sales Information System) 부분으로 나뉜다. 출하/배송을 위해 제품을 준비하는 재고소싱(Inventory Sourcing)단계는 자재관리 모듈과 생산관리 모듈에 속한다. 이후 고객이 주문한 제품을 배송할 수 있도록 처리하고 대금을 청구하고 대금을 회수한다. 고객의 입금을 다

루는 부분은 재무회계 모듈에서 이루어진다. 단, 입금된 결과는 영업/
유통 모듈의 영업오더에서 문서흐름을 보면 확인할 수 있다.

▶ 그림 5-1 SAP ERP의 기본 프로세스: 영업/유통 부문 ──────────

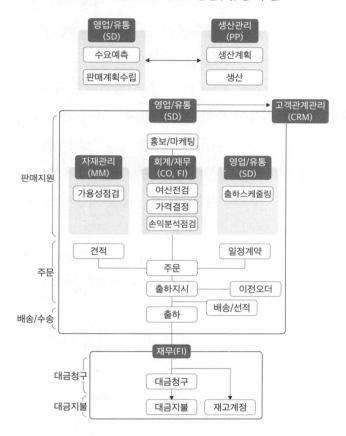

1.1 영업/유통 모듈 키워드

SD 모듈의 업무프로세스를 이해하기 위한 몇 가지 용어를 설명하면
아래와 같다.

- 주문유형(Order Type)은 주문, 납품, 피킹, 출고전기 및 대금청구
  등 이후 프로세스의 내용과 특성을 결정하는 유형으로 각 유형에
  따라 후속 프로세스가 처리된다.

✓ 일괄계약(Master Agreement): 판매제품이나 서비스가 일정한 기간 내에 팔리는 경우 적용되며 마스터 계약, 금액계약, 서비스 계약의 형태를 지원

✓ 납품일정계약(Scheduling Agreement): 납품일과 납품수량을 포함한 계약의 형태로 납품일이 도래했을 때 이 계약서에서 자동으로 출하전표가 생성되는 형태의 계약

✓ 정상주문(Standard Order): 주문이 입력되면 주문에 입력된 납품 일에 그 제품이 출하가능한지 체크하고 가능하지 않은 경우 대체일자를 제안하는데, 필요시 해당 오더의 물량을 PP 모듈의 제품생산계획에 반영하며, 고객 마스터데이터 및 트랜잭션 정보를 바탕으로 고객의 여신상태를 체크하여 리스크관리를 수행하여 처리하는 형태

✓ 위탁주문(Consignment Order): 제품의 재고없이 판매가 가능한 방식으로 제품을 위탁상이 가지고 있는 상태에서 주문처리를 하는 형태

✓ 현금판매주문(Cash Order): 주문과 동시에 현금으로 대금을 지급하는 처리 형태
　- 영업오더에 근거한 대금청구가 이루어짐

✓ 긴급주문(Rush Order): 일반적인 프로세스보다 빠른 출하를 위해 주문부터 배송까지의 전 프로세스를 보다 짧게 처리하는 방식

✓ 제 3자 직송주문(Third-Party Order): 제 3자를 거쳐 직접 주문처리를 이행하는 방식
　- 영업오더에 근거한 대금청구가 이루어짐

✓ 반품주문(Return): 단순 변심 등에 대한 제품 회수에 해당하는 주문처리 형태

- 고객의 반품사유가 발생시 반품의 유형에 따라 반품오더로 생성처리하고, 필요시 선적문서를 생성하여 운송업체를 설정하여 반품을 입고한 다음, 반품된 자재는 생산 보류창고로 이전
    - ✓ 무상주문(Free of Charge Delivery): 마케팅에 의한 증정품 제공 혹은 불량품에 대한 재발송 등에 대한 부분에서의 주문처리방법
        - 고객에 대한 대금청구가 이루어지지 않으므로 채권이 발생되지 않음
- 가용성점검(ATP: Available To Promise Check)은 주문생성 시점에서 납품이 가능한 일자를 확정하기 위해 필요한 일자에 사용 가능한 제품이 있는지 확인하는 것이다.
- 여신점검(Credit Check)은 일반적으로 주문생성 단계에서 고객에게 부여된 여신한도 잔액을 확인하여 해당 주문의 정상처리/보류 여부를 결정하는 것이다. 여신점검은 영업오더 단계뿐만 아니라 출하단계에서도 가능하다.
- 가격결정(Pricing)은 영업주문 문서에서 고객/제품 및 수량이 입력되면 문서 상의 가격결정일을 기준으로 적용이 가능한 각종 가격 조건들을 마스터에서 확인하여 판매가, 원가 및 비용 등을 결정하는 것이다.
- 손익분석점검(Profit and loss analysis check)은 고객의 주문이 결정되기 위해 고객에게 판매해야할 제품에 대한 가격이 기업에서 판매해도 될 가격과의 차이를 검증하여 손익분석을 따질 수 있다.
- 출하지시(Delivery Order)는 생성된 영업주문을 출하처리하기 위한 첫 번째 단계의 작업으로 주문문서들 중에서 가용성점검을 통해 납품일정 및 재고가 할당된 주문만 처리 가능하다.
- 출하스케줄링(Delivery Scheduling)은 제품이나 상품을 출하하는 과정을 계획하고 조정하는 것이다.

✓ 역방향 스케줄링(Backward Scheduling): 일련의 작업이나 활동을 완료하기 위해 걸리는 시간이나 선행 조건 등을 고려하여 최종 완료일을 기준으로 역방향으로 계산하는 스케줄링 기법

✓ 순방향 스케줄링(Forward Scheduling): 일련의 작업이나 활동을 시작일을 기준으로 순차적으로 계획하고 진행하는 스케줄링 기법

- 피킹(Picking)은 출하해야 하는 제품을 실물이 저장된 창고로부터 상차해야 하는 위치로 반출하고, 실제 출하되는 제품의 수량을 확정하는 것이다.

- 출고전기(Goods Issue)는 실물이 출하되는 경우 자재이동을 확정/기록하는 것인데, 출고전기 처리시 자재문서가 발생되고, 매출원가가 발생된다.

- 대금청구(Billing)는 출고전기를 통해 실물 출고를 확정한 이후 고객에게 청구할 대금을 확정하고 송장을 발행한다. 대금청구 처리를 통해 매출 및 수익이 인식되고 회계부문에 전기된다.

✓ 청구계획에 의한 청구(Billing by Schedule): 건설 등의 장기간 프로젝트를 수주한 경우, 이에 대한 청구계획을 수립하고 기간별 혹은 공정진행 현황별로 대금을 청구하는 형태

✓ 주기별 청구(Periodic Billing): 특정한 서비스나 제품을 주기별로 공급하는 형태의 계약에서 주로 이루어지는 청구방식으로 계약상에 합의된 기간을 근거로 대금을 청구하는 형태

✓ 마일스톤 청구(Milestone Billing): 건설현장 등에서 프로젝트가 진행되는 과정을 마일스톤으로 설정하고 각 단계가 완료되는 시점에 대금청구를 실시하는 형태

✓ 선수금 청구(Prepayment Invoice): 제품이나 서비스를 제공하기

전에 미리 지불되어야 하는 금액을 청구하는 형태

✓ 할부 청구(Installment Billing): 제품이나 서비스의 비용을 분할
하여 일정 기간 동안 지불할 수 있도록 하는 요금 청구 방식

02 영업/유통 모듈 세부활동

2.1 판매계획

판매계획은 기업에서 판매하는 제공품에 대한 목표 및 활동에 대한
내용으로서 적재된 데이터를 활용하여 수요나 판매를 예측하고 목표를
달성하기 위한 과정을 이야기한다. 해당 계획에서 설비투자, 신제품개
발 등에 대한 부분도 포함되기 때문에 기업의 전반적인 자원할당에 따
른 구체적인 계획이 필요하다. 목표를 달성하기 위한 계획에서 고려해
야할 부분은 시장점유율로 경쟁기업과의 비교를 통해 판촉활동이나 판
매경로 등이다.

목표매출액 = 당해업계 총수요액 × 자사의 목표시장점유율

시장점유율 = (자사 매출액/당해업계 총매출액)×100%

2.2 영업지원활동

영업지원활동(Pre-Sales Activities)은 고객의 주문을 창출하기 위한
것으로 잘 누적 관리된 사전 영업활동정보는 주문처리과정에서 중요한
정보원이 될 수 있으며, 고객과의 지속적인 관계를 유지하기 위한 기초
자료로 활용될 수 있다.

▶ 그림 5-2 견적관리 개요

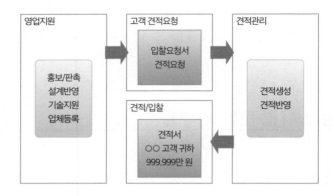

▶ 그림 5-3 견적관리 프로세스

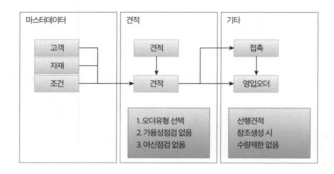

영업지원활동에는 우편 리스트(Mailing Lists), 고객전화 기록관리, 문의, 견적이 있다. 홍보나 판촉 등의 사전 영업을 하면서 고객의 견적요청에 의해 견적을 생성하거나 변경하는 견적관리를 한다. 견적관리를 철저히 함으로써 향후 제안영업을 할 수 있는 기반을 마련할 수 있다. [그림 5-2]에서 볼 수 있는 바와 같이 견적과 입찰과정을 거쳐 고객의 요구 사항에 맞출 수 있는지를 검증받게 된다. 각 영업지원 활동도 영업오더 유형과 같이 각기 여러 형태로 나누어 관리할 수도 있는데, 예를 들면 A사에서는 견적 사용유형을 아래와 같이 다양한 유형으로 생성하여 관리하고 있다.

① ZQT: 내수 견적관리

② ZOF: 내수로컬 오퍼 작성

③ ZLC: L/C 할당 및 개정

④ ZEQ: 수출 견적관리

또한 견적 및 입찰 후 고객으로부터 주문을 받게 되는데, [그림 5-3]에서 볼 수 있는 바와 같이 과거에 생성했던 견적을 복사하여 용이하게 영업오더를 생성할 수 있다. 경우에 따라서는 고객과 장기계약을 체결한 후에 이에 근거하여 지속적으로 영업오더를 만들 수도 있다.

2.3 영업오더 처리 및 재고조달

영업오더는 고객의 제품/서비스에 대한 요구를 담은 전자문서이며, 고객주문 관리사이클(COM:Customer Order Management Cycle)을 수행하기 위한 정보를 포함하고 있다. 또한 입력량 감소와 입력 오류를 최소화시키기 위해 앞에서 살펴본 마스터데이터가 적절한 정보를 제안하며, 확장주문 뷰를 통하여 추가정보를 관리한다.

영업오더에 포함되는 주요 정보로는, 고객, 자재정보, 가격조건, 품목별 납품요청일 정보, 대금청구 정보가 있다.

(1) 영업문서 유형과 품목범주 유형

주문의 업무 프로세스를 제어하는 기준이 되는 것이 영업문서 유형이다. 문의, 견적, 영업오더 등의 기본 영업문서 유형을 수출 및 내수 등 기업의 업무 프로세스에 적합하도록 구분하여 사용할 수 있다. 컨피규레이션(Configuration)에서 각 영업문서 유형의 프로세스를 제어하는 필드들을 업무 특성에 맞게 조정하여 사용한다.

▶ 그림 5-4 영업문서 유형의 종류

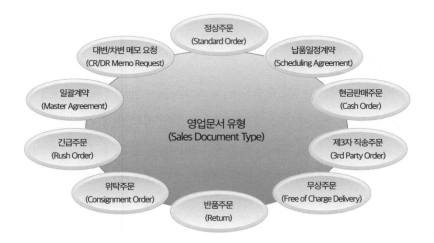

[그림 5-4]는 영업문서 유형의 종류를 설명하고 있다. 영업문서 유형이 달라진다는 것은 주문입력 이후 업무처리방법이나 기준이 달라진다는 것을 의미한다. 예를 들어, 무상주문은 고객에 대한 대금청구가 이루어지지 않으므로 채권이 발생되지 않으며, 현금판매주문이나 제3자 직송주문은 영업오더에 근거한 대금청구가 이루어진다.

▶ 그림 5-5 영업문서 유형의 역할

또한 [그림 5-5]는 영업문서 유형의 역할을 보여 주고 있다. 즉, 정상주문, 납품일정계약, 현금판매주문, 제3자 직송주문, 무상판매, 반품주문, 위탁주문, 대변메모요청/차변메모요청 등의 영업문서 유형에 따라 여신점검이 필요한지, 가용성점검이 필요한지, 출하 스케줄링을 허용하는지, 파트너 결정기능이 필요한지, 가격결정이 필요한지 등의 여부가 다르게 결정된다.

일반적으로 컨피규레이션에서 새로운 영업문서 유형을 생성할 경우, 가장 유사한 유형을 복사하여 참조 생성한 후, 관련필드를 변경하는 방법을 선택한다.

▶ 그림 5-6 품목범주의 역할 ─────────────────────

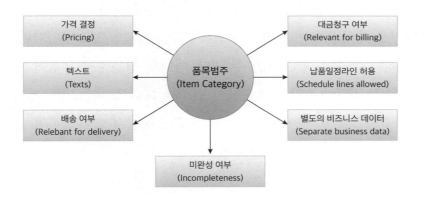

또한 하나의 영업오더 내에서도 품목범주에 의해 개별 품목의 성격을 규정지을 수 있다. 품목범주의 역할은 [그림 5-6]에 나타나 있다. 즉, 가격결정을 수행하는지, 대금청구가 필요한 유상품목인지 필요없는 무상품목인지, 또한 품목별로 여러 날짜로 나누어 출하할 수 있는 납품 일정라인을 허용하는 품목인지 등의 성격을 규정한다.

스케줄라인 범주(Schedule Line Category)에 의해서도 생산 및 배송과 연관된 다양한 성격을 규정지을 수 있다. 구체적으로 [그림 5-7]처럼 나열할 수 있다. 예를 들면 해당 품목이 MRP에 반영되어 자재의 필요량을 증가시키게 만들 것인지, 가용성점검이 필요하고 가능한 품목인지 등에 관한 성격을 규정짓는다. 이와 같이 하나의 영업문서 유형내에서도 품목별로 여러 가지의 품목범주를 할당함으로써 다양한 업무를 처리할 수 있도록 조합할 수 있다. 하나의 영업문서 유형이 기본적으로 특정 품목범주와 스케줄라인 범주를 디폴트(Default)로 제시하지만, 수작업으로 이러한 범주를 바꿈으로써 통합성을 유지하며 복잡한영업업무를 용이하게 처리할 수 있다.

(2) 영업오더 화면

▶ 그림 5-8 영업오더 초기화면 ─────────────

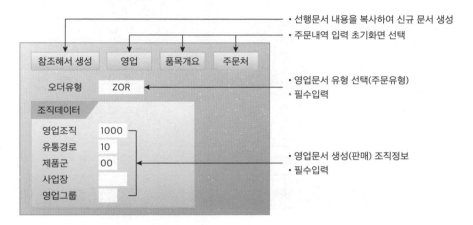

영업영역을 입력하는 영업오더 초기화면이 [그림 5-8]에 제시되어 있다. 앞에서 설명한 바와 같이 영업조직, 유통경로, 제품군으로 구성되어 있는 영업영역은 영업문서를 생성하는 조직으로서, 각종 실적을 보고하고 가격결정이 이루어지는 조직단위이므로 필수로 입력해야 하며 사업장과 영업그룹은 고객마스터에서 자동으로 가져온다. 만약 고객마스터에 있는 사업장 및 영업그룹과 다르다면 초기화면에서 입력해도 되고 영업오더를 생성하는 과정에서 수정할 수도 있다.

▶ 그림 5-9 영업오더 개요화면

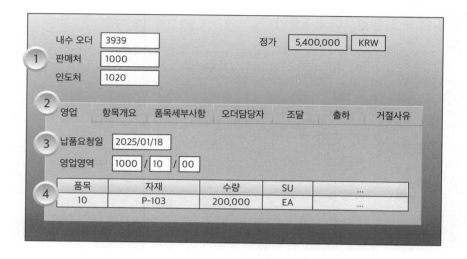

[그림 5-9]에서 ① 판매처는 주문고객에 대한 정보(인도처는 실 하차지)를 입력하는 필드이며, ②는 주문을 입력할 탭 페이지(Tab Page)인데 선택하는 탭에 따라 다양한 정보를 조회하거나 변경할 수 있다. 탭 뷰(Tab view)들을 통해 쉽고 빠르게 가격, 출하 등에 관한 다양한 정보들에 접근하여 확인 및 편집이 가능하며, 메뉴를 통해서도 헤더와 품목 수준의 많은 탭 뷰들로 접근이 가능하다. ③은 고객의 납품요청일을 입력하는 필드인데 수동으로 입력할 수도 있고, 일단 가용날짜를 자동으로 제시하도록 세팅할 수도 있다. ④는 고객의 주문자재 내역을 입력하며 자재코드와 수량 그리고 품목의 성격을 규정하는 품목범주를 입력할 수 있다.

(3) 가격결정

가격결정은 기본적으로는 주문생성 시 가격결정일을 기준으로 실행되며, 사업본부별 필요에 따라 대금청구 시점에서 재결정할 수 있다. 조건 마스터데이터(Condition Master Data)에 등록된 가격조건을 검색하여 자동으로 결정한다. 일부 수작업으로 변경이 가능한 조건 유형이 존재하며, 필요시 수작업 추가가 가능한 조건유형도 존재한다. 이것은 기업에서 사업본부별로 가격결정방법의 차이를 처리할 수 있다는 것을 말해준다. [그림 5-10]에서 볼 수 있는 바와 같이 사업본부별로 그리고 영업문서 단계별로 가격변경의 방법을 다르게 할 수 있다. 즉, 주문 생성 시에 A사업부는 가격변경이 불가능하게 되어 있으며, B사업부는 가격할인은 안 되고 할증만 가능하도록 세팅할 수 있다.

▶ 그림 5-10 주문 및 대금청구 시의 가격결정 사례 ────────

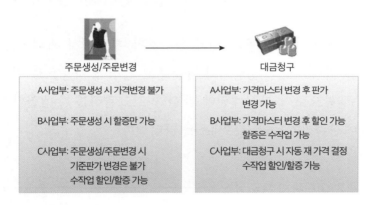

(4) 인도조건

인도조건은 고객에게 자재를 수송하는 계약조건을 말하며, 운임과 보험료가 포함된 가격인지 여부 등을 의미한다. 회사에 맞는 인도조건을 만들어 사용할 수도 있으며 [그림 5-11]의 예는 고객이 직접 운송하는 경우와 회사가 운송해서 납품하여 주는 경우를 각기 나누어 인도조건 Z01과 Z02를 새로 만들어서 사용하는 경우를 예시한다.

▶ 그림 5-11 인도조건 예시

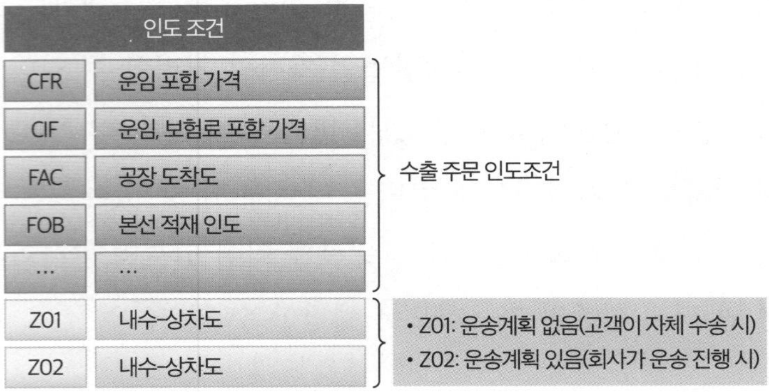

인도 조건
CFR
운임 포함 가격
CIF
운임, 보험료 포함 가격
FAC
공장 도착도
FOB
본선 적재 인도
...
...
수출 주문 인도조건
Z01
내수-상차도
Z02
내수-상차도
• Z01: 운송계획 없음(고객이 자체 수송 시)
• Z02: 운송계획 있음(회사가 운송 진행 시)

(5) 여신관리

SD 모듈에서는 FI 모듈과 연계하여 회계 부문에서 관리되는 여신관리정보를 바탕으로 주문입력과 제품출고 시점에 자동으로 여신한도 점검을 수행함으로써 부실채권에 대한 리스크관리를 수행한다. [그림 5-12]는 여신관리기능의 프로세스를 나타낸다.

▶ 그림 5-12 여신관리 프로세스

그룹전체
주문입력
여신한도점검
연신한도결정
고객정보등록
확정오더생성
OK
여신관리
납품
실시간 갱신
대금청구
대금청구

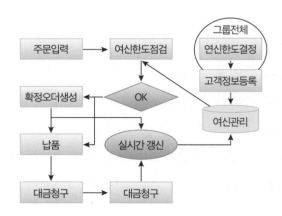

신용평가 내역을 기초로 각 거래처 또는 그룹별로 여신총액을 설정하고 관리하여, 수주의 진행 단계별로 자동여신점검을 실시한다. 주문입력과 제품출고 시점에 여신한도 점검을 수행하는데 이때 여신한도를 초과하면 후속작업의 진행을 일시적으로 수행할 수 없도록 하여, 결재를 득한 후 후속프로세스가 진행되게 한다. 또한 수주단계가 진행됨에 따라 실시간으로 여신한도액을 갱신함으로써 보다 정확한 데이터를 바탕으로 여신관리를 수행할 수 있도록 한다.

또한 여신관리는 고객이 그룹사일 경우, 전체그룹을 대상으로 여신한도를 설정하거나 각 사별로 여신한도를 별도로 설정할 수 있도록 함으로써 고객의 실정에 맞는 여신관리 기능을 지원한다.

(6) 재고 개요

고객주문을 충족하기 위해서는 당연히 해당 제품이 고객이 원하는 날짜에 가용해야 할 것이다. 제품을 만들것인지 구매할 것인지를 결정한 후, 만일 재고가 고객의 납품요청일에 가용하면 재고로 충족하고 재고가 없는 경우 조달방법을 결정한다. 재고조달방법으로는 보충활동(생산오더, 구매오더), 주문생산, 외부업체로부터 조달, 다른 창고로부터 조달이 있다. 우선 [그림 5-13]과 같이 재고를 조회하여 현재 상태를 파악하는 것이 필요할 것이다.

재고를 관리하고 조회하는 수준은 클라이언트 재고와 회사 전체재고, 공장 보유재고, 저장창고별재고, 배치(Batch)재고 정도이다. 가장 기본적인 재고유형들에는 고객주문처리에 사용이 가능한 재고인 가용재고, 품질검사 중이기 때문에 가용재고로 전기 시까지 사용이 불가능한 품질검사재고, 반품재고와 같이 가용/폐기 등의 재고유형이 결정되지 않은 보류재고가 있다.

(7) 고객 납품요청일과 가용성점검

영업오더를 참조하여 출하지시서를 생성할 때 가용 재고일, 운송계획 리드타임, 적재일, 납품요구일 등을 계산하여 출하 스케쥴링을 실시하는데, 이는 가용성점검과 동시에 수행되며 [그림 5-14]와 같이 역방향 스케쥴링(Backward Scheduling)과 순방향 스케쥴링(Forward Scheduling)의 두 가지 방법을 지원한다. 주문입력 시 거래처 및 고객이 요청한 납기일을 기준으로 각각의 리드타임을 고려하여 역방향 스케쥴링을 먼저 실시한다. 이때 재고 필요일자에 재고가 없거나, 계산된 날짜가 과거인 경우 재고가 가능한 날짜, 혹은 현재일을 기준으로 순방향 스케쥴링을 실시함으로써 품목별 출하가능일자를 계산한다. 이 기능은 거래처별 피킹/포장시간, 이동시간, 선적/운송시간 등을 정의하고 계획할 수 있는 환경을 제공함으로써 고객에게 보다 정확한 납기를 제안할 수 있도록 한다.

▶ 그림 5-14 출하 스케줄링의 두 가지 방법 ────────────

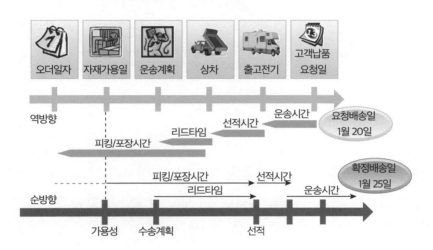

가용성점검(ATP Check)은 고객이 요청한 납품일자에 주문수량의 납품이 가능한지를 확인하여, 가용한 재고가 있는 경우 영업오더에 할당하는 작업이다. 가용성점검에서는 현재의 재고뿐만 아니라 [그림 5-15]와 같이 미래에 입고되고 차감될 재고요소까지 고려한다.

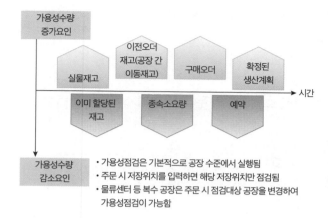

(8) 미결주문

미결주문(Backorder)은 주문을 받은 후에 일부만 납품하고 잔량이 남은 영업오더 또는 주문을 입력한 후 재고 할당을 못받은 영업오더를 의미한다. 따라서 미결주문처리는 [그림 5-16]과 같이 고객의 주문에 대하여 가용성(현 재고 및 생산 오더 또는 구매요청 내역) 부족으로 확정되지 않은 긴급주문 수량을 위하여 기 주문의 확정 수량을 삭제하고 가용성을 확정받지 못한 신규 주문의 가용성을 확정하는 프로세스이다.

▶ 그림 5-16 미결주문 처리 프로세스

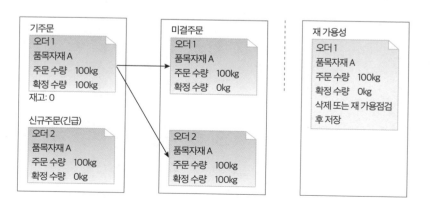

2.4 배송

(1) 출하 및 운송 관리 개요

출하일자가 도래한 주문내용은 출하 예정리스트에 등재된다. [그림 5-17]에 나타난 바와 같이 주문을 받은 물량의 출하는 출하지시, 피킹, 포장, 제품출고의 단계를 거친다. 고객의 요청이나 납품업체의 상황에 따라, 영업오더의 출하일자를 기준으로 하나의 주문이 여러 개의 출하지시서로 나뉘어 배송될 수 있고, 또한 여러 개의 주문이 하나의 출하지시서로 취합될 수도 있다.

▶ 그림 5-17 출하 및 운송관리 기능 ─────────────

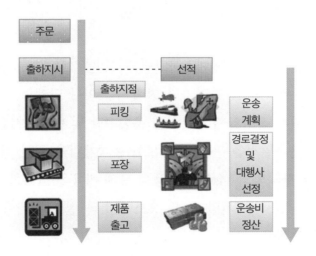

출하지시서 생성 시 자동으로 가용성점검과 여신점검이 다시 이루어지며, 제품 가용일이나 배송일정에 대한 계획을 수행한다. 출하요청은 정의된 운송계획 지점에서 통합관리되고, 출하요청 물량을 운송사/운송수단에 지정하여 일반정보를 관리하고, 운송계획을 수립한다.

운송관리에서는 전체 운송 프로세스를 통제/감독하며, 여러 배송을 하나의 선적으로 그룹짓거나, 하나의 배송을 여러 개의 선적으로 나누어 관리하고, 운송형태, 운송업자, 선적마감일을 관리한다.

▶ 그림 5-18 구간별 운송관리와 모니터링 ———————————

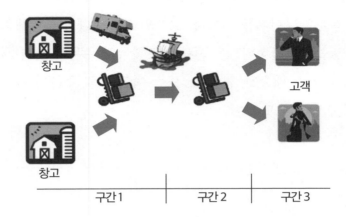

창고

창고

고객

구간1   구간2   구간3

유통경로를 위한 선적단계는 [그림 5-18]에서와 같이 공장, 출하지점, 거래처의 위치 등을 감안하여 여러 구간이나 단계로 설정된다. 출하요청을 근거로 작성된 운송문서에 운송수단 및 운송회사를 배분하고 운송문서별 운송일정을 관리한다. 또한 운송계약을 위한 기준정보, 운송비 계산, 대행사와의 비용 정산 등을 통해 비용을 최소화하는 기능을 지원한다. 그리고 거래처별, 납품 장소별 출하 현황에 대한 실시간 모니터링도 가능하다.

(2) 납품문서 생성

이 단계에서는 납품문서를 생성하고 피킹(Picking) 또는 이전오더(Transfer Order)를 생성하며, 필요시 포장을 하고 출고전기(Posting Goods Issue)를 한다.

납품문서 생성은 모든 출하활동의 시작을 의미하고 자동창고 사용

시에는 납품문서를 참조하여 이전오더를 생성하는 것이 필요하다. 또한 피킹시에 배치나 평가유형(Split Valuation)을 적용하는 제품의 경우에는 해당 필드에 적정한 배치나 평가유형을 선택해야 한다.

제품 출고전기가 이루어지면, 자동으로 창고재고의 감소, 재고자산 갱신, 출하요구 감소 등의 재고정보와 출하정보가 갱신된다. [그림 5-19]에서 보듯이 영업오더의 진행상황이 자동으로 갱신되고 대금청구 예정리스트가 생성된다. 영업, 재고, 회계관리가 통합되어 출고 일자기준으로 출고 후 자동으로 회계로 연결되어 재고금액이 회계계정에 즉시 반영되며, 실시간으로 조회된다.

▶ 그림 5-19 출고 전기의 영향 ─────────────

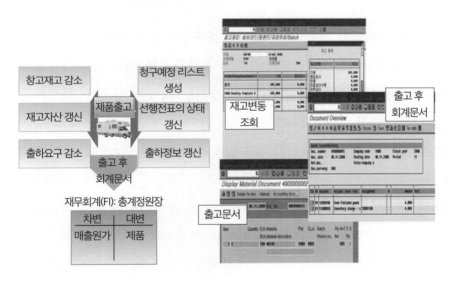

요약하면, 출고전기는 실물 출하 신호로 매출원가를 확정하며 다음과 같은 기능을 수행한다.

- 재고수량 감소
- 재고평가 금액 변동을 재고계정에 반영

- 납품 요구수량 감소
- 영업주문 및 납품 문서흐름 갱신
- 대금청구 예정리스트 작성

2.5 대금청구

(1) 대금청구의 개요

주문정보와 납품정보를 기반으로 대금청구서 생성, 차변/대변 메모 생성 및 대금청구서의 취소 등을 지원한다. 대금청구서 생성시에 가격 재결정을 수행하며, 회계부분과 연결되어 대금청구 문서가 생성되면 총계정원장, 손익/수익성 분석 및 비용 계정 등의 전표가 동시에 생성된다.

여러 영업오더를 묶어 하나의 대금청구문서를 작성할 수 있으며, 또한 여러 납품문서를 묶어 하나의 대금청구문서를 생성하는 기능을 지원한다. 주문 거래별로 대금청구를 수행하는 기능과 월 단위 등으로 한 번에 대금청구를 수행하는 기능을 지원한다.

대금청구는 매출을 확정하고 수익성을 기록하는 단계이다. 이 단계에서는 매출을 기록하는 회계문서가 생성되고, 연관된 모든 영업문서 상태와 고객여신이 갱신되며, 영업정보시스템(SIS)에 매출 통계를 갱신시키고 수익성 분석 등 관리회계 자료도 갱신된다.

대금청구에서는 송장 작성, 대변메모(Credit Memo)와 차변메모(Debit Memo)의 생성, 대금청구 취소(Billing Cancel), 대금청구 내역의 회계부문 전송 등의 기능이 가능하다.

송장이 생성된 이후에 세금계산서는 별도 출력이 필요하다. 또한 대금청구 취소를 통해 업무를 종료시킬 수 있으며, 영업오더의 가격을 변경하고 수정된 금액으로 대금청구를 할 수도 있다. 또한 대변메모 요청 또는 차변메모 요청으로 각기 대변메모와 차변메모를 생성함으로써 외상매출금을 감소시키거나 증가시킬 수 있다.

요약하면 대금청구는 매출을 확정하고 수익성을 기록하는 단계이며 아래와 같은 기능을 수행한다.

- 매출기록 회계문서 생성
  - 자금관리부문에 자동 정보제공
  - 매출채권의 기간별 구분 및 이력관리
- 연관된 모든 영업문서 상태 갱신
  - 고객 마스터의 회계관련정보관리를 통해 회계모듈과의 통합기반 제공
- 고객 여신기록 갱신
  - 외상매출금 및 미수금의 고객별 개별항목/잔액관리
  - 외상매출금 및 미수금의 고객별 미결/입금관리
  - 고객별 받을 어음 및 선수금관련 처리지원
  - 고객별 여신관리
- 영업정보시스템(SIS)에 매출 통계 갱신
- 수익성 분석 등 관리회계 자료 갱신

(2) 다양한 유형의 대금청구

[그림 5-20]부터 [그림 5-24]까지는 대금청구의 다양한 유형과 이에 대한 처리프로세스를 나타내고 있다. 일반적인 표준영업오더에서는 [그림 5-20]과 같은 출하에 기초한 대금청구가 이루어진다.

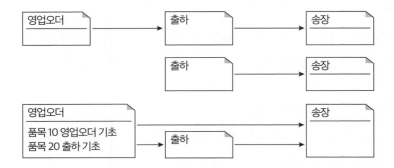

현금판매오더나 제3자 직송오더 등의 오더유형에서는 [그림 5-21] 과 같은 영업오더에 기초한 대금청구가 이루어진다. 현금판매오더의 경우 고객이 직접 결제하는 현금판매오더를 생성하고 이 오더를 제품 이나 서비스와 관련된 판매 조건, 가격, 수량 등의 정보를 포함시킨다. 현금판매오더가 생성되면, 물류 부서는 즉시 출하 작업을 수행하고 출 하 문서(Delivery Document)를 생성한다. 동시에, 청구서(Billing Document)도 생성되며, 이 청구서에는 고객이 현금으로 지불해야 하는 금액 이 명시된다. 제3자 직송오더의 경우는 물류를 직접 처리할 제3자 물 류업체(배송업체)가 지정된다. 고객이 직접 물건을 받지 않고 제3자가 받도록 설정하는 방식이며 각 정보에 제3자의 정보가 같이 기재되어 진행된다.

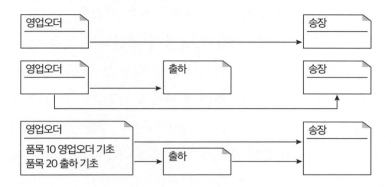

이외에도 [그림 5-22]에서 볼 수 있는 대금청구 취소나 가격변경 후의 대금청구 기능이 있다. 대금청구 취소의 경우 취소할 청구서를 시스템에서 확인하고 취소 요청을 시스템에 입력한다. 이때 취소 사유를 적을 수 있다. 시스템에서 해당 청구서의 취소 처리를 진행하면 취소된 청구서에 따라 회계장부를 조정한다. 가격변경 후의 대금청구 기능은 가격변경 요청을 시스템에 입력하고 가격변경 요청이 승인되면 기존 청구서의 가격을 변경하여 새로운 청구서를 생성한다. 이후 변경된 가격을 고객에게 통지하고 회계 전표가 자동으로 생성된다.

▶ 그림 5-22 대금청구 취소 처리 ──────────────────

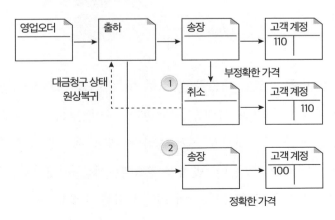

[그림 5-23]에 나타나 있는 일정기간의 판매량이나 판매금액에 기초하여 리베이트를 주는 소급 대금청구 기능이 필요할 것이다. 고객과 소급계약을 체결하고 소급 대상자, 소급이 계산되는 기준, 계약 기간 등에 대해 정의된 조건들을 기반으로 소급 대금청구가 수행되며, 고객별, 제품별, 고객그룹별 소급금액이나 퍼센트 등의 다양한 조건을 지원한다. 따라서 리베이트가 적용될 거래나 기간을 식별하고 리베이트 금액을 계산하여 이를 반영한 새로운 청구서를 작성한다. 고객에게 소급된 대금청구서를 발행하고 고객에게 이를 통지한다. 이후 리베이트가 반영된 청구서에 따라 회계 전표가 자동으로 생성된다.

▶ 그림 5-23 대변메모에 의한 리베이트 처리 영향 ────────

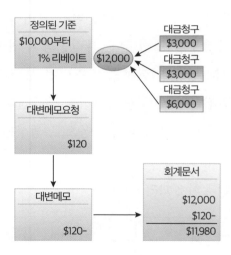

무상납품, 반품, 교환, 매출채권 조정 또는 이들 프로세스를 조합하여 다양한 대금청구 처리 형태를 지원한다. 무상납품은 무상으로 제품을 고객에게 제공하는 것으로 제품출하에 대한 재고관리를 수행하나 청구문서는 작성하지 않는다. 반품은 출고된 제품을 재반입 처리하고, 해당 고객에 대하여 채권 상계 등의 회계처리를 수행한다.

▶ 그림 5-24 대변메모와 차변메모에 의한 대금청구 기능 ─────────

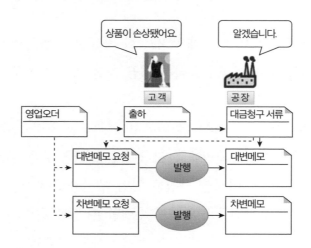

[그림 5-24]와 같이 대변메모 요청이나 차변메모 요청에 의해 매출채권 조정요청을 하여 제품에 대한 재입고 처리없이, 해당 고객에 대한 채권 상계 등의 회계처리만 수행할 수 있다. 또한 반품 대금청구 기능을 수행하면 실시간으로 재고의 입/출고 및 회계처리가 자동으로 이루어진다.

2.6 채권반제

고객주문 관리사이클의 마지막 단계는 고객의 대금 지불과 채권 반제 과정이다. 대금 지불은 주로 고객의 입금에 의해 이루어지며, 이 과정에서 고객이 공급업체인 경우 채무와 상계하여 채권을 반제하는 경우도 존재한다. 이러한 채권 반제는 재무회계 모듈에서 자동으로 처리되며, 반제된 내용은 영업오더의 문서 흐름에서도 조회할 수 있다. 고객의 채권은 고객 계정에서 반제되면서 동시에 여신관리영역(CCA: Credit Control Area)과 유통경로 단위에서 반제된다.

기업에서는 은행과의 펌뱅킹 시스템을 통해 실시간으로 채권 반제를 수행할 수 있다. 이를 통해 입금이 발생하면 자동으로 채권이 반제되며, 회계 시스템에 즉시 반영된다. 또한 고정 거래 고객(예: 대리점)에게는 가상계좌를 부여하여 매일 3~4회 자동으로 입금액을 인출하고 채권을 반제할 수 있다. 이 방식은 대금 지불 과정을 자동화하고 효율화하는 데 유리하다.

채권과 채무의 상계처리는 회계부서에서 직접 처리할 수도 있으며, 영업관리부서에서 반제처리를 하고 전표를 회계부문에 전송하여 확정시키는 방식도 있다. 이러한 과정은 영업 부서와 회계 부서 간의 협력을 통해 채권 반제 작업을 정확하게 수행할 수 있게 한다. 채권 반제 과정은 기업의 재무 상태를 안정적으로 유지하고 고객과의 신뢰를 구축하는 데 필수적인 단계이며, 효율적인 채권 반제 처리는 기업 운영의 효율성을 높이고 재무 관리를 체계적으로 지원하는 중요한 역할을 한다.

03 영업/유통 모듈의 전체 프로세스

3.1 주문처리

판매지원 부분에서 고객문의에 따른 견적이 작성되면 이를 참조하여 영업오더를 생성한다. 고객과의 계약 방식에 따라 여러 가지의 영업오더가 생성될 수 있다. 영업오더는 고객 마스터, 제품 마스터 및 가격 마스터 등의 각종 관련 마스터데이터의 정보를 바탕으로 필요정보를 갱신하는데, 이는 영업사원 및 수주입력 담당자의 수작업 입력사항을 줄여주는 역할을 함으로써 업무 편의성을 제고한다.

영업오더 생성 시 고객별, 제품별 가격정보는 조건 마스터데이터(Condition Master Data)로부터 결정되며 가격결정절차(Pricing Procedure)를 거친다. 가격결정절차로 여러 조건별 가격시뮬레이션이 가능하므로 변경 전후의 효과를 조회하고, 변경 전 수익률과 변경 후의 수익률을 비교, 관리한다. 또한 CO 모듈과 연동되어 제품별 판매가와 원가에 대한 이익 조회, 총투입원가 산정 등을 수행하며 신제품 출시 때 원가평가작업을 실행하여 사전 단가관리를 수행한다. 이 기능을 통해 고객별, 제품별, 영업조직별로 다른 가격체계를 가져갈 수 있으며 자동으로 단가 및 할인/할증률, 운임 등을 결정할 수 있다.

이때 SD 모듈에서는 FI 모듈과 연계하여 회계부문에서 관리되는 여신관리정보를 바탕으로 주문입력과 제품출고 시점에 자동으로 여신한도 점검을 수행함으로써 부실채권에 대한 리스크관리를 수행한다.

신용평가 내역을 기초로 각 거래처 또는 그룹별로 여신 총액을 설정하고 관리하여 수주의 진행단계별로 자동여신점검을 실시한다. 주문입력과 제품출고 시점에 여신한도 점검을 수행하는데 이때 여신한도를 초과하면 후속작업의 진행을 일시적으로 수행할 수 없도록 하여 결재를 득한 후 후속 프로세스가 진행되게 한다. 또한 수주단계가 진행됨에 따라 실시간으로 여신 한도액을 갱신함으로써 보다 정확한 데이터를 바탕으로 여신관리를 수행할 수 있도록 한다.

여신한도액은 단순히 채권금액만으로 산정할 수도 있지만 청구서가 발행되었으나 입금이 이루어지지 않은 금액, 배송이 진행 중인 물량의 금액, 주문이 진행 중인 물량의 금액 등 여러 가지 유형의 물량금액을 여신한도액에 포함시켜 관리한다.

3.2 출하/배송 및 운송관리

판매오더를 참조하여 출하지시서를 생성하고 피킹 및 포장, 출고처리를 지원한다. 출하지시서는 장소 및 고객에 따라 여러 개의 판매오더를 묶어 발행할 수도 있고, 납품일자에 따라 하나의 오더를 분할해 생성될 수도 있다. 이때 가용 재고일, 운송계획 리드타임, 적재일, 납품요구일 등을 계산하여 출하스케줄링을 실시하는데, 이는 가용성점검과 동시에 수행되며 역방향 스케줄링(Backward Scheduling)과 순방향 스케줄링(Forward Scheduling)의 두 가지 방법을 지원한다.

주문입력 시 거래처 및 고객이 요청한 납기일을 기준으로 각각의 리드타임을 고려하여 역방향 스케줄링을 실시해 재고 필요일자에 재고가 없거나, 계산된 날짜가 과거인 경우 재고가 가능한 날짜, 혹은 현재일을 기준으로 순방향 스케줄링을 실시함으로써 출하품목별 일자를 계산한다. 이는 거래처별 피킹/포장시간, 이동시간, 선적/운송시간 등을 정의하고 계획할 수 있는 환경을 제공함으로써 고객에게 보다 정확한 납기를 제안할 수 있도록 한다.

운송관리는 전체 운송프로세스를 통제, 감독하여 여러 배송을 하나의 선적으로 그룹핑하거나 하나의 배송을 여러 개의 선적으로 나누어 관리하며 운송형태, 운송업자, 선적마감일 등을 관리하는 기능으로 LES(Logistics Execution System)[1]와 통합 운영된다.

이 외에 출하/배송 부분에서는 피킹 및 포장관리를 지원한다. 피킹은 출하지시서를 바탕으로 재고이전오더(Stock Transfer Order)[2]를 생성하기도 하고 수작업 피킹을 할 수도 있다.

---

1 공급망에서 상품의 이동 및 관리를 지원하는 컴퓨터 시스템이며, 이를 이용해서 주문 처리, 창고 관리, 운송 관리 및 기타 물류 활동을 조정하고 관리하여 물류 프로세스의 효율성과 투명성을 향상시킴
2 회사 내의 서로 다른 위치나 창고 간에 재고를 이동시키기 위해 생성되는 지시서

3.3 대금청구 및 매출관리

대금청구(Billing)는 영업부서 또는 영업관리 부서에서 하기도 하고, 기업에 따라 회계부서에서 하기도 한다. SD 모듈의 매출관리는 FI 모듈의 기능과 완벽히 통합되어 거래처별 매출채권을 보조원장으로 실시간 관리하며 이어지는 입금 프로세스를 지원하고 실시간으로 총계정원장에 반영한다.

청구문서도 영업오더와 마찬가지로 판매문서 유형(Sales Document Type)에 의해 관리되며 후속 프로세스가 결정된다. 청구문서의 판매문서 유형에는 일반청구, 현금오더에 대한 청구, 대변/차변메모에 대한 청구 등이 있다. 또한 업무 편이상 하나의 판매오더에 대해 여러 개의 청구문서를 분할하여 발행할 수도 있고 송장 리스트(Invoice List)의 형태로 여러 개의 청구문서를 통합해 하나의 청구서를 발행할 수도 있다. 때에 따라 특별한 청구형태에 대한 지원도 이루어진다.

04 영업/유통 모듈의 특징 및 장점

4.1 조직구조

(1) 영업영역

영업영역(Sales Area)은 각종 실적을 보고하고 가격을 결정하는 조직단위이며, [그림 5-25]에 나타나 있듯이 영업조직/유통경로/제품군으로 구성되어 영업문서를 생성한다.

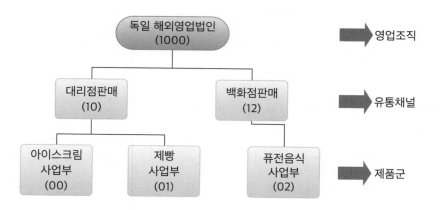

▶ 그림 5-25 영업영역을 구성하는 조직

영업조직은 제품과 서비스를 고객에게 제공하는 영업의 책임을 지는 조직단위이며, 영업 및 물류에서 정의되는 모든 마스터데이터와 업무거래에는 영업조직(Sales Organization)이 필수적으로 들어가야 한다.

유통채널은 제품이나 서비스가 고객에게 전달되는 방식을 정의한다. 일반적으로 도매, 소매, 직접 판매, 방문 판매 등의 방식으로 정의하거나 대리점 영업, 백화점 영업 등 직접적인 유통채널(Distribution Channel)로 정의할 수도 있다.

제품군(Division)은 특정 제품 또는 서비스를 판매하는 사업부를 지칭한다. 다시말해 영업영역은 영업조직, 유통경로, 제품군의 조합으로 구성되며 마스터데이터와 판매문서가 이 단위로 관리된다. 마스터 생성, 영업오더 생성 등에서 반드시 하나의 영업영역을 선택해야 한다. 예를 들어 가격마스터는 반드시 영업영역을 기준으로 생성, 관리되어야 한다. 하나의 영업영역은 반드시 하나의 회사 코드(Company Code)에만 할당이 가능하다.

(2) 사업장/영업그룹/사원

사업장(Sales Office), 영업그룹(Sales Group), 영업사원(Sales Employee)은 모두 영업활동 및 실적관리를 위한 단위조직들이다. 사업장은 주로 지역특성이 강한 영업팀 또는 영업소이다. 또한 영업그룹은 영업사원들의 그룹이나 팀으로 사용되며 실제 영업활동을 실행하는 주체이다.

(3) 생산/출하조직

공장(Plant)은 제품과 서비스를 생산하거나 창출하며, 자재소요량계획(MRP)을 운영하는 단위이다. 제조시설뿐만 아니라 물류센터에도 플랜트 설정이 가능하다. 공장은 아래의 저장창고(Storage Location)를 보유하며, 재고관리의 전체적인 단위이기 때문에 물류센터를 공장으로 설정·관리하는 경우도 많다.

저장창고는 제품의 특성별로 재고를 관리하기 위한 조직이며 하나의 공장에 설정된다. 자동창고관리(WM) 사용 시 공장과 저장창고의 조합이 자동창고 번호와 연결된다.

출하지점은 출하업무를 진행하기 위한 고정된 장소이며, 물리적 장소 또는 가상조직도 설정이 가능하다. 또한 하나의 출하지점(Shipping Point)에서 복수공장의 제품출하가 가능하다.

4.2 마스터데이터 개요

▶ 그림 5-26 영업/유통 모듈의 마스터 데이터 ────────

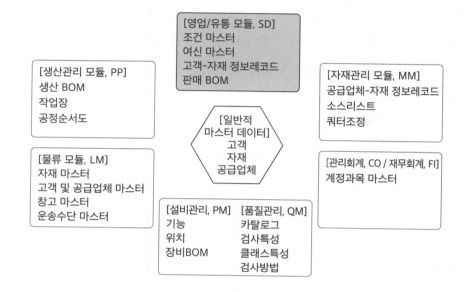

영업/유통 모듈과 관련된 마스터데이터는 자재마스터데이터와 더불어 고객마스터데이터, 영업오더 생성 시 가격을 결정하는 기능을 하는 조건(Conditions) 마스터데이터, 고객-자재정보레코드(Customer-Material Info Record), 그리고 판매자재명세서(Sales BOM) 등이 있다.

(1) 고객 마스터데이터

고객마스터는 우리 회사와 접촉하는 비즈니스 파트너에 관한 정보를 담고 있다. 이것은 고객명과 주소 정보 그리고 거래 시 사용되는 화폐, 지불조건, 주요 담당자 등을 포함한다. 사용 목적으로는 영업활동 지원을 위한 고객정보관리, 대금청구를 위한 고객의 송장작업을 들 수 있다.

고객마스터에 입력하고 제공하는 자료는 다음과 같다.

- 일반 데이터는 하나의 클라이언트내에서 모든 회사 코드와 영업조 직에 균일하게 적용되는 데이터로서 고객 명, 주소, 사용언어, 전 화번호 등을 포함한다.
- 회사코드 데이터는 G/L조정 계정번호, 지불조건 등 하나의 회사 코드 내에 한정되는 데이터이다.
- 영업영역 데이터는 사업장, 영업그룹, 고객그룹, 가격그룹 등 하나 의 영업조직 내에 한정되는 데이터이다.

▶ 그림 5-27 고객마스터의 구성 ───────────

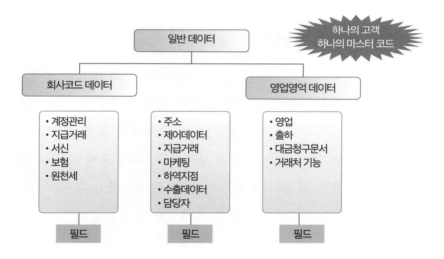

(2) 조건 마스터데이터

조건 마스터데이터(Condition Master Data)는 판매가격, 유효기간, 주 문금액 규모 등을 시스템 내에서 자동으로 제어하는 기능을 수행하면 서 사전손익정보를 제공하는 역할을 수행한다. 이때 판매가격과 예상 원가, 판매직접비/간접비 등의 차이를 계산함으로써 사전손익을 제공 할 수 있다. 또한 조건 유형별로 할인실적을 용이하게 분석할 수 있도 록 지원해주는 역할도 한다.

▶ 그림 5-28 고객별 조건데이터 ─────────────────

(3) 고객-자재 정보레코드

고객별 자재 정보레코드(Customer-Material Info Record)는 특정고객과 특정제품에 대한 기준정보를 담고 있다. 고객의 주문을 받아 업무를 진행하기 위해서 고객과 제품별로 사전에 정의되어야 할 정보[단가정보(고객·제품별 할인, 할증), 용도, 세트 제작업체, 출하 플랜트, 저장창고]를 관리하여 정보를 제공하는 마스터이다. 특정고객의 요구(부분 납품, 특정 납품플랜트 등)를 충족시키기 위한 목적으로도 사용한다.

4.3 SD 모듈의 장점

영업/유통(SD) 모듈의 장점은 다음과 같다.

(1) 영업지원 관리 향상

영업지원 기능은 판매결과, 고객문의, 견적, 판촉활동, 경쟁사 및 경쟁제품에 관련된 정보를 관리할 수 있는 도구를 제공한다. 그러므로 영업 및 마케팅 담당자는 판매결과, 고객문의, 견적, 판촉활동 등을 꾸준히 관리함으로써 다른 영업활동을 수행하기위해 이러한 정보들을 활용할 수 있다. 또한 영업지원은 영업업무를 효율적으로 하고 기존고객에 대한 서비스를 향상시키는 것뿐만 아니라 시장조사 등의 전략적인 업무에 도움을 줌으로써 새로운 사업의 아이디어를 얻는데도 이용된다.

(2) 신속하고 효율적인 주문처리

영업오더 처리 시에 입력된 정보들을 기준으로 판매주문에 필요한 정보들이 자동으로 결정, 제시된다. 예를 들어, 가용성점검을 통해 고객의 납기문의에 신속하게 응답할 수 있고, 인도기준이나 지급기준을 고객의 요구에 맞게 변경하거나 할인정보를 입력하여 가격을 자동으로 결정하고 수익성 분석을 실시할 수 있다. 또한 사용자는 제품을 수작업으로 입력하거나 고객에 맞게 제시된 제품 특성을 선택해서 입력하거나 또는 고객의 요구에 맞게 선택부품에 대한 제품 변형구성(Configuration)을 통해 입력할 수도 있다.

(3) 유연한 가격결정 기능

판매주문 시 자동으로 가격결정을 수행한다. 관련된 가격결정 요소를 결정하기 위해 시스템은 가격리스트, 고객과의 계약관계를 고려하고, 제품군이나 제품원가에 따라 가격을 결정할 수 있다. 또한 유연한 가격결정 기능에 의해 복잡한 가격구조의 처리가 가능하다.

(4) 시장추세에 대한 의사결정 자원

SAP ERP는 판매정보시스템(Sales Information System)으로 의사결정자에게 가시성이 높은 정보를 제공할 수 있다. 영업유통문서를 입력하는 순간, 시스템에서는 실시간으로 판매정보시스템에 있는 관련된 정보를 수정하게 된다. 판매정보시스템을 이용함으로써 시장추이와 변화를 감지하고 이에 대응하는 의사결정을 통해 경쟁우위를 점하게 될 것이다.

(5) 회계 모듈과 유기적 통합

재무/관리회계 모듈과 긴밀하게 통합되어 주문처리 시 자동적으로 고객에 대한 여신한도에 대한 점검을 수행한다. 이때 주문이 여신점검에서 부적합할 경우 관련 담당자에게 자동적으로 경고 메일을 발송할 수 있도록 시스템을 설정할 수 있다. 또한 판매주문과 납품에 근거하여 자동으로 모든 해당 항목에 대한 대금청구를 수행하게 된다.

시스템은 항목들에 대한 송장, 대차메모를 개별적 또는 일괄적으로 생성하여 청구서를 우편이나 팩스 또는 전자문서교환(EDI)을 통해 바로 보낼 수 있다. 이와 동시에 시스템은 재무회계와 관리회계 모듈에서 볼 수 있는 외상매출금과 수익을 즉각적으로 생성하며, 고객의 구매수량에 따라 리베이트도 처리할 수 있다.

(6) 생산/물류 모듈과의 유기적 통합

자재관리 및 생산계획 모듈과 연동되어 이루어지는 가용성점검은 판매주문을 만족시키기 위해 요청한 납기에 충분한 수량을 보유하고 있는지를 확인하고, 요청한 납기를 맞추지 못할 경우 시스템은 즉각 가용한 날짜를 계산하고 결정하여 새로운 납기를 고객에게 제안할 수 있도록 한다. 자세한 내용은 Chapter 07의 기능 설명을 참조하기 바란다. 또한 여러 저장 위치에 있는 제품의 가용성을 점검할 수도 있으며, 고객이 특정한 수량의 제품을 필요로 할 경우 주문생산방식의 기능을 이용할 수도 있다.

(7) 적시 배송을 위한 출하/배송관리 지원

출하관리에서는 피킹, 포장, 적하 업무를 관리하고 납기마감을 감시하는데 유용한 기능을 제공한다. 시스템은 납품해야 할 모든 주문 리스트를 제공하고, 주문을 전체적 또는 부분적으로 납품할 것인지에 대한 옵션을 주게 된다.

연습문제

01 영업영역의 개념을 서술하고, 영업영역을 구성하는 세 가지 요소들을 기술하시오.

02 SD 모듈에서 사용하는 기준정보를 3개 이상 쓰시오.

03 다음은 고객 기준정보에 대한 설명이다. 다음 중 바르지 <u>않은</u> 것은 무엇인가?

① 회사와 접촉하는 비즈니스 파트너에 관한 정보를 담고 있다.

② 일반데이터 뷰의 정보는 하나의 회사코드 내 판매조직에 균일하게 적용되는 데이터이다.

③ 판매/물류데이터는 하나의 판매조직 내에 한정되는 데이터이다.

④ 고객 기준정보는 영업활동 지원을 위한 고객정보관리를 위해 사용한다.

04 고객 기준정보의 구성이 바르게 정의된 것은 무엇인가?

① 회사코드데이터 - 일반데이터 - 영업영역데이터

② 클라이언트 데이터 - 회사코드데이터 - 일반데이터

③ 일반데이터 - 영업영역데이터 - 구매영역데이터

④ 일반데이터 - 회사코드데이터 - 구매영역데이터

05 다음은 ERP의 물류(판매, 구매, 생산, 물류) 프로세스를 정리한 것이다. 빈칸에 들어갈 프로세스를 적으시오.

"고객주문 수주 → 고객 주문 수량/재고 확인 → (재고 부족 시) (   ) → 계산된 원자재 소요량을 구매 → 구매한 원자재 생산 공장으로 입고 → 생산으로 반영 → 생산 실행 → 완제품 생산 → 창고로 이동/적치 → 상품출하지시 → 출고 → 회계 반영"

06 다음은 고객 주문접수 시 동시에 확인/처리하는 기능을 정리한 것이다. 맞는 것을 모두 고르시오.

① 출하지점 결정   ② 가격결정
③ 제품 가용성 확인   ④ 여신한도 확인

07 고객주문에 포함되는 내용이 <u>아닌</u> 것은 무엇인가?

① 고객 및 자재정보   ② 생산정보
③ 대금청구정보   ④ 가격조건

08 다음의 세 가지가 공통적으로 의미하는 영업/유통 모듈관련 용어를 쓰시오.

- 주문, 납품, 피킹, 출고전기 및 대금청구 등 이후 프로세스의 내용과 특성을 결정하는 키 값
- 이것에 따라서 주문입력 이후 업무처리방법이나 기준이 달라진다는 것을 의미함
- 견적, 문의, 영업주문 등의 생성시 후속 프로세스의 유형별로 항상 지정해야 함

09 다음의 세 가지가 공통적으로 의미하는 영업관련 용어를 쓰시오.

- 주문생성 시점에 납품이 가능한 일자를 확정하기 위해 재고가 필요한 일자에 사용가능한 자재가 있는지 확인하는 것

- 고객이 요청한 납품 일자에 주문 수량의 납품이 가능한지 확인하여, 가용한 재고가 있는 경우 주문오더에 할당하는 작업
- 현재의 재고뿐 아니라 미래의 입고 및 차감될 재고요소까지 고려함

10 영업문서가 발생하는 단계를 표시한 것이다. 괄호 안에 들어갈 용어를 각각 쓰시오.

문의(Inquiry) → (   ) → 영업오더(Sales Order) → 출고지시(Delivery Order) → 제품 출고(Good Issue) → (   )

11 영업문서의 구조는 크게 세 가지 영역으로 나눌 수 있는데, 영업문서 구조에 대한 설명에서 괄호 안에 들어갈 용어를 쓰시오.

- (   )은/는 주문문서 전체에 대한 고객과 관련된 정보를 관리
- (   )은/는 고객으로부터 주문된 자재와 수량에 관한 정보를 관리
- 납품일정라인은 납품일자별 수량과 같은 납품관련정보를 관리

12 출하 프로세스를 구성하는 단계를 순서대로 알맞게 짝지은 것은 무엇인가?

① 납품서-피킹-출고전기   ② 대금청구-납품서-출고전기
③ 납품서-피킹-임고전기   ④ 출고전기-포장-피킹-납품서

13 영업문서 생성에 대한 설명 중 바르지 <u>않은</u> 것은 무엇인가?

① 선행문서 내용을 복사하여 신규문서를 생성할 수 있다.
② 영업문서는 전체 처리내역을 문서흐름에서 확인할 수 있다.
③ 고객 기준정보는 반드시 입력해야 한다.
④ 영업문서 생성 시 재고 유무는 확인할 수 없다.

14 출고전기의 효과가 <u>아닌</u> 것은 무엇인가?

① 매출을 확정하고 수익성을 기록하며 세금계산서 산정의 기준으로 한다.

② 실물 출하 신호이므로 매출원가를 확정한다.

③ 납품 요구수량이 감소하고 대금청구 대상리스트를 작성한다.

④ 영업주문, 납품문서 흐름이 갱신된다.

15 영업모듈의 주문유형에 대한 설명 중 <u>틀린</u> 것은 무엇인가?

① 주문, 납품, 피킹, 출고전기 및 대금 청구 등의 이후 프로세스의 내용과 특성을 결정하는 키 값이다.

② 영업문서를 생성할 때 필수 입력 항목이다.

③ 주문입력 이후 업무처리방법이나 기준이 달라진다는 것을 의미한다.

④ 오더유형이 다르더라도 동일한 화면구성을 제공한다.

16 고객마스터에서 파트너 기능을 사용하는 목적은 무엇인가?

17 SAP ERP에서의 조건 마스터는 가격 기준정보를 의미한다. 조건마스터를 구성하는 네 가지 구성요소를 쓰시오.

18 영업오더를 만들 때 여신점검을 해보니, 고객의 여신한도가 90,000,000원이며, 대금청구를 하여 외상매출금이 120,000,000원이 발생하였고, 출고 후 대금청구 미실행액이 20,000,000원이며 만기가 도래하지 않은 어음액(특별부채)이 40,000,000원이라고 가정하자. 귀하가 영업사원이라면 이 고객에게 30,000,000원의 추가 영업오더를 받을 수 있을 지에 대한 이유를 기술하시오.

19 영업오더를 받을 때 A자재 100개가 고객이 원하는 날짜에 가용한 지 가용성 점검을 해보니 A자재의 실물재고와 공장간 이동재고, 구매오더를 합한 자재 숫자가 A자재의 기할당된 재고와 종속소요량, 그리고 예약을 합한 자재 숫자보다 500개 많았다. 영업사원 입장에서 어떻게 할 것인가?

※ 다음 그림을 보고 답하시오. (24~25)

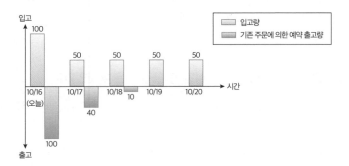

20 오늘(10/16) 평소 자주 거래하는 단골고객 A로부터 2일 후(10/18)까지 120개의 제품을 구입하고 싶다는 문의를 받았다. ERP 시스템을 통해 영업오더를 생성하기 위하여 우선 가용성점검을 진행할 경우, 고객 희망하는 날짜(10/18)까지 해당 고객에게 약속할 있는 제품 수량은 몇 개인가?

21 오늘(10/16) 제품 구입을 문의해 온 고객 A가 반드시 제품 120개를 모두 한꺼번에 구입하는 것을 원한다면, 해당 고객에게 판매가 가능하다고 제안할 수 있는 날짜는 언제부터인가? 120개의 제품 판매가 가능해지는 첫 날짜를 구하시오.

22 SD 모듈의 미결주문이란 무엇이며, 미결주문을 처리하는 두 가지 방식의 장단점을 설명하시오.

[기출문제]

23 판매계획에 대한 설명으로 적절하지 <u>않은</u> 것은?

① 판매계획은 수요예측과 판매예측의 결과를 이용하여 매출목표액을 구체적으로 수립하는 과정이다.

② 판매계획의 순서는 판매목표매출액 설정 → 시장조사 → 수요예측 → 판매예측 → 판매할당 순이다.

③ 단기 판매계획은 매출목표액을 달성하기 위해 제품별 가격, 구체적인 판매할당 등을 결정하는 것이다.

④ 장기 판매계획은 신시장 개척, 신제품 개발, 판매경로 강화 등에 관하여 결정하는 것으로 장기적인 시장 분석을 통하여 기업환경의 기회와 위협을 예측하여 계획을 세운다.

24 경쟁 환경 하에서 적정한 이익을 추구하면서 가격을 유지하기 위한 방법으로 비가격경쟁에 의한 가격유지와 리베이트전략에 의한 가격유지 등이 있다. 리베이트전략에 의한 가격유지를 설명한 것으로 가장 적절하지 <u>않은</u> 것은?

① 리베이트는 판매금액의 일부를 할인하는 금액이다.

② 리베이트는 판매대금을 수금한 후 별도로 환불된다.

③ 리베이트 전략은 판매촉진 기능과 통제적 기능이 있다.

④ 리베이트 비율은 관습 또는 이익의 정도에 따라 정해진다.

25 [보기]에서 수행한 목표매출액 할당 방법으로 가장 적절한 것은?

[보기]
- 과거의 판매실적의 경향을 고려한 판매할당
- 이익공헌도를 고려한 판매할당
- 교차비율을 고려한 판매할당

---

① 영업거점별 판매할당

② 지역/시장별 판매할당

③ 상품/서비스별 판매할당

④ 거래처/고객별 판매할당

[○× 퀴즈]

26 SD 모듈에서 '가용성 점검(Availability Check)'은 재고 부족 시 자동으로 대체 제품을 제안한다. ☐

27 SD 모듈에서 '영업 오더 유형(Sales Order Type)'은 각 오더에 대해 고유한 가격 결정 절차를 가지며, 다른 오더 유형과 공유되지 않는다. ☐

28 SD 모듈에서 판매 오더 생성 시 '가격 결정(Pricing)'은 항상 수동으로 이루어진다. ☐

29 SD 모듈의 '수익성 분석(Profitability Analysis)' 기능은 특정 판매 오더의 이익률을 실시간으로 계산한다. ☐

CHAPTER
06

자재관리 모듈의
주요 기능

자재관리 모듈의 주요 기능

01 자재관리 모듈의 기본 이해

자재관리 모듈(MM, Material Management)의 전체적인 구조는 [그림 6-1]과 같다. 자재관리 모듈은 간단히 설명하면 원제품을 만들기 위해서 원제품에 필요한 자재들을 구매하고 관리함으로써 생산에 차질이 없도록 지원하는 모듈이라고 할 수 있다.

기업에서 예상하는 제품의 총괄생산계획을 기준생산계획에 따라 계획을 시행해야 하며 각 월 혹은 주에 필요한 자재소요계획에 따라 완제품을 생산하는데 필요한 부품들을 보유하고 있어야 한다. 만약 이번주에 생산해야 할 생산량이 100개이고 A제품을 만드는 데 A부품이 3개가 필요하다면 300개를 준비해야할 것이다. 이는 계획에 따른 자재소요량을 계산한 결과이다. 필요한 부품의 개수는 이전에 계획된 내용에 따라 계산할 수 있지만 이를 정확히 이행하려면 생산시에 부품을 보유하고 있어야 한다. 차질없이 생산을 지속하기 위해서는 부품을 공급해줄 공급업체와의 구매에 대한 일련의 프로세스가 필요하다. 기업이 제품을 만드는 데 필요한 부품에 대한 구매가 필요하면 이를 다수 개의 공급업체에게 견적서를 요청하고 가격을 비교하여 품질과 성능을 비교하여 업체를 선정한다. 선정된 업체에서 판매하는 부품을 주문하고 지시서를 발행하면 주문한 부품들이 입고처리되고 입고된 부품에 대한 검증 후 송장을 검증하고 입금처리한다.

▶ 그림 6-1 SAP ERP의 기본 프로세스: 자재관리부문 ─────────

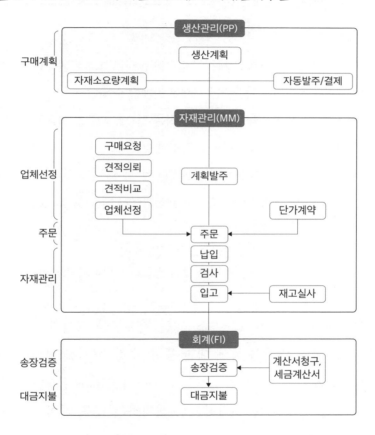

1.1 자재관리 모듈 키워드

자재의 분류는 다양한 방식으로 분류되며 수요빈도, 성질, 상태, 용도, 계정, 제품의 정도, 재질, 저장방법별로 나눌 수 있다. 각 분류는 목적에 맞게 구분하고 있으며 ERP에서 사용되거나 이해되는 일반적인 용어를 중심으로 정리하면 [표 6-1]과 같다.

▶ 표 6-1 자재분류에 따른 정의 ─────────────────

구분	내용
재료	재료는 제품의 제조에 필요한 단위로 대체로 원재료를 통칭
재공품	공정에서 가공중인 자재로 판매할 수 없음
부품	제품의 일부 기능을 담당하는 것으로 재료를 가공하여 제작
결합체	2개 이상의 부품으로 조립된 것
구성품	2개 이상의 결합체로 조립된 것
반제품	제조과정에서의 중간적 제품으로서 최종제품의 조립을 위하여 저장중인 것
제품	• 2개 이상의 구성품으로 조립된 것 • 제조활동을 통해 생산이 완료되어 판매가 가능한 상태

- 자재명세서(BOM: Bill of Material)는 완제품을 생산하기 위해 필요한 부품, 재료, 반제품 등에 대한 품목, 수량, 크기를 정리한 것이다.
- 기준생산계획(MPS: Master Production Scheduling)은 총괄생산계획을 수립한 후에 이를 구체적으로 계획하는 것을 이야기한다. 구체적으로 각 제품에 대한 생산시기, 생산량을 결정한다.
- 자재소요량계획(MRP: Material Requirements Planning)은 생산에 필요한 자재와 부품의 소요량을 계획하는 프로세스를 말한다. 일반적으로 자재소요량계획은 제품의 생산 계획을 수립하고 자재의 소

요량을 계산하고 자재의 구매 또는 생산 계획을 수립하고 생산 일정 및 재고 관리의 단계를 거친다.

- 소비기준계획(CBP: Consumption Based Planning)은 개인이나 가정이 특정 기간 동안 소비할 예정인 비용과 관련된 계획으로 예산을 작성하고 지출을 관리하는 일련의 단계를 포함한다.

  ✓ 고정주문량 모형(Q System): 재고가 일정 수준 이하로 감소했을 때 자동으로 해당 재고를 재주문하는 시스템으로 기업이 제품 또는 부품을 필요할 때마다 주문하는 전통적인 방식과는 달리, 재고가 소진될 때마다 일정 수량을 자동으로 주문하는 방법

  ✓ 고정주문기간 모형(P System): 특정 기간 동안의 소비 패턴을 분석하여 재고를 주문하는 시기와 수량을 결정하는 데 초점을 맞춰 사용하는 방식

  ✓ 수요예측모형방식(Demand Forecasting Model): 기업이 제품 또는 서비스에 대한 수요를 예측하는 데 사용되는 방법으로 데이터 분석과 통계 기법을 사용하여 과거 판매 데이터나 다른 관련 정보를 기반으로 미래 수요를 예측하는 데 사용하는 방법

- 구매요청(PR: Purchase Requisition)이란 기업이나 조직에서 특정 상품이나 서비스를 구매하기 위해 발생시키는 것이다.

- 견적서요청(RFQ: Request for Quotation)이란 기업이나 개인이 특정 상품이나 서비스에 대한 가격 견적을 얻기 위해 공급 업체나 판매업체에게 보내는 요청이다.

- 견적서(Quotation)란 제품 또는 서비스의 가격과 조건에 대한 정보를 포함하는 문서를 말한다.

- 가격비교(Price Comparison)란 두 가지 이상의 제품이나 서비스를 비교하여 가격, 품질, 특징 등을 평가하는 프로세스이다.

- 업체선정(Winner Selection or Vender Selection)이란 기업이나 조직이 필요한 제품이나 서비스를 제공하는 업체를 선택하는 과정이다.

- 구매주문(PO: Purchasing Order)이란 기업이나 조직이 특정 상품이나 서비스를 공급 업체로부터 구매하기 위해 발생시키는 문서 또는 요청을 말한다.

  ✓ 일반구매주문(Standard Purchase Order): 기업이나 조직이 특정 상품 또는 서비스를 구매하기 위해 발생시키는 주문서 또는 문서화된 요청서

  ✓ 총괄구입주문(Blanket Purchase Order): 기업이나 조직에서 특정 기간 동안 필요한 모든 상품이나 서비스를 한꺼번에 구매하기 위해 발행하는 문서로 보통 장기적인 계획에 따라 발행되는 주문서

  ✓ 주문지시서(Release Order): 기업이나 조직에서 특정 상품이나 서비스를 구매하기 위해 발행하는 문서로 구매 부서나 관리자가 제공해야 할 구매 정보를 명확하게 정의하고 제공함으로써 공급 업체에게 주문할 내용을 명시하는 데 사용됨

- 단가계약방식(Unit price contract)은 공급업체와 특정단가로 계약을 체결하여 주문 시 체결한 단가로 주문하는 방식이다.

- 입고(GR: Good Receipt)는 상품이나 자산이 특정 장소나 시설로 이동되어 들어오는 과정이다.

- 송장검증(IV: Invoice Verification)은 상품이나 서비스를 제공한 업체가 송장(Invoice)에 기재한 내용을 검토하고 확인하는 프로세스이다.

2.1 자재관리 모듈 개요

자재관리 모듈은 기준 생산계획에서 요구하는 자재와 애프터서비스에 필요한 자재뿐만 아니라 설비보전계획과 연계된 자재에 대한 구매요청에서 구매발주, 입출고 및 송장처리까지 단계별 업무프로세스가 연결되어 진행되도록 기능을 제공한다.

▶ **그림 6-2 자재관리 모듈의 기본 프로세스** ──────────

[그림 6-2]는 자재관리모듈의 기본프로세스를 설명하고 있다. MRP 등의 방법으로 자재의 소요량과 필요시기를 계산한 후 구매요청을 작성한다. 구매요청은 수작업으로 작성할 수도 있지만 MRP에서 필요 시기별로 계산되어 나온 소요량에 근거하여 자동으로 만들어 질 수도 있다. 이때 공급업체가 결정되어 있다면 바로 구매오더를 생성할 수 있으나, 그렇지 않을 때에는 여러 공급업체들에게 견적요청서를 보내어, 견

적을 받고 공급업체를 결정한 후 구매오더를 생성한다. 구매오더의 진척상황을 보면서 필요시 독촉관리를 하며, 자재가 도착하면 입고를 처리하고 재고관리를 한다. 입고 처리 시에는 자동으로 회계상의 관련재고 계정을 갱신한다. 그리고 송장검증을 통해, 받은 수량 및 가격을 확인하고, 자동으로 외상매입금이 발생하게 된다.

2.2 자재소요량계획

(1) 자재소요량계획의 개요

자재소요량계획(MRP)은 기업이 내부의 목적 또는 판매의 목적으로 자체 생산하거나 외부 조달하는 모든 자재를 적기에 공급하도록 지원하는 기능이다. 가용 재고의 확인을 통한 소요량의 파악, 적정한 생산 및 구매 수량의 결정, 공급방법의 결정, 공급일정계획의 수립, 생산에 필요한 하위 원자재나 부품의 소요량을 산출하기 위한 BOM전개의 과정을 거쳐 원가 및 자산을 적절하게 운영하고 고객서비스 수준에 균형이 유지될 수 있도록 조정한다. 기본적으로 SAP ERP의 MRP계획은 공장별로 진행되며 공장 내에 등록된 모든 MRP자재의 소요량을 계산하여 계획오더 형태로 제안한다. SAP ERP에서 제공하는 MRP의 주요 기능은 다음과 같이 요약할 수 있다.

- MRP의 결과평가: 실시간으로 자재 입출고 변동상황을 모두 반영하여 일자별로 수요와 공급상황을 확인할 수 있는 재고/소요량리스트(Stock/Requirement List)와 최종 MRP작업상태를 확인할 수 있는 MRP리스트를 통해 MRP를 가동시킨 결과를 확인하고 후속조치를 취할 수 있다.
- MRP파라미터 설정: MRP작업을 위하여 필요한 파라미터들을 자재수준에서, MRP그룹수준에서, 공장수준에서 설정이 가능하며,

파라미터 설정에 따라 우선순위를 가지고 MRP작업에 영향을 줄 수 있다.

- 오더 리포트: 완제품의 계획을 변동하는 경우 하위의 자재들이 어떤 영향을 받을 것인지를 추적해 볼 수 있어, 영업의 수주 상황의 변동 등에 유연하게 대처할 수 있다.

(2) 자재소요량계획의 분류

SAP ERP에서 지원되는 다양한 MRP는 기준생산계획에 연동된 MRP와 재주문점 이하로 재고가 떨어진 경우만 구매요청되는 고정주문량 모형(Q System) 등이 있다. 분류상으로는 기준생산계획 연동MRP는 PP 모듈에서 주로 다루며, MM 모듈에서는 소비기준계획을 다루고 있다.

▶ 그림 6-3 자재소요량계획의 유형

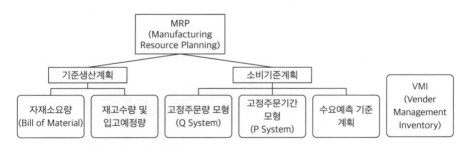

MRP는 크게 생산계획 연동MRP와 소비기준계획으로 나눌 수 있다. 생산계획 연동MRP는 기준생산계획에 맞추어 자재를 공급할 수 있도록 자재명세서(BOM)를 전개시키고, 재고수량 및 입고 예정량 등을 고려하여 계획오더를 생성한다. 이에 따라 생산할 부품이나 완제품은 생산오더를 생성하고, 구매하는 원재료나 부품은 구매요청을 거쳐 구매오더를 생성하는 과정을 거친다. 소비기준계획에서 많이 사용되는 것은 고정주문량 모형과 고정주문기간 모형, 수요예측기준계획이다. 고정주문량 모형은 재고수량이 점차 소진되면서 사전에 설정해 놓은 재주문점에 도달하면 발주가 나가는 것이다. 또한 수요예측기준계획은 과거의 소비패턴을 근거로 다양한 수요예측모형에 의해 미래의 원재료나 부품수요를 예측하는 방법으로 소요량을 계산한다.

① 자재소요량계획의 운영방식

자재명세서(BOM)를 전개(Explosion)할 때의 MRP가 운영되는 구조를 나타낸다. 완제품(F1)에 대한 고객 독립수요가 정해지면 하위조립부품(A1, A2)에 대한 종속수요요건이 정해지고 이에 대한 계획오더가 생성되며, 이어서 하위 조립부품 A1을 생산하기 위한 R1에 대한 종속수요와 A2를 생산하기 위한 R2와 R3의 종속수요가 계산된다. 이러한 종속수요는 필요시기와 필요량이 정해진 상태에서 계획오더로 생성된다. 앞에서 언급한 데로 계획오더는 사내 생산인 경우 생산오더로 전환되고, 외부구매일 경우 구매요청을 거쳐 구매오더로 변환된다.

▶ 그림 6-4 다계층 MRP 구조

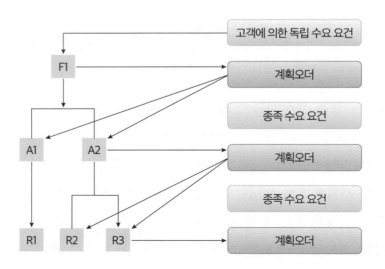

② MRP리스트와 재고/소요량 리스트

▶ 그림 6-5 MRP리스트의 모습 ─────────────

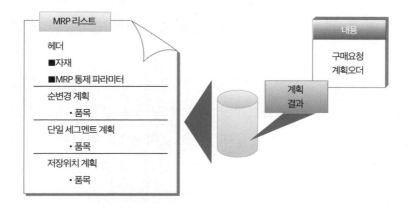

MRP리스트는 [그림 6-5]와 같이 MRP를 가동시킨 직후의 구매요청과 계획오더만을 보여 준다. 따라서 그 다음 MRP를 전개시키기 전까지의 영업오더나 생산지시, 재고의 변화는 보여 주지 않으며, 실시간의 변화상태를 보려면 재고/소요량 리스트를 참조하여야 한다. MRP리스트의 헤더(Header)에서는 자재 및 MRP관련 파라미터를 알 수 있다.

▶ 그림 6-6 MRP리스트의 형태와 내용 ─────────────

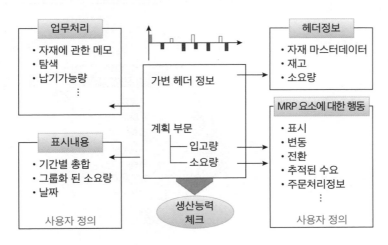

[그림 6-6]은 MRP리스트의 형태와 내용을 나타내준다. 헤더에서 볼 수 있는 정보가 나타나 있으며, 입고량과 소요량을 근거로 기간별 총합과 그룹화된 소요량 등을 표시할 수 있다. 또한 구매오더나 생산오더로의 전환 및 소요 요인의 추적 등의 업무처리가 가능하다. 그리고 생산능력을 점검해 볼 수도 있다.

재고/소요량리스트는 MRP리스트와 달리 실시간의 모든 변동 상황을 나타낸다. 자재의 입출고뿐만 아니라 구매오더나 생산오더 그리고 영업오더가 생성된 상황을 실시간으로 보여 준다. 이외에도 자재예약과 창고재고가 발생한 상황까지도 알 수 있다.

단순하게 MRP결과만을 보여 주는 MRP리스트와 다르게 재고/소요량 리스트는 실시간으로 재고, 구매, 생산, 영업의 변동상황을 보여 주므로 예외상황에 대한 조치를 가능하게 해주며, 공장의 진척상황을 용이하게 파악하는데 큰 도움을 준다.

재고/소요량 리스트를 이용하면 생산계획의 현상과 수행결과를 평가할 수 있다. 현재의 재고량과 수요량, 입고 예정량 등을 실시간으로 보여 줌으로써, 생산 환경변화에 즉각 대응할 수 있다.

▶ 그림 6-7 재고/소요량 리스트의 모습 ────────────

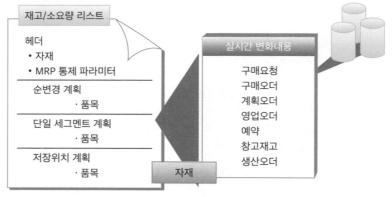

[그림 6-7]과 같이 재고/소요량 리스트에서는 계획오더정보, 구매 및 영업오더정보, 생산오더정보 등을 볼 수 있다. 다양한 표시화면을 제공하므로, 기간별 소요량의 총합 및 그룹화된 소요량 등 사용자가 보고자 하는 형태의 화면을 보여 준다.

재고/소요량 리스트에서도 생산능력 상황을 분석할 수 있으므로 가용능력 범위 내에서 생산활동의 지시를 내릴 수 있다.

③ 고정주문량 모형

고정주문량 모형(Q System)은 일정한 수량의 재고를 주문하여 재고 안전 임계치 이하로 내려가면 다시 주문을 하는 방식을 이야기한다. 이 방식은 제품의 수요가 예측 가능한 경우, 주문 및 생산 비용이 일정한 경우, 재고의 보관 및 유지 비용이 낮은 경우에 사용한다.

▶ 그림 6-8 고정주문량으로 운영 시 주문흐름 ────────

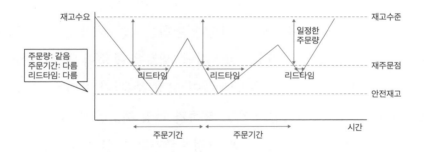

재고 수준이 주문 주기마다 어떻게 변하는지 보여 준다. 주문이 발생하고 재고가 다시 주문되는 지점은 재고 안전 임계치에 도달했을 때이다. 이후 다음 일정한 양의 주문이 발생하면 재고가 다시 채워진다. 이런 식으로 고정 주문량 발주모형은 재고를 효율적으로 유지하면서도 재고 부족과 과잉 재고를 방지한다.

④ 고정주문기간 모형

고정주문기간 모형(P System)은 주문이 발생하는 주기가 고정되어 있으며, 각 주문에서 주문량은 수요 패턴과 재고 수준에 따라 조절하는 것을 이야기한다. 해당 발주방식은 제품의 수요가 예측 가능한 경우, 주문 및 생산 비용이 주문량과는 독립적인 경우, 재고의 보관 및 유지 비용이 높은 경우에 사용한다.

▶ 그림 6-9 고정주문기간으로 운영 시 주문흐름 ────────

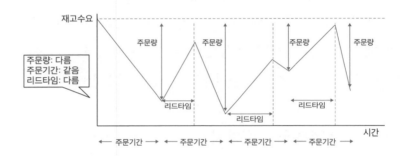

재고 수준이 주문 주기마다 어떻게 변하는지를 보여 준다. 재고 수준이 재고 안전 임계치 이하로 떨어지면, 새로운 주문이 발생하여 재고가 다시 채워진다. 이 과정을 반복하여 고정 주문 기간 발주모형은 재고를 효율적으로 유지하면서 재고 부족과 과잉 재고를 방지한다.

고정주문량 모형(Q System)과 고정주문기간 모형(P System)을 다음 [표 6-2]와 같이 비교할 수 있다.

▶ 표 6-2 고정주문량과 고정주문기간 비교 ────────

	고정주문량 모형	고정주문기간 모형
구매량	적은 편이 좋음	많은 편이 좋음
수요변동폭	작아야 좋음	변동이 있어도 됨

주문기간	다름	같음
주문량	같음	다름
품목수	많아도 됨	적어도 됨
표준화	표준화될수록 좋음	전용부품을 사용하는 것이 좋음
리드타임	같음	다름

⑤ 수요예측기준계획

수요예측기준계획은 수요 예측은 과거 데이터, 시장 동향, 경쟁사 정보, 소비자 행동 등 다양한 요소를 고려하는 방식을 이야기한다. 데이터에 영향을 주는 요인 4가지가 있으며 다음과 같다.

- 경향변동(Trend Variation): 특정 데이터나 현상이 시간에 따라 어떤 일정한 방향으로 변화하는 경향을 이야기한다.
  ex) 옷 등
- 주기변동(Cycle Variation): 특정 데이터나 현상이 일정한 주기적인 패턴을 따라 변화하는 것을 이야기한다.
  ex) 적금 등
- 계절변동(Season Variation): 특정 기간에 반복되는 자연적 또는 사회적 변화로 인해 발생하는 데이터의 변동을 의미한다.
  ex) 방한용품, 캠핑용품
- 불규칙변동(Irregular Variation): 예측할 수 없거나 설명할 수 없는 변동으로 주로 외부적이거나 예기치 않은 요인에 의해 발생하며, 일정한 패턴이나 주기를 따르지 않는다.
  ex) 전쟁, 코로나19 등

⑥ VMI(Vender Management Inventory) 방식

기존의 재고관리에 대한 운영은 기업에서 필요한 부품이나 반제

품이 있으면 직접 주문하여 출고처리하는 방식으로 진행한다. 하지만 VMI는 공급업체가 고객의 재고를 관리하고 보충하는 시스템으로 재고의 관리책임자가 공급업체에게 귀속된다. 이러한 방식은 고객의 재고 수준을 공급업체가 지속적을 모니터링하면서 필요한 시기에 적절한 양과 재고를 공급함으로써 고객은 보다 편리한 재고관리를 할 수 있게 된다. VMI 방식의 장점은 재고를 최적화하고 운영 효율성을 향상시키며 비용을 절감할 수 있다. 더 나아가 공급업체들과의 협력 강과를 통해 공급망 전체의 효율성이 향상된다. VMI 방식을 적용한 사례로는 월마트(Walmart)가 있다. 월마트는 주요 공급업체들에게 자사의 매장 재고 데이터를 실시간으로 공유하여 공급업체가 직접 재고를 관리하고 보충할 수 있도록 하였다. 재고에 대한 데이터 공유를 통해 월마트는 재고 회전율을 높이고 재고 부족 상황을 최소화하였다.

(3) 스케줄링 과정

스케줄링은 내부에서 생산하거나 외부조달 되는 자재의 주문지시일과 입고일을 계산하여 준다. 즉, 필요한 자재의 시기가 결정되면 내부 생산시간 또는 외부 조달기간을 고려하여 언제 계획오더가 생성되고 발송되어야 하는지를 계산한다. 즉, 자재입고일에 맞추어 리드타임을 고려한 계획오더를 생성한다.

마스터데이터에서 지정하는 조달방식에 따라 알맞은 조달시간을 계산하여 주므로, 원활한 생산활동을 유지할 수 있다. 스케줄링 과정은 영업/유통 모듈에서 이미 언급했지만 크게 2가지가 있으며 고객이 주문한 일정에 맞춰서 출하를 준비한다면 역방향 스케줄링(Backward Scheduling)을 채택하고 기업이 고객에게 일정을 제공하고 이에 맞춰 출하를 준비한다면 순방향 스케줄링(Forward Scheduling)을 채택하게 된다.

- 역방향 스케줄링(Backward Scheduling): 작업의 완료 시점을 먼저 정하고, 이를 기준으로 역으로 작업을 계획하는 방식이다. 주어진 기한 내에 프로젝트나 생산을 완료하기 위해 사용되는 스케줄링 기법으로, 프로젝트 관리나 생산 계획 시 유용하게 활용할 수 있다.
- 순방향 스케줄링(Forward Scheduling): 작업을 가능한 한 빨리 시작하여 완료하는 방향으로 스케줄을 계획하는 방식이다. 주로 작업의 빠른 수행을 통해 프로젝트나 생산 일정의 효율을 높이고, 자원 활용을 극대화하려는 목적으로 사용된다.

▶ 그림 6-10 스케줄링 과정 ─────────────

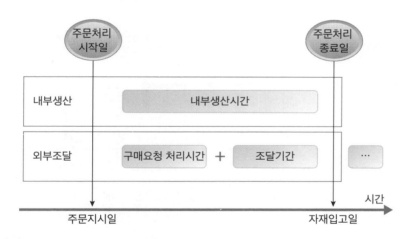

앞에서 언급한 바와 같이 자재소요량계획을 수행하게 되면 [그림 6-10]과 같은 스케줄링 과정을 거쳐 계획오더가 발생한다.

계획오더를 전환하게 되면, 외부조달 자재에 대해서는 구매요청이, 내부생산자재에 대해서는 생산오더가 발생한다. 또한 생산오더를 위해 사용되어지는 자재를 예약상태로 만듦으로써, 다른 변동상황에 영향을 받지 않고 생산활동을 원활히 수행하도록 한다. 따라서 자재소요계획 가동시에, 재고현황과 입고예정의 부품수량을 정확히 계산하여 참조하므로 과잉재고를 방지할 수 있다.

(4) 안전재고

생산계획은 항상 불확실성을 내포하므로 이에 대한 대응책으로 안전재고(Safety Stock)를 사용하는 것도 좋은 방법이다. 안전재고를 설정하면 자재소요량계획 가동시에, 계획에 반영할 수 없는 수량으로 인식되므로, 급작스러운 수요의 증가와 같은 변동상황에 대처하는 재고수량으로 사용될 수 있다.

▶ 그림 6-11 안전재고 운영 시의 입고예정 자재량 산출

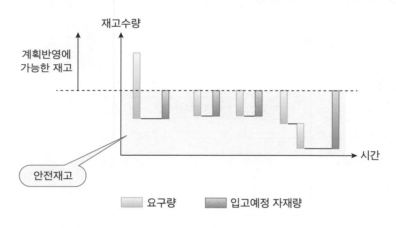

[그림 6-11]과 같이 보유 재고량이 설정한 안전 재고량 밑으로 떨어지면, SAP ERP 시스템은 자재소요량계획 가동 시, 자동으로 이를 충족시키는 계획오더를 생성하게 된다. 그리고 계획오더를 근거로 구매요청이나 생산오더를 만들어, 입고예정인 자재수량이 늘어나게 된다. 아주 적은 양의 안전재고 부족 때문에 MRP가동 시 너무 빈번하게 계획주문이 발생되지 않도록 안전 재고량의 계획반영 비율을 설정할 수도 있다.

(5) 영역별 가용성점검

자재소요량계획 영역을 활성화시키면, 개별 자재소요량계획 영역에 대한 자재 가용성을 체크할 수 있다. 개별 자재소요량계획 영역에 입고예정인 자재공급을 모니터링함으로써 개별 저장창고별로 예기치 못한 상황에 미리 대비할 수 있을 것이다. 또, 하나 이상의 저장창고를 자재소요량계획 영역으로 지정하여 사용할 수 있다.

일반적으로 자재의 특성에 따라 입고되는 저장창고가 분류된다. 그러므로 자재의 특성에 따라 저장창고를 관리하면서 이를 자재소요량계획 영역으로 지정하면 더욱 효율적인 납기가능성 점검이 이루어진다.

일반적으로 주문생산방식은 공장 단위의 자재소요량계획이 이루어지고, 재고 생산방식은 저장창고 단위의 자재소요량계획이 이루어지는 경우가 많다.

생산일정에 차질을 초래하는 자재수급의 조기발견과 자재수급 차질의 영향도 분석을 통해 현상을 평가하고 필요시에 안전재고나 안전시간을 설정하는 방법을 취함으로써 예기치 못한 상황에 대비를 할 수 있다.

2.3 구매관리

(1) 구매발주의 유형

구매오더도 오더유형(Order Type)에 따라 여러 가지 형태의 구매프로세스를 지원한다. 크게 주요 원재료 및 상품인 저장성 자재에 대한 프로세스, 소모성 자재에 대한 구매처리 프로세스, 위탁재고에 대한 프로세스, 사급(Subcontracting)프로세스, 재고이전에 대한 프로세스 및 서비스 구매에 대한 프로세스로 구분할 수 있다.

저장성 자재에 대한 프로세스는 구매계획에서부터 시작하여 업체선정, 오더발행, 검수 및 입고, 송장검증 등의 전 구매프로세스를 표준적으로 따르며, PP, FI, QM 모듈과 유기적으로 연동됨으로써 기업 내부 업무의 최적화를 지원한다.

소모성 자재란 창고로의 입고나 생산 및 작업오더로의 투입이 이루어지지 않는 자재를 말하며, 소모성 자재는 입고되더라도 재고자산으로 전기(Posting)되지 않고 원가중심점(Cost Center)이나 해당 계정으로 직접 연결된다.

▶ 그림 6-12 구매발주 유형 ────────────────

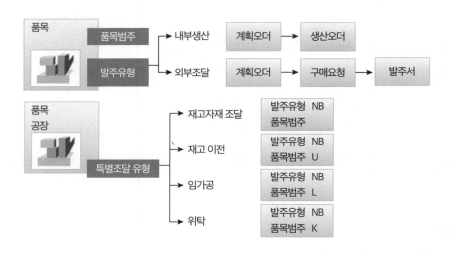

MRP 수행 후 생성된 계획오더는 공장 내부에서 직접 생산하는 자재인 경우 생산오더로 변환되며, 외부조달 자재인 경우 구매요청서로 변환된다. 이러한 업무처리가 [그림 6-12]에 잘 나타나 있다. 구매요청서는 구매오더로 변환되는데, 일반 구매오더에 대한 발주유형은 NB로 설정하여 시작한다. 외부 조달 자재인 경우도 조달유형에 따라 재고구매인지, 사내이전 거래 또는 임가공 구매인지, 위탁 구매인지가 결정된다. 이러한 조달유형은 구매오더의 품목범주에서 구분하여 설정한다.

▶ 그림 6-13 회계계정 할당 범주와 품목범주설정 ──────────

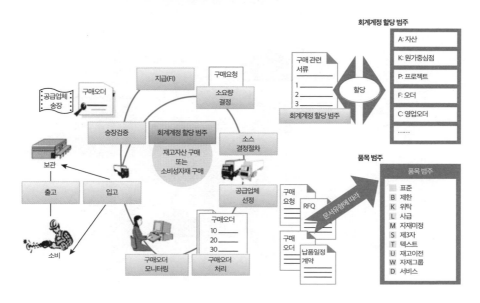

구매오더를 내는 품목에 대한 회계계정을 원가중심점 또는 프로젝트나 영업오더 등으로 할당할 수 있으며, 회계계정 할당은 [그림 6-13]에서 보듯이 회계계정 할당 범주에서 비용을 할당시켜야 하는 대상을 지정하도록 되어 있다. 또한 앞에서 설명한 바와 같이 품목 범주를 통해서 일반 표준품목에 대한 구매인지, 위탁이나 재고이전에 의한 구매인지를 분류할 수 있다. 품목 범주에서 지정한 구매 품목 유형에 따라 차후의 후속 프로세스가 완전히 달라진다.

(2) 구매오더 생성과정

구매요청은 요청된 자재나 서비스를 외부로부터 구매하기 위한 내부 요구문서로 수작업 생성 또는 MRP에 의한 자동생성이 가능하다.

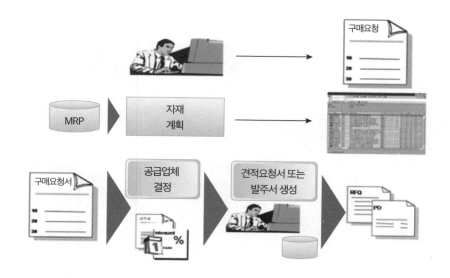

구매요청서에는 구매를 위한 주요정보가 포함되어 있고 이 정보는 [그림 6-14]와 같이 견적요청서(RFQ) 또는 구매오더(PO)로 전환되어 후속처리가 발생한다.

구매요청에서 구매오더로 전환될 때 가장 필요한 정보가 무엇일지를 생각해보자.

결국 어느 공급업체에서 구매를 할지 결정하는 프로세스일 것이다. 이 정보가 사전에 소스리스트에서 결정되어 있거나, 쿼터 조정마스터에서 공급업체 결정프로세스에 의해 정해진다면 그 다음으로 구매가격만 정하면 될 것이다. 가격정보는 구매 정보레코드에서 가져온다. 만약 새로 공급업체를 정해야 된다면 견적요청서를 보내, 여러 업체 중 하나를 결정할 것이다.

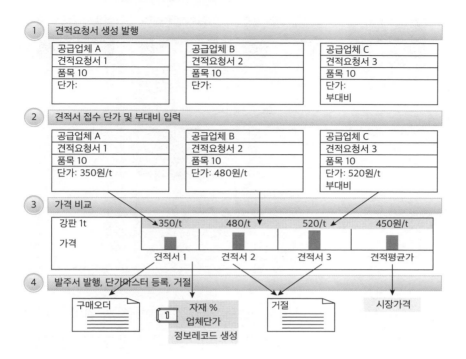

구매요청을 참조한 견적요청서를 생성하여 업체에 전송하고 업체로부터 접수한 견적서를 토대로 가격을 비교하고 품의하여 발주 처리한다. [그림 6-15]는 강판을 톤당 얼마에, 특정 날짜에 구매가능한 지를 알아보기 위한 견적요청서를 생성하여 비교하는 과정이다. A, B, C 세개 업체에 발송하고 견적서를 접수하여 시스템에서 가격을 비교한 후, 납기준수 가능여부와 품질 그리고 최저 가격여부를 판단한다. 그 후 공급업체를 결정하며 정보레코드를 입력하고 결정된 업체로 구매오더를 생성하여 발송한다.

(3) 특별 구매오더의 유형

구매오더 프로세스의 대상은 크게 자재와 서비스로 나뉘고, 자재의 경우는 표준, 위탁, 임가공, 사내이전 오더 등으로 구분되어 지원한다.

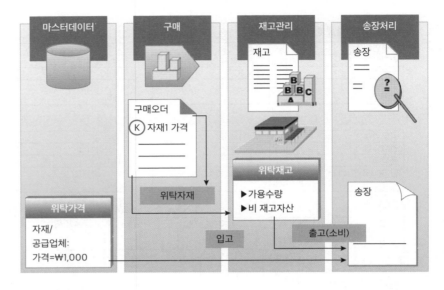

[그림 6-16]은 위탁 구매오더 프로세스를 보여 준다. 위탁 구매오더로 발주가 나가 입고된 재고는 출고되어 소비되기 전까지는 발주한 회사의 재고로 전기되지 않는다. 즉, 출고하여 소비되기 전까지는 공급업체의 재고이며, 발주한 회사에서 가용한 수량으로는 보인다. 출고하여 소비되면서 사용분량만큼 정산이 이루어진다.

다시 말해 위탁 프로세스는 공급업체의 제품이 회사의 창고로 이동되었지만 해당 제품에 대한 소유권은 공급업체에 그대로 남아있는 형태의 프로세스이다. 자재가 생산으로 출고되거나 판매가 이루어져 실제 해당 제품/자재에 대한 소모가 이루어진 후에 매입을 발생시키는 프로세스이다.

▶ 그림 6-17 임가공 구매오더 프로세스 ─────────

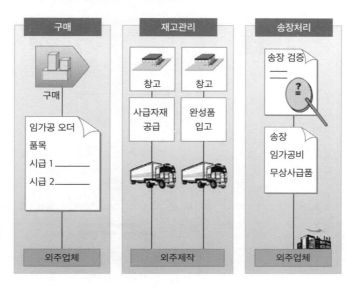

임가공 구매오더의 하나인 사급은 구매하고자 하는 제품의 부품을 발주회사에서 공급업체에 제공하고 외주가공비에 대해서만 정산처리를 실시하는 프로세스이며 시각화하면 [그림 6-17]과 같다. 사급오더가 발행되면 구매오더상에서 해당 제품에 대한 하위부품을 전개하게 되고, 그 부품들이 공급업체에 현재 얼마나 제공되어 있는지 확인할 수 있도록 되어 있다. 구매오더 생성자는 업체에 필요한 만큼의 하위부품을 제공하게 되는데, 외주가공이 완료되어 완제품이 입고되면 그에 대한 외주가공비 및 하위부품에 대한 비용처리가 이루어진다.

▶ 그림 6-18 사내 이전오더의 프로세스

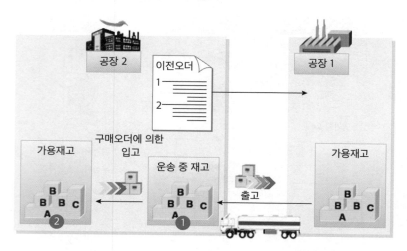

　　사내 이전오더는 공장 간, 저장창고 간의 이동 등 물리적인 이동을 나타내는 재고이전(Stock Transfer)을 일컫는다. [그림 6-18]에서 공장 2에서는 가용 재고가 부족하고 공장 1에서는 가용 재고가 충분히 있을 때, 공장 2에서 공장 1로 사내 이전오더를 내어 재고를 받을 수 있다. 또한 품질검사 중인 재고나 보류재고를 가용한 재고로 바꾸는 자재의 특성 및 상태의 변화로 인한 논리적인 이동을 나타내는 이전전기(Transfer Posting)와 구분된다. 공장 간 이동의 경우에는 1단계와 2단계 이동을 지원하며 재고이전 뿐만 아니라 이전전기 등 모든 재고의 이동은 이동유형을 통해 관리된다. 이동유형은 각각의 자재가 어떤 형태로 이동되는지를 나타내는 동시에 회계로의 전기시 계정을 결정하는 역할을 담당한다.

2.4 검사 및 입고처리

　　발행된 구매오더에 대해 공급업체에서 입고를 실시하는 부분이다. 입고시 품질검사가 필요한 자재에 대해서는 자재마스터상에 입고 시

품질검사 대상 자재로 정의하고, 필요한 품질검사 항목을 관리할 수 있다. 이는 품질관리모듈과의 유기적 연계를 통해 이루어지며 품질검사 대상 자재로 지정된 경우에는 해당 자재가 입고되는 동시에 품질검사 로트가 생성된다. 입고 프로세스는 [그림 6-19]와 같다.

▶ 그림 6-19 입고 프로세스 개요

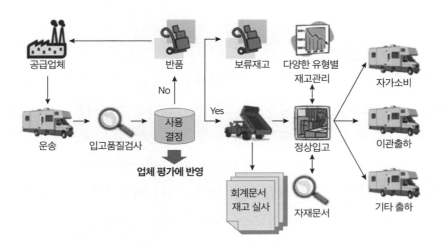

공급업체가 자재를 입고하면 발주회사에서는 필요에 따라 입고 품질검사를 실시하고, 그 결과를 업체평가에 반영한다. 입고검사를 거친 자재는 그 결과에 따라 정상재고, 보류재고 및 기타 다양한 형태의 재고로 입고되거나 반품이 되는 절차를 거친다. 일단 입고가 이루어지면 해당 자재가 증가했다는 자재문서와 동시에 재고자산이 증가하는 회계문서가 자동적으로 생성된다. 창고에 입고된 재고에 대해서는 다양한 방법의 재고실사가 이루어지며, 공장 내에서 생산을 위해 자가소비가 이루어지거나 이관출하 및 기타 출하의 방법으로 출고가 이루어진다.

재고실사는 시스템상의 장부재고와 실제 재고량의 차이 여부를 검사하는 것으로 차이가 존재한다면 비용 또는 재고로 반영하여 그 차이를 조정한다. 재고실사를 위해 주기적 실사, 연속실사, 재고 표본조사, 순환실사 등의 방법을 제공한다. 무엇보다도 시스템상의 장부재고와 실제 재고량 간에 차이가 발생한 근본 원인을 찾아내어 개선하는 것이 중요하다. 장부재고와 실제 재고량의 차이는 MRP를 정상적으로 운영되지 못하게 하는 원인이 되며, 또한 ERP를 불신하게되는 불씨를 제공할 수 있다.

2.5 송장검증

송장검증(Invoice Verification)은 공급업체가 납품한 분량과 발송한 송장의 금액을 검증하여 회계부문으로 지급요청을 생성하는 과정이다.

개별 송장검증은 접수된 송장 정보를 구매문서 및 입고전표를 기준으로 비교하고, 차이가 존재할 경우 지급을 보류하여 차이에 대한 소명이 이루어진 후에 승인과정을 거쳐 대금을 지불하도록 하는 기능이다. 송장검증의 종류에는 크게 입고에 근거한 송장검증과 구매 오더에 근거한 송장검증이 있다.

이 외에 대금지불계획에 의거하여 공급업체에 대금을 지불할 수도 있는데, 이는 크게 주기적 대금지불계획과 분할 대금지불계획으로 구분된다. 주기적 대금지불계획은 렌탈 서비스처럼 연간 계약에 따라 특정 서비스를 제공받고 이에 대해 주기적으로 일정 금액을 지불하는 경우에 사용되는 기능이다. 이에 반해 분할 대금지급계획은 건설, 공사 및 컨설팅 프로젝트처럼 프로젝트성 용역계약에서 주로 사용되는데 업무의 진행현황 및 계약 일정에 근거하여 특정 시점에 대금을 지불하기 위해 사용되는 기능이다.

▶ 그림 6-20 입고에 근거한 송장검증 ────────────────

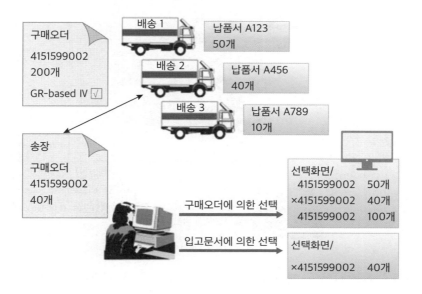

[그림 6-20]은 입고에 근거한 송장검증을 보여 주는데 이 방식하에서는 입고를 먼저하고 입고한 수량에 대해서만 송장을 접수하고 세금계산서의 등록이 가능하다. 그림에서 전체 입고 수량이 100개 이므로, 전체 송장수량이 100개를 초과하면 송장검증을 통과하지 못하고, 100개를 초과하지 않으면 송장검증을 통과할 수 있다. 그렇지만 입고에 근거한 송장검증이므로 입고문서에 있는 한 번에 입고된 수량만큼씩만 송장검증하게 된다.

▶ 그림 6-21 구매오더에 근거한 송장검증

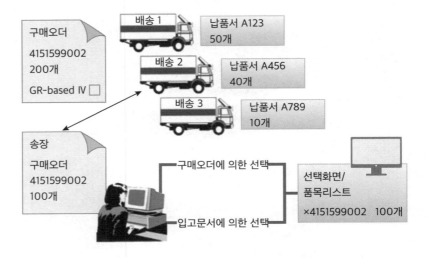

[그림 6-21]은 구매오더에 근거한 송장검증을 보여 준다. 입고와 무관하게 구매오더만 생성되어 있으면, 입고 전이라도 화물대표증권(BL: Bill of Lading) 통지를 근거로 구매오더의 수량만큼 송장을 접수하고 세금계산서의 등록이 가능하다.

이와는 별도로 입고기준 자동정산(ERS: Evaluated Receipt Settlement)이라는 방식도 지원한다. ERS방식에 의해 세금계산서를 수작업으로 등록하지 않고, 입고정보에 의한 자동등록이 가능하다.

03 자재관리 모듈의 전체 프로세스

3.1 구매량 결정

생산시스템과의 통합으로 기준생산계획(MPS) 및 자재소요량계획(MRP)에 따른 자재 요구량 및 자재 요구시점을 계산해 구매량을 결정하는 기능을 지원한다. MM 모듈에서는 생산부분에서 넘어온 자재 요구량 계산 외에 비품 및 소모성 자재 등을 대상으로 소비기준계획(CBP: Consumption Based Planning)을 실행하여 이에 대한 소요량을 결정하는 기능도 제공한다.

　CBP는 재고량이 재주문점에 도달하면서 자동으로 구매요청이 생성되는 고정주문량 모형(Q System)과 고정주문기간 모형(P System), 수요예측기반계획(Forecast Based Planning) 등의 기능으로 구성된다.

3.2 구매발주 관리

　생산계획 및 자재소요량계획에 의거하여 필요한 구매량과 구매시점이 결정되면 실제 구매발주를 실행하는 부분이다. 생산계획에서는 구매에 대한 소요량이 계획오더(PL: Planned Order)나 구매요청(PR: Purchase Requisition)의 형태로 산출된다. MRP를 수행하고 난 후의 결과에 대해 검토를 실시한 후 전체 리스트를 보고 구매오더를 하나씩 생성할 수 있고, 단가계약이 존재하는 경우에는 자동으로 릴리즈 구매오더(Release PO)가 생성되도록 할 수도 있다. 또한 생성된 구매요청에 대해서는 대량 전환(Mass Conversion)기능을 사용하여 계약에 대한 릴리즈 구매오더로 연결되게 할 수 있다. 각 구매요청은 업체별 발주율, 생산능력, 거래 기간 등의 각종 요소를 고려하여 업체가 자동으로 할당되게 하는 기능을 지원한다.

　이전오더(Transfer Order)는 공장 간, 저장창고 간의 이동 등 물리적인 이동을 나타내는 재고이전(Stock Transfer)과 자재의 특성 및 상태의 변화로 인한 논리적인(Logical) 이동을 나타내는 이전전기(Transfer Posting)로 구분된다. 공장 간 이동의 경우 1단계, 2단계 이동을 지원하며 모든 재고의 이동은 이동유형(Movement Type)을 통해 관리된다. 이동유형은 각각의 자재가 어떤 형태로 이동되는지를 나타내는 동시에 회계로의 전기 시 계정을 결정하는 역할을 담당한다. 이전전기는 자재의 특성 변화로 인한 자재 자체의 변경을 나타내는 자재 간 이전(Material to Material), 품질상의 특성 변화로 인한 품질 특성 간 이전, 위탁재고를 자체 재고로 이전하는 위탁재고 이전 등을 포함하며 그 구분은 [그림 6-22]와 같다.

▶ 그림 6-22 재고 이동의 구분

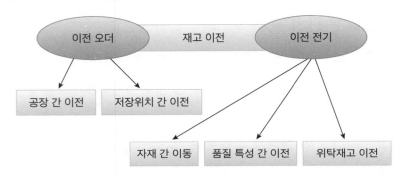

서비스 오더는 제품 및 원부자재의 구매가 아닌 용역구매에 대한 처리를 지원하는 프로세스이다. 용역구매의 특성상 구매발주시 체결된 용역의 투입량과 실제 투입량이 다를 수 있으므로 이에 대한 처리를 지원한다. 단, 구매오더에는 용역의 한도량을 정하고 서비스 입력시점(자재 입고에 해당)에 지불금액이 확정된다. 서비스 입력에 대한 결제처리를 지원하며 용역의 투입량을 결재자가 확정처리하면 송장검증 단계로 넘어갈 수 있다. 용역에 대한 마스터데이터관리가 가능하며 구매오더 생성 시점에 해당 마스터데이터를 사용한다. 프로젝트시스템(PS: Project System) 및 설비관리(PM: Plant Management) 모듈과 연계되어 사용되는 경우가 많다.

3.3 송장검증

송장검증은 구매오더 내용 및 공급업체가 납품한 물량과 발송된 송장의 금액을 비교, 검증하여 회계부문으로 지급요청을 생성하는 과정으로 전체 프로세스는 [그림 6-23]과 같다. 송장검증은 구매발주를 낸 구매부서에서 하기도 하고, 회계부서에서 할 수도 있다.

▶ 그림 6-23 송장검증 프로세스 개요

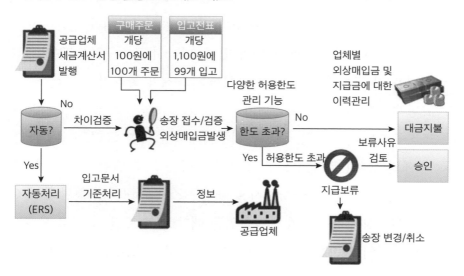

주기적 구매가 일어나지 않거나 계약금액이 큰 경우 개별 송장검증을 실시하고 그 외의 주기적 구매에 대해서는 자동 송장검증(ERS) 기능을 이용하여, 일일이 송장검증처리를 하는 것이 아니라 입고문서를 기준으로 송장을 자동으로 생성한 후 해당 정보를 공급업체에 전송하여 확인하게 한다.

4.1 조직구조

SAP ERP의 조직구조(Enterprise Structure)는 기업의 물리적인 구조와는 다르게 ERP 시스템상의 논리적인 구조이다. 물론 이러한 논리적인 구조로 기업의 실제 물리적인 조직구조의 비즈니스 프로세스를 가장 잘 처리하도록 구성하여야 한다. 또한 법적인 조직단위에 맞는 제반 보고서를 산출해야 하고, 실제 조직의 계획 및 실적집계가 원활히 이루어지도록 논리적인 구성을 하여야 한다. 따라서 조직구조는 SAP ERP의 개념을 잘 구현할 수 있도록 구성하는 동시에 물리적인 조직구조를 잘 표현해야 한다.

조직구조는 관리적인 측면과 재무회계적인 측면 그리고 영업과 유통, 구매와 생산관리 등으로 구분하며 이들은 모두 밀접하게 연계되어 있는데, 처음에 제대로 구성하지 못하면 시스템을 모두 구현한 후에 다시 시스템구성을 변경시켜 중복작업을 해야 할 수도 있다. 따라서 SAP ERP의 조직의 의미를 잘 이해하고 기업의 최적 프로세스를 구현할 수 있는 논리적으로 구성하는 것이 필요하다.

(1) 그룹회사(Company)

외부 공표용 재무제표를 산출하는 독립적인 법적 실체이며, 기업의 규모에 따라 법적 단위인 회사의 상위조직으로 여러 회사가 하나의 그룹 회사에 소속될 수 있다. 경우에 따라서는 회사의 내부조직(사업본부 등)을 회사코드로 설정할 수도 있다. 그룹회사와 회사코드는 다음과 같은 모듈의 조직구조와 모두 연결된다.

- 재무관리영역(Financial Management Area: TR)
- 통제영역(Controlling Area: CO)
- 공장(Plant: MM)
- 영업조직(Sales Organization: SD)
- 여신관리영역(Credit Control Area: FI, SD)

(2) 공장(Plant)

회사 안에서 제품을 생산, 조달, 공급하는 기능을 수행하는 조직단위이다. 공장의 정의 기준은 다음과 같다.
- 제조시설(Manufacturing Facility)
- 물류센터(Warehouse Distribution Center)
- 지역별 영업법인이나 사무소(Regional Sales Office)

(3) 저장창고(Storage Location)

공장 안에서 자재의 재고수량을 관리하는 조직단위이다. 저장창고에서 재고실사, 재고관리, 자재입고·출고·이전 등을 수행할 수 있다.

(4) 구매조직/구매그룹(Purchasing Organization/Purchasing Group)

구매조직은 하나 또는 그 이상의 공장이나 회사 내에서 부품과 원재료의 소싱(Sourcing)과 협상을 책임지는 조직단위를 말하며, 구매그룹은 구매조직 내 조직원 또는 업무팀을 뜻한다. [그림 6-24]와 같이 구매조직은 다음과 같은 관계성을 가진다.

▶ 그림 6-24 회사코드, 구매조직, 공장의 관계 ─────────

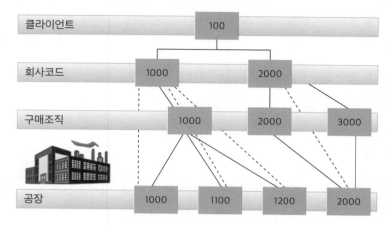

▶ 그림 6-25 구매조직, 공장, 구매그룹의 관계 ─────────

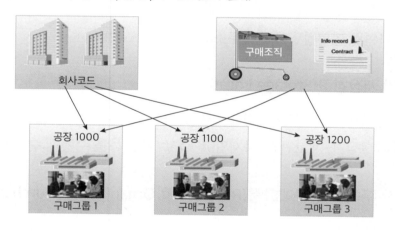

- 회사와 구매조직 → 1:M
- 구매조직과 공장 → N:M

예를 들면, 하나의 회사는 두 개의 구매조직을 가질 수 있고, 한 개의 구매조직이 세 개의 공장과 연결될 수 있으며, 또한 두 개의 구매조직이 한 개의 공장과 연결될 수도 있다.

[그림 6-25]에 있는 사례는 한 개의 구매조직이 세 개의 공장구매를 책임지고 있으면서 각 공장을 맡고 있는 세 개의 구매그룹이 존재하고

있는 모습이다. 이러한 구매조직은 집중 구매정책을 채택하고 있는 회사에서 볼 수 있다. 반면 분산구매 정책을 채택하고 있는 회사는 각 공장별로 구매조직을 두어 스피드 있는 공장별 구매가 이루어지도록 할 것이다. 요즘에는 수입 원자재나 물량소비가 많은 부품은 서울의 구매조직에서 소싱(Sourcing)하는 집중구매 정책을 활용하고, 각 공장의 상황에 맞는 부품의 구매는 공장별로 구매조직을 두어 분산구매를 하는 혼합형 구매정책도 많이 활용되고 있다.

▶ 그림 6-26 가치평가 실정단위 ─────────────────

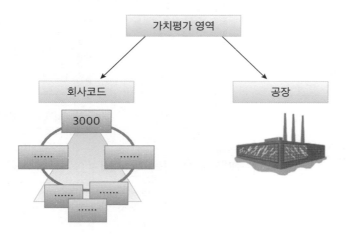

제품이나 부품의 가치평가(Valuation)는 회사별로 이루어질 수도 있고 각 공장단위로 이루어지게 설정할 수도 있다. [그림 6-26]에 나타나 있는 바와 같이 가치평가의 단위를 결정하려면 가치평가를 설정하는 가치평가 영역(Valuation Area)을 회사로 두느냐, 개별공장으로 두느냐에 따라 결정된다. 즉, 한 회사의 모든 공장의 가치평가 방식을 같게 하려면 가치평가영역을 회사로 설정하고, 각 공장별로 가치평가 방식을 다르게 하기를 원하는 경우에는 가치평가 영역을 공장으로 설정해 놓으면 될 것이다.

4.2 마스터데이터 개요

프로세스에 의해 변화하지 않으며 경영전반에 걸친 관리활동을 지원하기 위해 구성되는 모든 기준정보를 마스터데이터(Master Data)라고 한다. 마스터데이터를 우리말로 표현하면 기준정보라 할 수 있다. 즉, 회사나 공장의 기준이 되는 정보라는 의미이다.

▶ 그림 6-27 자재관리 모듈의 마스터데이터 ─────────

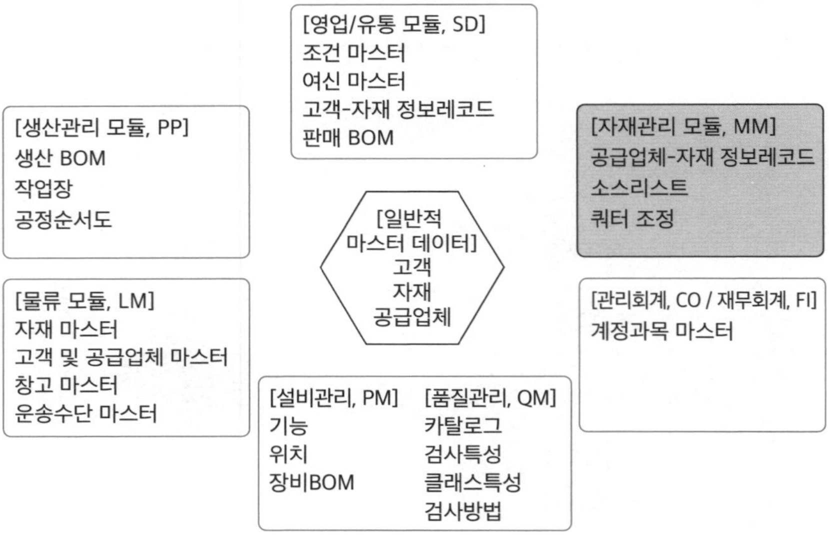

```
[영업/유통 모듈, SD]
조건 마스터
여신 마스터
고객-자재 정보레코드
판매 BOM

[생산관리 모듈, PP]
생산 BOM
작업장
공정순서도

[자재관리 모듈, MM]
공급업체-자재 정보레코드
소스리스트
쿼터 조정

[일반적
마스터 데이터]
고객
자재
공급업체

[물류 모듈, LM]
자재 마스터
고객 및 공급업체 마스터
창고 마스터
운송수단 마스터

[관리회계, CO / 재무회계, FI]
계정과목 마스터

[설비관리, PM]       [품질관리, QM]
기능                 카탈로그
위치                 검사특성
장비BOM             클래스특성
                     검사방법
```

[그림 6-27]에 SAP ERP의 주요 마스터데이터의 종류가 나타나 있다. 가장 중요하면서도 많이 사용되는 마스터데이터로는 자재마스터데이터(Material Master Data), 고객마스터데이터(Customer Master Data), 그리고 공급업체 마스터데이터(Vendor Master Data)가 있으며, 이와 더불어 각 모듈내에서 중요하게 사용되는 마스터데이터들이 있다.

자재관리 모듈의 기준정보에는 자재마스터데이터, 공급업체 마스터데이터와 더불어 공급업체별 자재단가를 관리하는 정보레코드(Info

Record), 계약, 납품일정 계약, 그리고 공급업체를 관리하는 소스 리스트(Source List), 쿼터 조정(Quota Arrangement) 등이 있다.

(1) 자재마스터데이터

자재가 포함되는 모든 업무처리에 영향을 미친다. 가장 쉽게는 이 자재가 무엇인지를 기술하고 기본단위가 개수인지 kg인지를 나타내주며, 기본적으로 어떤 플랜트에서 관리되는 자재인지를 나타내준다. 특히 SAP ERP에서는 자재마스터의 역할이 매우 큰데, 각종 통합성이 필요한 업무처리의 연결고리 역할을 해준다. 자재마스터 생성시에는 관련회사, 영업조직, 플랜트 등 어떤 조직에서 관리되는 자재마스터인지를 입력해야 한다. 시스템에서는 자재 코드를 부여하고 해당되는 산업과 자재유형을 입력하면, 어떠한 뷰들이 필요한지를 선택할 수 있고, 뷰를 선택한 후에는 플랜트, 저장 위치 등 필요한 조직을 구체화시켜야 한다. 자재유형(Material Type)은 MM 모듈에서 중요한 통제역할을 하는데, 내부 자재번호 할당, 자재마스터의 입력필드 선정, 입출고에 따른 회계계정의 결정 등이 자재유형에 따라 달라지기 때문이다. 또한 자재마스터에 있는 가격관리(Price Control) 필드에서 표준가와 이동평균가를 지정할 수 있도록 되어 있다. 이 필드에 지정된 값에 의해 회사의 재고를 평가할 때 표준가를 사용할 것인지, 아니면 이동평균가를 사용할 것인지를 결정한다.

(2) 공급업체 마스터데이터

일반 데이터와 회사코드 데이터 그리고 구매조직 데이터로 구분되어 있다. 일반 데이터에는 공급업체의 이름, 주소, 통신 방법 등에 관한 데이터를 입력하고, 회사코드 데이터에서는 회계관리, 세금관련 데이터, 그리고 구매조직 데이터에는 공급업체와 거래할 때 사용하는 화폐단위, 입고기준 송장검증만 허용할지 여부 등 구매관련된 데이터를 관리한다.

(3) 구매 정보레코드(Info record)

특정 공급업체가 특정 자재를 얼마에 공급하겠다는 가격정보를 관리하는 마스터데이터이다. 구매오더를 생성하는 과정에서 자재마스터 기록과 공급업체 마스터의 정보들이 활용되는데, 구매가격을 결정할 때 정보레코드로부터 공급업체와 자재에 대해 연결해 놓은 가격정보가 자동으로 입력되도록 할 수도 있다. 또한 표준구매오더, 외주가공오더, 위탁구매오더 등 다양한 구매오더 유형에 대하여 구매 정보레코드를 관리할 수도 있다. 구매 정보레코드는 공급업체 및 자재별로 수작업 생성할 수 있다. 경우에 따라서는 견적, 계약, 구매오더의 가격정보를 가지고 구매 정보레코드의 가격정보를 자동으로 갱신시킬 수도 있다. 예를 들어 구매오더의 정보갱신 파라미터를 체크해 놓으면 정보레코드의 가격정보를 갱신한다.

(4) 소스 리스트(Source List)

자재 및 공장별로 수작업으로 생성할 수 있다. 즉, 시기별로 특정 공급업체를 고정시키거나, 공급을 허용하거나, 허용하지 않는 등의 정보를 수작업으로 입력할 수 있다. 또한 납품일정 계약과 구매 정보레코드를 생성함으로써 소스 리스트가 갱신되도록 할 수도 있다.

(5) 쿼터 조정(Quota Arrangement)

내부생산, 외부조달, 혹은 여러 업체로부터 조달하는 양을 조달 비율로 관리할 수 있도록 조정하는 마스터데이터이다. 쿼터 조정 마스터를 사용함으로써 MRP운영 후 PR생성 시에 사전에 설정해 놓은 쿼터 비율에 맞추어 자동으로 공급업체를 결정할 수 있다.

4.3 MM 모듈의 장점

자재관리 모듈의 특장점은 다음과 같다.

(1) 타 모듈과 밀접한 통합

타 모듈(SD, PP, PM, CO, FI)과 밀접한 통합이 이루어져 있고, 제품과 상품의 입·출고 이동 시 재고계정과 관련계정에 그 정보가 실시간으로 연동되고 있다. 그리하여 정보를 전달하는 시간차에 따른 비즈니스 손실을 막고 정보탐색을 위한 시간을 좀 더 효율적인 구매업무와 재고관리에 투자함으로써 비즈니스의 부가가치를 창출할 수 있다.

(2) 다양한 정책에 대한 구매계획 수립 지원

생산, 판매계획을 고려하며 과거 실적데이터를 이용한 소비기준계획(Consumption Based Planning), MRP(Material Requirement Planning) 등을 이용한 계획수립으로 자재별 적정 수준관리로 재고관리 비용의 절감, 생산/판매와의 통합에 따른 관리비용절감, 필요자재를 적시(Right Time), 적소(Right Place)에 공급함으로써 생산을 원활히 하고 고객의 만족을 높이는 데 기여할 수 있다.

(3) 전략적 공급정책에 비용과 시간투자 절감

자동발주 기능, 업체평가, 통합발주, 다양한 구매형태 지원, 발주율 관리 등의 기능을 시스템에서 지원함으로써 구매처리시간과 비용을 감소시키고, 지식작업자들이 보다 더 전략적인 조달방법과 정책에 대해

몰두할 수 있게 된다.

재고관리측면에서는 회계와 관련된 문서가 구매/자재업무처리 (Transaction)만으로도 자동발생함으로써 이중작업을 제거하고 정보공유에 따른 소요시간 및 비용을 절감하게 된다.

(4) 공급사슬의 효율적인 관리를 위한 대응력 확보

공급사슬관리는 상품, 정보, 자금의 흐름까지 공유하여, 협업의 효율성을 추구한다. 공급업체의 공급업체, 고객의 고객에까지 일체화시키는 전략을 실현시키려면 회사의 자원과 정보가 우선적으로 관리되어야 하는 전제조건이 해결되어야 한다. 이러한 전제조건은 자재관리 모듈의 기본정보와 통합성을 통해 해결될 수 있다.

연습문제

01 SAP ERP에서 조직구조를 세팅하는 목적을 세 가지 기술하시오.

02 다음의 세 가지가 공통적으로 의미하는 조직단위를 쓰시오.

- 회사 내의 생산설비를 나타내는 조직단위로, MRP가 가동되는 조직단위임
- 일반적으로 제조업체의 생산 공장, 물류창고 등을 의미함
- 회사(Company Code)에 할당되며, 비즈니스 장소(Business Place)에 연결됨
- 이 단위에서 가치평가영역이 설정될 경우 재고 평가단위의 역할을 함

03 다음이 의미하는 조직단위를 쓰시오.

- 자재수량관리의 기본단위
- 자재가 실제로 저장되는 장소 및 논리적 개념의 장소(예를 들면, 불량 부품 저장장소, 또는 반품된 제품의 임시 보관 장소 등)

04 트랜잭션, 마스터데이터, 컨피규레이션의 개념을 각기 기술하시오.

05 마스터데이터의 효과를 기술하시오.

06 가장 기본적인 마스터데이터 세 가지를 쓰고, 이러한 마스터데이타가 왜 필요한지를 설명하시오.

07 ERP 시스템에서 자재 품목정보, 거래처 정보, 자원정보, 임직원 정보 등은 향후 업무처리과정에서 업무처리 데이터를 발생시키기 위하여 사전에 미리 입력해 놓고 사용하는 기본적인 입력정보이다. 이러한 핵심적인 주요 입력 데이터를 무엇이라고 하는가?

08 MM 모듈에서 공장의 의미와 역할에 대해 간략하게 쓰시오.

09 다음 중에서 공장 코드레벨에서 수행하지 <u>않는</u> 기능은 무엇인가?

① 자재소요량계획(MRP)
② 제품원가관리(Product Costing)
③ 재고관리(Inventory Management)
④ 계정과목표(Chart of Account)

10 다음은 구매/물류관련 기준정보에 대한 설명이다. 다음 중 바르지 <u>않은</u> 것은 무엇인가?

① 구매조직은 구매가격 및 제구매조건의 협상과 결정에 책임을 지는 단위이다.
② 자재별, 팀별 등의 기준으로 나누어진 구매그룹이 구매조직에 지정된다.
③ 공장은 회사코드에 할당되며, 비즈니스 장소에 연결된다.
④ 출하지점은 자재가 실제로 저장되는 장소 및 논리적 개념의 장소이다.

11 마스터데이터의 역할이 <u>아닌</u> 것은 무엇인가?

① 데이터의 효율적인 관리
② 사용자 입력 및 관리 정보량의 최소화
③ 의사소통의 왜곡을 최소화
④ 작업 부하의 감소

12 자재마스터데이터에 대한 설명 중 옳은 것은 무엇인가?

① 자재마스터는 구매, 생산, 판매하는 유형의 제품 및 반제품만 관리한다.

② 자재마스터는 크게 일반데이터, 영업데이터, 플랜트관련 데이터로 구성된다.

③ 자재마스터의 조직 레벨별 중 일반데이터는 회사 코드 레벨정보를 의미한다.

④ 자재마스터의 영업조직 레벨정보는 하나의 판매조직과 유통채널에만 적용되는 데이터를 의미한다.

13 자재마스터데이터의 역할에 대한 설명 중 **틀린** 것은 무엇인가?

① 자재내역, 기본단위 등의 정보가 업무처리에서 자동으로 보여진다.

② 품목범주 결정, 가용성점검원칙 등의 업무처리에 영향을 줄 수 있다.

③ 영업/구매/기본 데이터 등으로 나누어서 관리하며, 해당 업무 영역별로 데이터를 관리할 수 있다.

④ 전사조직에 상관없이 동일한 정보를 보여 준다.

14 자재마스터의 MRP1 뷰에 있는 로트크기 유형과 회계1 뷰에 있는 평가클래스의 개념을 기술하시오.

15 자재마스터의 MRP 프로파일(Profile)이 하는 역할을 기술하고 수동 재주문점 방식(VB01)과 자동 재주문점 방식(VM01)의 차이점이 무엇인지 설명하시오.

16 SAP ERP 시스템의 MM 모듈에서 쿼터 조정의 역할에 대하여 설명하시오.

17 다음은 구매 모듈에서 사용하는 용어에 대한 설명이다. 빈칸에 들어갈 용어를 쓰시오.

"구매요청은 현업부서에서 구매부서로 자재 구매를 요청하는 것이며, (   )는 구매부서에서 공급업체로 자재를 주문하는 것을 의미한다."

18 SAP ERP 시스템의 MM모듈에서 인바운드 납품을 생성하기 위하여 필요한 선행 프로세스와 주요 입력 정보에 대하여 설명하시오.

19 SAP ERP에서 MRP의 개념을 기술하고 MRP리스트와 재고/소요량 리스트의 차이점을 설명하시오.

20 구매 정보레코드와 소스 리스트 그리고 쿼터 조정의 기능을 각기 설명하시오. 그리고 쿼터 조정은 자재마스터의 어느 뷰에 있는 필드인지 쓰시오.

21 재고이전과 이전전기의 개념과 차이점을 기술하시오.

22 이전전기가 필요한 이유는 무엇이라고 생각하는지 기술하시오.

23 위탁구매의 개념 및 필요성을 각기 기술하시오.

24 임가공 구매의 개념과 사내이전 거래구매의 개념 및 필요성을 각기 기술하시오.

25 12월 1일에 A자재와 B자재의 소요량을 얻기 위해 SAP ERP에서 MRP를 가동한 후 12월 5일에 A자재의 계획오더를 생산오더로 전환하였고 같은 날에 B자재의 계획오더를 구매요청으로 전환하였다. 12월 6일에 보면 A, B자재의 MRP리스트와 A, B자재의 재고/소요량 리스트는 어떤 차이가 있을 것으로 생각되는가? 그 이유는 무엇인가?(단, 다음 MRP 가동 날짜는 12월 8일이다).

[○× 퀴즈]

26 MM 모듈은 자재의 구매, 재고 관리 및 공급업체 관리를 주로 담당한다. ☐

27 MM 모듈은 구매 요청(Stock Transfer Request)과 구매 오더 간의 관계를 관리한다. ☐

28 MM 모듈의 '구매 오더(Purchase Order)'는 항상 내부 구매 요청(PR)에 기초해 생성된다. ☐

29 MM 모듈에서 '재고 평가(Inventory Valuation)'는 FIFO(First In, First Out) 방법만 지원한다. ☐

30 MM 모듈에서 '구매 정보 레코드(Purchase Info Record)'는 공급자와 자재에 대한 과거 거래 정보를 저장한다. ☐

31 MM 모듈의 '입고(Goods Receipt)'는 자재가 창고에 실제로 도착하지 않더라도 시스템에서 수행할 수 있다. ☐

32 MM 모듈에서 '자재 명세서(Material Master)'는 자재에 대한 모든 관련 정보를 포함하는 문서이다. ☐

33 MM 모듈의 '발주서(PO) 확인'은 자재의 출하를 확인하는 과정이 아니라, 주문의 수량과 가격을 확인하는 것이다. ☐

CHAPTER
07

생산관리 모듈의
주요 기능

생산관리 모듈의 주요 기능

01 생산관리 모듈의 기본 이해

생산관리 모듈의 전체적인 구조는 [그림 7-1]과 같다. PP 모듈은 크게 마스터데이터관리부문, 생산계획수립부문, 생산실행 및 분석부문 등으로 구성되어 있으며, 다양한 산업에서 필요로 하는 생산관리 업무 프로세스를 모두 지원한다. 또한 원가(CO), 영업 및 유통(SD), 자재관리(MM), 품질관리(QM) 등 SAP의 다른 모듈들과 통합되어 있으며, 공급망 관리(SCM)솔루션과는 표준 인터페이스를 보유하고 있고, 기타 응용프로그램들(예: MES, PCS 등)과 인터페이스를 지원하고 있어 다른 부문의 다양한 정보들을 활용할 수 있다. 생산관리 모듈은 간단히 설명하면 원자재를 투입(Input)하여 가공(Process)하고 생산(Output)하는 과정이라고 할 수 있다. 이 과정에서 생산관리 모듈로 인해 채찍효과(Bullwhip Effect)로 인한 생산의 문제발생이 일어나지 않도록 해야 한다. 채찍효과란 채찍을 휘두를 때 작은 파동이라도 채찍의 끝에는 아주 큰 파동이 일어난다는 것이다. 만약 이런 효과가 고객의 수요를 정확히 확인하지 못하게 됨으로써 나타난다면 이후 판매업체, 제조업체에서 제품에 대한 수요를 과도하게 예측하게 된다는 것이다. 이를 해결하기 위해서 총괄생산계획과 기준생산계획을 정확히 수립할 필요성이 있다.

▶ 그림 7-1 SAP ERP의 기본 프로세스: 생산관리부문 ─────────

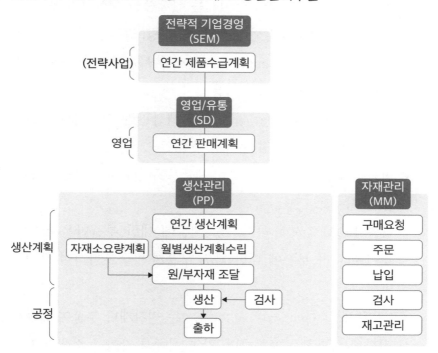

이렇게 수립된 연 단위 생산계획을 기반으로 생산관리 모듈에서는 생산해야 할 생산량을 세분화하고 수치화한다. 이때 각 제품의 자재명세서를 바탕으로 구체화한다. 어떤 원자재를 투입할 것인지에 대해 구체화해야 하기 때문이다. 자재명세서는 제품자체의 특성이나 공정과정에 따라 다양한 유형으로 구분된다. 제품을 생산하기 위해 필요한 자재들을 순서대로 조립하기 위한 공정프로세스를 설계한다. 이때 각 공정에서는 공정에 필요한 자재들과 인력들이 필요하며 이를 관리해야 한다. 전 프로세스를 거쳐 생성된 제품은 공정과정을 비롯하여 경영활동에서의 차질이 없는지 품질을 지속적으로 관리해야 한다. 이는 제품뿐만 아니라 제조, 시장 품질까지 포함되어야 한다.

1.1 생산관리 모듈 키워드

- 자재명세서(BOM: Bill of Material)는 완제품을 생산하기 위해 필요한 부품, 재료, 반제품 등에 대한 품목, 수량, 크기를 정리한 것이다.
  - ✓ 설계 BOM(Engineering BOM): 설계 부서에서 사용하기 위한 것으로 기능중심의 설계에 사용
  - ✓ 제조 BOM(Manufacturing BOM): 생산관리 부서에서 사용하기 위한 것으로 제조공정 순서로 구성
  - ✓ 비율 BOM(Percentage BOM): 제품을 구성하는 부품을 퍼센트로 표현하는 것
  - ✓ 다층 BOM(Multilevel BOM): 제품에 대한 부품만을 설명하는 것이 아니라 부품에 대한 하위 부품까지를 포함하여 구성하는 방식
- 공정프로세스(Manufacturing Process)는 원자재나 부품이 완제품으로 전환되는 과정을 포함하며, 각 단계에서 작업이 수행되고 제품이 점진적으로 완성되어 가는 과정을 이야기한다.
- 작업장(Work Space)은 생산 또는 제조 환경에서 특정 작업을 수행하는 장소나 영역으로 생산 공정에서 다양한 작업을 수행하기 위해 필요한 자원, 장비, 인력, 공간 등이 갖추어진 곳으로, 생산 활동을 지원하는 역할을 한다.
- 생산방식(Production Type)은 특정 제품이나 서비스를 만드는데 사용되는 절차와 방법을 나타내는 것이다. 따라서 제품의 특성에 따라서 다양한 생산방식이 있다.

✓ 프로젝트 생산(Project Production): 선박, 건물 등과 같이 장기적으로 생산에 시간이 필요한 경우이며 제품을 이동하기가 어렵기 때문에 설비나 작업자가 이동하고, 해당 생산방식은 매번 이루어지는 것이 아니기 때문에 비반복적이며 일회성의 성격을 띔

✓ 개별생산(Customized Manufacturing): 항공기, 가구와 같이 맞춤화된 제품을 생산할 때 사용하는 방식으로 소량으로 생산되며 숙련된 전문가들만 생산에 참여할 수 있음

✓ 연속/반복생산(Continuous Production): 스마트폰, 노트북 등과 같이 대량으로 생산하는 경우와 같이 많은 양의 데이터를 처리해야할 경우를 이야기함

✓ 흐름생산(Flow Production): 액체, 기체와 같이 파이프라인을 이용해서 자원이 이동되는 경우에 사용되는 방식으로 특수기계를 이용한 이송전략을 말함

• 재고생산방식(Production Process)은 고객의 주문과 제조의 기점이 어느 지점에서 일치하는지에 따라 분류되는 방식이다.

✓ 재고생산(MTS: Make To Stock): 완제품을 보관하다가 고객의 주문에 따라 공급하는 방식

✓ 주문에 따른 조립생산(ATO: Assemble To Order): 반제품을 보관하다가 고객의 주문에 따라 나머지 공정과정을 거쳐 완제품을 공급하는 방식

✓ 주문생산(MTO: Make To Order): 고객의 주문이 완료되면 원자재 가공, 반제품 생산, 완제품 조립을 진행하는 방식

✓ 주문에 따른 엔지니어 생산(ETO: Engineer To Order): 고객의 주문에 따라 설계부터 자재구입, 제조, 조립하는 방식으로 항공기, 비행기 등 제작기간이 긴 경우 채택하는 방식

- 기준생산계획(MPS: Master Production Scheduling)은 총괄생산계획을 수립한 후에 이를 구체적으로 계획하는 것을 이야기한다. 구체적으로 각 제품에 대한 생산시기, 생산량을 결정한다.
- 자재소요량계획(MRP: Material Requirements Planning)은 생산에 필요한 자재와 부품의 소요량을 계획하는 프로세스를 말한다. 일반적으로 자재소요량계획은 제품의 생산 계획을 수립하고 자재의 소요량을 계산하고 자재의 구매 또는 생산 계획을 수립하고 생산 일정 및 재고 관리의 단계를 거친다.
- 리드타임(Lead Time)은 특정 작업이나 프로세스를 완료하기 위해 필요한 시간을 의미한다. 리드타임은 일반적으로 주문을 받은 후 제품을 생산하기 시작하는 시간, 생산 프로세스에서의 소요시간, 제품을 포장하고 배송하는데 필요한 시간, 공급망에서의 재고 유동성 및 관리 방식에 따른 시간이 포함된다.
- 적시생산시스템(JIT: Just in Time)은 도요타 자동차에서 처음 등장한 생산방식으로 필요한 품목을 필요한 양만큼 필요한 시간에 갖고있으면서 재고를 최소화하는 방법으로 과도한 재고로 인한 낭비를 제거하고 효율적인 생산체계를 갖출 수 있는 체계를 말한다.

02 생산관리 모듈 세부활동

2.1 수요예측

각 제품을 제조하는 데 필요한 구체적인 부품들을 구조화하는 것도 중요하지만 각 제품에 대한 수요를 예측함으로써 자원을 어떻게 분배할 것인지 미리 계획해야 한다. 수요를 예측할 때는 정성적 방식과 정량적 방식 중 하나를 이용할 수 있다. 정성적 방식은 주관적인 관점으로 시장조사, 패널구성방법, 델파이분석 등이 있다.

- **시장조사**: 고객에게 제품이나 서비스와 관련된 설문을 통해 의견을 수집하는 방식
- **패널구성방법**: 패널을 구성하여 제품이나 서비스에 대한 의견을 수집하는 방식
- **델파이분석**: 전문가들의 의견을 수집하고 전문가 간 의견교환을 통해 문제해결이나 신제품에 대한 의견과 같은 합의를 도출하는 방식

정량적 방식은 객관적인 데이터를 이용한 기법으로 시계열분석, 인과분석 등이 있다.

- **시계열분석**: 일정 패턴을 파악하고 분석하는 기법
  - * 추세변동(Trend Fluctuations)은 장기적 시장변화와 같은 변동, 순환변동(Cyclical Fluctuations)은 시장에서 일어나는 주기적인 변동, 계절변동(Seasonal Fluctuations)은 특정 계절에 따라 발생하는 변동을 설명하는 경우, 불규칙 변동(Irregular Fluctuations)은 예측할 수 없는 경우로 인한 변화 등이 있음
- **인과분석**: 수요에 미치는 요소를 분석하고 관계를 분석하는 방법

2.2 자재명세서(BOM: Bill of Material)

생산의 기준이 되는 자재명세서는 설계 BOM(Engineering BOM), 제조 BOM(Manufacturing BOM), 비율 BOM(Percentage BOM), 다층 BOM(Multilevel BOM)으로 구분되는데 BOM은 생산관리를 위해 필요한 기준정보를 제공하는 데이터라고 할 수 있다. BOM을 구체적으로 살펴보려면 먼저, 장난감자동차 제품을 시각화한 [그림 7-2]를 참고해야 한다.

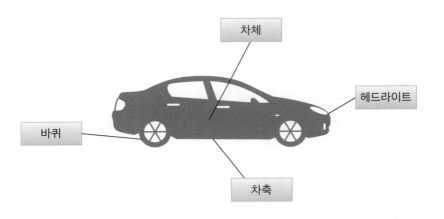

▶ 그림 7-2 장난감자동차의 구성

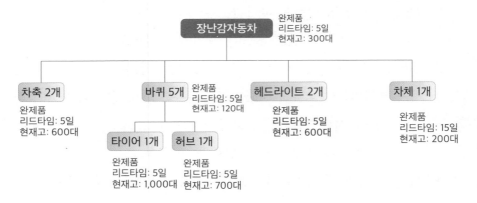

▶ 그림 7-3 BOM 및 공정생성 대상 제품

장난감자동차를 완성하기 위해서는 차축, 바퀴, 헤드라이트, 차체의 네 부분을 조립하면 된다. 시스템적으로는 장난감자동차, 바퀴를 중심으로 플랜트가 생성된다. 플랜트는 일반적으로 해당 자재를 취급하는 사업장을 의미하는 개념으로 재고관리와 MRP수행의 기본단위이다.

2.3 생산계획수립 및 기준생산계획

총괄생산계획(APP: Aggregate Production Planning)은 기업이 수요나 주문의 시간과 수량에 대한 기업 전체 계획을 파악하여 조정해나가는 방법이다. 해당 계획은 전체 수요 예측-생산능력확인-전략결정-기간별 생산량 조정의 프로세스를 거쳐 수립된다. 총괄생산계획을 이행하기 위해서는 기준생산계획과 생산능력계획이 같이 수반되어야 한다.

(1) 생산능력계획

생산계획을 수립하기 위해서는 먼저 생산현장의 생산능력에 대한 정보와 생산의 기준이 되는 수요정보를 파악해야 한다. 수요량에 따라 생산목표 수량이 결정되고 수요를 알아낸 후 생산현장의 생산능력에 따라 1일 생산이 가능한만큼 생산수량을 결정하기 때문이다. 생산능력은 각 설비별 혹은 각 플랜트별로 관리할 수 있다. 이는 생산현장의 생산능력을 생산부터 종료까지의 시간정보를 이용하여 시간 당 생산가능 수량을 파악하고 총 일별 생산능력을 산정하는 방식을 이야기한다. 표준 가용생산능력 항목을 보면 생산 시작시간, 종료시간, 휴식시간 정보를 입력하고 일별 업무시간 정보를 입력하게 되어있다. 일별 작업시간이 8시간이고 시간당 개별 생산능력 수가 2개라면 하루생산능력은 총 16개가 되는 것이다.

(2) 기준생산계획

완제품에 대한 수요량과 시기에 대한 정보를 확인하였다면 수요예측과 더불어 실제 수요를 고려한 기준생산계획을 수립할 수 있다. MPS를 수립함으로써 완제품에 대한 수요량과 시기를 확정하고 생산에 소요되는 생산 리드타임을 반영하여 해당 완제품이 생산완료 후 입고되는 기기와 생산을 진행하여야 하는 시기정보를 계산할 수 있다.

기준생산계획 수립시 크게 4가지의 유형에 따른 전략을 구사할 수 있다.

- LFL(Lot for Lot)은 주문량을 생산이나 구매할 때 필요한 정확한 소요량과 동일하게 설정하는 것을 이야기한다.
- FOQ(Fixed Order Quantity)는 고정된 수량의 제품을 일정한 주문 주기마다 주문하는 방식이다.
- POQ(Periodic Order Quantity)는 일정한 주문 주기마다 고정된 수량의 제품을 주문하는 방식을 의미한다.
- EOQ(Economic Order Quantity)는 재고를 최적으로 유지하기 위해 한 번에 주문해야 하는 최적의 수량을 계산하는 방법을 의미한다.

기준생산계획을 수립하기 위해서는 기말재고, 기준생산계획, 납품 가능수량 등을 이용하여 구체화할 수 있다. 제품의 수요 예측과 실제주문을 이용한 기말재고와 기준생산계획을 계산하며 배치(Batch) 수가 필요하다. 배치는 한 번에 처리되는 일정량의 제품이나 물품을 이야기한다. 특정 작업이나 공정에서 처리되는 일정량의 제품을 배치로 처리한다. 만약 새로 추가되는 주문의 경우 납품 가능한 수량(ATP: Available To Promise)으로 계산할 수 있다.

▶ 표 7-1 기준생산계획표를 바탕으로 한 MPS 및 ATP ──────────

현재고량 1,000	주						
	1	2	3	4	5	6	7
수요예측량	500	500	500	500	500	500	500
실제주문량	300	600	700	200	150	1,300	100
기말재고	500	1,400	700	200	1,200	200	1,200

MPS		1,500				1,500	1,500	1,500
ATP	700	200				50	100	1,400

▶ 그림 7-4 기준생산계획 계산 ───────────────

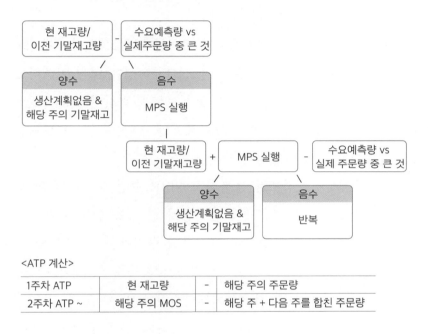

<ATP 계산>

1주차 ATP	현 재고량	-	해당 주의 주문량
2주차 ATP ~	해당 주의 MOS	-	해당 주 + 다음 주를 합친 주문량

(3) 자재소요량계획

MRP를 수행하기 위해서는 기준생산계획, 자재명세서, 재고레코드의 기존 보유재고량 자료를 활용한다. MRP를 계산하기 위해서 장난감 자동차를 이용하여 설명하고자 한다.

① MRP 시나리오

MRP 시나리오는 MRP의 목적, 용어, 계산 메커니즘과 MRP도표를 이해시키고 끝나지 않고, 단계별로 실습하여 전체적인 프로세스를 이해하는 것이 중요하다. 이러한 전체 프로세스를 이해하기 위하여 SAP

ERP의 MRP 관련 참조모델을 활용하여 [표 7-2]의 MRP 시나리오 점검리스트를 구성하고 단계별로 요구지식과 실습방식 그리고 수행 및 주의사항을 설명하였다.

〈1~4단계〉 MRP 목적, 용어, 메커니즘, MRP도표는 일반적으로 MRP를 이해하는데 필요한 절차이다.

〈5단계〉 자재 기준정보를 완제품과 교역품 그리고 원자재에 대하여 후속 프로세스 수행에 영향을 주는 필드들의 속성에 대해 이해하고 등록한다. 여기서 중요한 것은 자재 기준정보를 입력하며 MRP유형이나 로트구성 방식, 리드타임 등 후속 프로세스에 영향을 주는 필드들을 이해하고 있는지 여부를 확인하는 것이다.

〈6단계〉 BOM 기준정보를 등록하고 MRP 수행 시 점검해야 한다. 자재명세서 정보를 등록하고 장난감자동차 한 개를 만드는 데 차축이 2개 필요하고 바퀴가 5개 필요하다는 등의 구성부품의 의미를 이해시키는 것이 중요하다. [그림 7-3]에서 장난감자동차 한 개를 만드는데 차축 두 개와 바퀴 다섯 개가 필요하다는 것을 알 수 있다. 앞의 자재 기준정보에서 완제품의 제조리드타임, 차축의 구매리드타임, 바퀴의 구매리드타임을 등록하여 BOM의 종속성에 맞추어 완성일과 요구 착수일이 계산되어진다는 점을 이해하는 것이 필요하다.

〈7단계〉 기준생산계획을 통해 독립소요량을 등록한다. 공급망관리를 하기 위한 기준생산계획의 의미와 중요성에 대해서도 이해해야 한다. 기준생산계획을 일별, 주별, 순별, 월별로 입력할 수 있어야 하며 생산 계획에서 계획독립소요량을 산정 및 등록하는 과정으로 기준생산계획의 개념을 시스템을 통해 이해하고 등록할 수 있으며, 실제 영업과 생산부문이 수요와 생산용량을 고려하여 기준생산계획을 등록하는 과정을 이해하는 것이 중요하다.

〈8단계〉 판매오더에 대한 가용성 및 납품일정을 확인한다. 고객의 납기4문의에 대하여 실시간 가용성점검을 수행하고 납기응답을 신속히 하는 것이 매우 중요한 공급망관리 요소이다. 예를 들면, 납기(납품) 일정 계획하기'와 '고객 수주(납품인도) 품목에 대하여 가용 재고를 파악할 수 있다.'는 수행준거는 고객 주문에 대한 가용성 점검 화면에서 확인해 볼 수 있다. 예제로 앞에서 생산한 자동차장난감의 재고가 남아있으며 판매오더 몇개를 받는 상황을 시뮬레이션해보면 누적ATP 수량에 여유가 있음을 확인할 수 있어야 한다.

〈9단계〉 자재소요량 계획을 실행시킨다. 자재소요량계획에 필요한 기준생산계획과 BOM을 모두 만든 후에 필요한 파라미터 세팅을 한 후에 자재소요량계획을 실행시킬 수 있어야 한다.

〈10단계〉 MRP도표와 MRP리스트를 비교한다. 만약 이 두 개의 내역이 차이가 나는 경우 각각의 항목을 살펴보고 차이가 나는 이유를 파악해야 한다.

〈11단계〉 원부자재 구매요청을 확인한다. 또한, MRP 수행 이후 재고 소요량 리스트 확인 및 구매오더, 생산오더 생성 이후의 변화모습을 확인하여 수요를 계획하고' 납기(납품)일정이 계획한데로 이루어졌는지 그리고 구매 일정이 제대로 계획되었는지를 확인해 볼 수 있다. 그리고 이후 일련의 재고 입고, 확인하는 과정을 통해 실제 가용성을 확인하는 능력 또한 파악하고, 평가할 수 있다. 즉, MRP 수행 후, 원자재의 납품 소요시간을 고려하여 구매요청을 구매오더로 전환하거나, 완제품의 내부생산시간에 맞추어 계획오더를 생산오더로 전환함으로써 최적의 원자재 및 완제품 재고를 보유하는 절차에 대해 학습하고, 고객의 수요에 맞출 수 있는 직무능력을 양성하고 실습을 통해 평가할 수 있다. 이때 단순히 MRP 수행시키고 구매오더로 전환시키는 기능이 아닌, MRP수행 결과 화면에서 구매요청이 MRP도표에 계획한 데로 일정과 수량이 나왔는지 그리고 생성된 이유를 명확히 설명하는 것이 필요하다. 만약 기준생산계획이 특정 날짜에 100개를 만드는 것으로 수립되어 있고 장난감자동차 조립시간이 2일이라면 2일 전까지 차축이 200개 있어야 완성품 자동차장난감을 조립할 수 있을 것이다. 마찬가지로 바퀴도 같은 원리로 설명할 수 있어야 한다.

〈12~13단계〉 원부자재 구매오더 전환/생성 및 입고 기능 수행하기 구매요청과 구매오더의 차이점을 설명하고, 입고의 의미를 설명해야 한다. 이때 입고 후 차축의 재고가 200개 증가되고 바퀴 재고가 500개 증가되어 있음을 확인할 수 있어야 한다. 실시간 변화를 감지할 수 있는 재고소요량 리스트를 설명하고 MRP리스트와의 차이점을 명확히 이해시키는 것도 필요하다.

〈14단계〉 MRP를 최초로 실행시켰을 때와 MRP 실행 이후에 구매오더나 생산오더로 인해 입고시킨 이후의 재고의 변화된 상태를 비교하는 과정을 이해하는 것이 필요하다. MRP리스트는 다음번 MRP를 실행시킬 때까지 변화가 되지 않지만, 재고소요량리스트는 다양한 트랜잭션에 의해 재고의 증감을 실시간으로 보여 준다.

〈15~18단계〉 완제품 계획오더 확인 후 완제품 생산지시를 내리는 과정이다. 이를 위해 원부자재를 생산에 투입시키고, 생산오더를 릴리스시켜서 완제품 생산을 완료하는 것이 필요하다.

〈19~22단계〉 원부자재의 재고는 다시 줄어들고, 반제품 및 완제품의 재고가 증가되어 있는 것을 최종 확인해야 한다. 최종 기준생산계획 수립한대로 완제품 재고가 증가되어 있는 것을 확인해야한다.

〈23~26단계〉 판매할 수 있도록 완제품생산을 완료하고 재고가 증가한 것을 확인하였으므로, 영업오더에서 다시 가용성을 확인하는 것이 필요하다. 이후에 납품지시를 하고 창고에서 피킹 처리를 한 후에 출고 처리를 하면 완제품 재고가 감소된다. 완제품 재고가 감소된 상황은 재고소요량리스트에서 실시간으로 확인할 수 있다.

이러한 시나리오의 단계를 ERP 시스템에서 실습하는 순서에 맞춰 정리한 내용으로 각 단계별로 점검하는 방식과 각 단계별 수행 여부 및 숙련도를 체크할 수 있다.

▶ 표 7-2 MRP 시나리오 점검 리스트 ───────────

단계	MRP 내용	실습 방식	수행 및 주의사항
1	MRP 목적	수요예측, 총괄생산계획, MPS와의 차이점	MRP의 중요성 이해
2	MRP용어	총소요량 순소요량, 기발주 주문, 예상보유재고, 계획자 재수량, 계획발주 이해	MRP메카니즘을 이해하고 MRP도표 실습을 하기 위한 전제조건
3	MRP메카니즘	총소요량과 순소요량 계산 및 로트수량 차이, 선행 날짜 계산 이해	수량뿐만 아니라 날짜 계산 이해 필요
4	MRP도표	다양한 샘플 예제문제 풀이를 통한 MRP메카니즘 이해	재고, 기발주주문, 리드타임 고려
5	자재 MRP정보 등록	자재 MRP정보를 MRP유형과 로트유형 등 MRP수행에 영향을 주는 속성에 대해 이해, 등록한다.	완제품, 반제품, 교역품, 원자재를 모두 생성한다
6	자재명세서 등록	BOM 기준정보를 등록하고 MRP 수행 시 점검한다.	3 레벨 이상의 BOM을 등록하고 종속성을 이해한다
7	완제품에 대한 기준 생산계획(MPS) 수립	기준생산계획을 통해 계획독립소요량을 등록한다.	MPS가 MRP에 미치는 영향 이해
8	주문제품 가용성 점검	영업오더를 생성하면서 해당 제품의 재고를 확인한다.	가용성 점검 시 재고 부족 상황 시현

단계	MRP 내용	실습 방식	수행 및 주의사항
9	자재소요량계획 (MRP) 실행	계획 독립소요량 또는 고객 주문에 근거하여 원부자재 소요량을 계획에 반영한다.	MRP를 수행하는 방법 이해
10	MRP도표와 ERP의 MRP리스트 비교	MRP도표의 내용과 MRP 리스트를 비교하며 내용 이해	차이가 나는 경우에 그 이유를 파악
11	원부자재 구매요청 확인	MRP를 통해 구매해야 하는 원부자재를 구매요청으로 생성한다.	구매요청 수량뿐만 아니라 날짜가 나오게 된 이유를 이해
12	구성부품 자재 구매 오더 전환/생성	생성된 구매요청을 구매오더로 전환하여 생성한다.	구매요청과 구매오더의 차이점 이해
13	구성부품 자재 입고	구매한 원부자재를 입고처리한다.	입고 후 재고소요량리스트를 통해 재고수량 증가 확인
14	MRP리스트와 재고 소요량리스트	두 리스트를 비교하며 실시간으로 변화하는 재고소요량 리스트와의 차이점 이해	실시간 변화의 의미 이해
15	반제품 및 완제품 계획오더 확인	MRP를 통해 나온 생산해야 하는 제품에 대해 계획오더를 확인한다.	계획산오더의 수량과 날짜 가 나오게 된 이유 파악
16	반제품 및 완제품 생산오더 생성	생성된 계획오더를 참조하여 생산오더를 생성한다.	구성부품 입고 후 생산 가능
17	원부자재 생산 투입	생산에 투입될 원부자재의 재고를 확인한다.	생산에 필요한 구성부품의 재고 수량이 충분히 존재하는지 파악
18	생산오더 릴리즈	생산오더 투입된 내역을 확인하고 최종 확정한다.	생산현장으로의 릴리즈의 의미 파악
19	백플러쉬 출고 처리	생산에 투입된 구성부품들에 대해서 일괄 백플러쉬로 재고 출고한다.	백플러쉬 출고 후 구성부품의 재고 감소 확인
20	생산오더에 의한 반제품 입고	생산된 반제품 재고 내역을 확인한다.	3단계 BOM이므로 반제품 생산 입고 확인 필요
21	생산오더에 대한 완제품 입고	생산오더로 최종 생산된 완제품을 입고 처리한다.	완제품 입고 후 재고소요량 리스트를 통해 재고수량 증가 확인

단계	MRP 내용	실습 방식	수행 및 주의사항
22	완제품 재고 확인	생산오더로 최종 생산된 완제품의 재고를 확인한다.	MRP리스트와 재고소요량리스트의 완제품 재고수량 차이 파악
23	영업오더에 대한 가용성 및 납품일정 재확인	생산된 완제품에 대해 납품할 수 있도록 준비하고, 백오더에 대해 가용성을 재점검하고 납품일정을 확인한다.	가용성 재점검 후 재고할당
24	납품지시 생성	준비된 재고를 확인하고 이에 대한 납품지시를 생성한다.	납품지시 후 재고소요량리스트에서 확인
25	물류센터 내 피킹실행	납품지시에 따라 물류센터 내에서 제품을 피킹한다.	피킹과 출고전기의 차이점 이해
26	물류센터 출고	물류센터에서 납품지시에 따라 출고 처리한다.	출고전기에 의한 실시간 재고수량 감소 기능 이해
27	최종 재고수량 확인	출고된 내역에 대하여 해당 제품의 재고가 감소된 수량을 파악한다.	재고소요량리스트의 변경 내역 이해

② MRP도표와 ERP에 의한 실습결과 일치 확인

[표 7-2]의 시나리오 점검리스트 중에서 가장 중요한 것은 10단계에 있는 MRP도표를 정확히 계산하고 ERP로 실습하여 결과가 똑같이 나오는 것을 보여 주고 그 절차를 이해하는 과정이다. 10단계를 구체적으로 확인하는 과정을 아래와 같은 장난감자동차의 3레벨 BOM을 전개하는 예시로 보여 주고자 한다.

MRP실습에서 중요한 종속성을 이해하려면 적어도 3레벨 BOM을 구성하고 이론적인 종속성과 실습에 의한 종속 수량 계산을 이해하는 것이 필요하다. [그림 7-3]과 같이 장난감자동차의 3레벨 BOM을 구성하였으며, MRP도표와의 일치여부를 잘 보여줄 수 있도록 각 제품 및 하위 구성품에 대한 리드타임과 현 재고를 설정하였다.

주별로 이루어진 MRP도표와 맞추기 용이도록 각 제품 및 하위 구성품의 리드타임을 5일, 10일, 15일로 구성하였다. 그리고 현 재고 개념과 기 발주주문을 통한 순소요량 계산을 이해할 수 있도록 각기 현 재고와 기 발주주문을 설정하였다. 기준생산계획은 월별, 순별, 주별, 일별로 모두 수립할 수 있으나 MRP도표에 맞추어 주별로 [표 7-3]과 같이 수립하였다.

▶ 표 7-3 장난감자동차의 기준생산계획

4주	5주	6주	7주	8주
100	200	300	400	300

아래 MRP도표들에 MRP 유형과 리드타임, 현 재고 및 기 발주주문에 대한 정보가 나타나 있다. MRP 유형은 BOM전개방식 뿐만 아니라 재주문점 방식도 이해하는 것이 필요하며, 로트결정방식에 따라 MRP 도표를 구성하고, MRP를 수행하였을 때 실제로 이와 같이 계획발주량이 계산되어 나오는지를 확인하는 것이 필요하다.

▶ 표 7-4 장난감자동차의 MRP도표

품목번호	주문 로트 수량	MRP도표							
Toyauto	Lot for Lot	주							
리드타임=1주(5일)		1	2	3	4	5	6	7	8
총 소요량		-	-	-	100	200	300	400	300
기 발주 주문		0	-	-	-	-	-	-	-
예상보유재고	200	200	200	200	-	-100	-300	-400	-300
계획 자재 수량		-	-	-	100	100	300	400	300
계획 발주		-	-	-	100	300	400	300	

▶ 그림 7-5 장난감자동차 ERP 화면

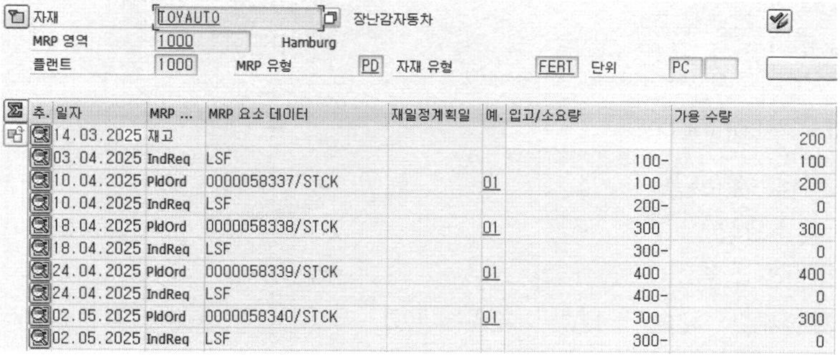

추. 일자	MRP ...	MRP 요소 데이터	재일정계획일	예.	입고/소요량	가용 수량
14.03.2025 재고						200
03.04.2025 IndReq	LSF				100-	100
10.04.2025 PldOrd	0000058337/STCK		01		100	200
10.04.2025 IndReq	LSF				200-	0
18.04.2025 PldOrd	0000058338/STCK		01		300	300
18.04.2025 IndReq	LSF				300-	0
24.04.2025 PldOrd	0000058339/STCK		01		400	400
24.04.2025 IndReq	LSF				400-	0
02.05.2025 PldOrd	0000058340/STCK		01		300	300
02.05.2025 IndReq	LSF				300-	0

장난감자동차는 완제품의 기준생산계획과 같이 총소요량을 넣고 계산하면 4주차부터 7주차에 각기 100개, 300개, 400개, 300개의 계획발주가 계산되어 나왔다. 현재재고 200개가 모두 소진되는 5주차부터 추가로 완제품이 필요하며 [그림 7-5]에서 실제로 MRP를 수행한 결과가 이와 똑같이 계획발주(Planned Order)로 4월 10일까지 100개, 4월 18일까지 300개, 4월 24일까지 400개, 5월 2일까지 300개가 계산되어 나온 것을 확인할 수 있다. 4주차 월요일인 인 4월 3일에 독립소요량 100개가 필요하지만 현재고인 200개로 충분하므로 5주차 월요일인 4월 10일까지 100개의 장난감자동차가 생산되어 입고되는 것이 필요하다고 정확히 알려주고 있다. 이후에 완제품과 반제품은 계획발주를 생산오더(Production Order)로 전환시켜 자체적으로 생산을 수행하는 과정을 거친다.

품목번호	주문 로트 수량	MRP도표							
AXL	Lot for Lot	주							
리드타임=1주(5일)		1	2	3	4	5	6	7	8
총 소요량		-	-	-	200	600	800	600	-
기 발주 주문		-	-	-	500	-	-	-	-
예상보유재고 120		120	120	120	420	-180	-800	-600	-
계획 자재 수량		-	-	-	-	180	800	600	-
계획 발주		-	-	-	180	800	600	-	-

▶ 그림 7-6 차축의 ERP 화면

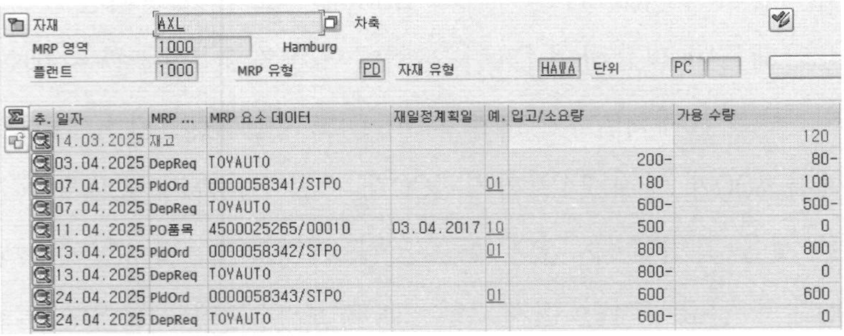

차축은 완제품의 계획발주량으로부터 종속되어 총소요량이 계산되어 나온다. 장난감자동차 한 개에 차축은 2개씩 필요하므로 종속소요량 개념에 의하여 4주차부터 7주차에 각기 200개, 600개, 800개, 600개의 총소요량이 필요하다. 이에 따라 4주부터 6주차까지 각기 180개, 800개, 600개의 계획발주가 계산되어 나왔다. 4주차의 기 발주주문 500개와 현재재고 120개가 모두 소진되는 5주차부터 추가로 차축이 필요하며 [그림 7-6]에서 실제로 MRP를 수행한 결과가 이와 똑같이 계획발주(Planned Order)로 4주차 금요일인 4월 7일까지 180개, 5주차 4월 13일까지 6주차 800개, 4월 24일까지 600개가 계산되어 나온 것을 확인할 수 있다.

차축은 리드타임이 5일이므로 적어도 4주차 월요일인 4월 3일에는 발주가 이루어져야 4주차 금요일인 4월 7일까지 입고가 가능할 것이다. 차축의 경우에는 현 재고뿐만 아니라 기 발주주문을 고려하여 순소요량이 계산되고 로트결정방식에 의하여 계획발주량이 계산되어진다는 개념을 이해시키고자 기발주 주문 500개를 사전에 만들어 고려하는 것이 필요하다. 교역품이나 원자재는 계획발주를 구매요청(Purchase Requisition)으로 전환시키고, 구매업체를 선정한 후에 바로 구매오더(Purchase Order)로 진행시킨다.

▶ 표 7-6 바퀴의 MRP도표

품목번호	주문 로트 수량	MRP도표							
WHL	Lot for Lot	주							
리드타임=1주(5일)		1	2	3	4	5	6	7	8
총 소요량		-	-	-	500	1,500	2,000	1,500	-
기 발주 주문		-	-	-	-	-	-	-	-
예상보유재고 500		500	500	500	0	-1,500	-2,000	-1,500	-
계획 자재 수량		-	-	-	0	1,500	2,000	1,500	-
계획 발주		-	-	-	1,500	2,000	1,500	-	-

▶ 그림 7-7 바퀴의 ERP 화면

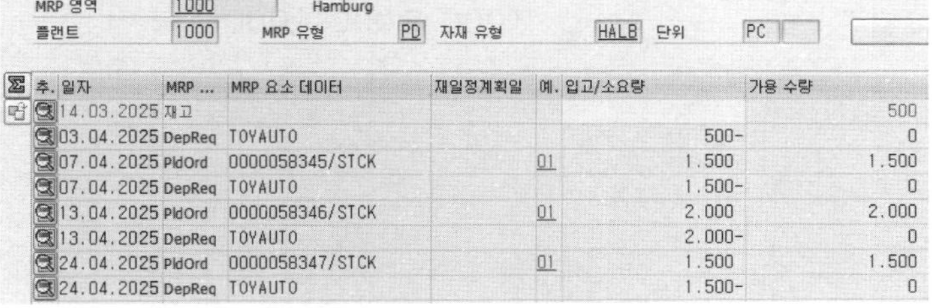

바퀴도 완제품의 계획발주량으로부터 종속되어 총소요량이 계산되어 나온다. 장난감자동차 한 개에 바퀴는 5개씩 필요하므로 종속소요량 개념에 의하여 4주차부터 7주차에 각기 500개, 1,500개, 2,000개, 1,500개의 총소요량이 필요하므로 4주부터 6주차까지 각기 1,500개, 2,000개, 1,500개의 계획발주가 계산되어 나왔다. 바퀴는 기 발주주문이 없으므로 현재 재고 500개가 모두 소진되는 5주차부터 추가로 바퀴가 필요하며 [그림 7-7]에서 실제로 MRP를 수행한 결과가 이와 똑같이 계획발주(Planned Order)로 4월 7일까지 150개, 4월 13일까지 2,000개, 4월 24일까지 1,500개가 계산되어 나온 것을 확인할 수 있다. 4월 7일까지 바퀴가 1,500개 추가로 생산되어야 완제품인 장난감자동차를 생산하는데 지장이 없다는 점을 이해하는 것이 필요하다.

▶ 표 7-7 타이어의 MRP도표 ───────────────

품목번호	주문 로트 수량	MRP도표							
TIR	고정주 문수량 1,000개	주							
리드타임=1주(5일)		1	2	3	4	5	6	7	8
총 소요량		-	-	-	1,500	2,000	1,500	-	-
기 발주 주문		-	-	-	-	-	-	-	-
예상보유재고 1,000		1,000	1,000	1,000	-500	-1,500	-1,000	-	-
계획 자재 수량		-	-	-	1,000	2,000	1,000	-	-
계획 발주		-	-	1,000	2,000	1,000	-	-	-

▶ 그림 7-8 타이어의 ERP 화면

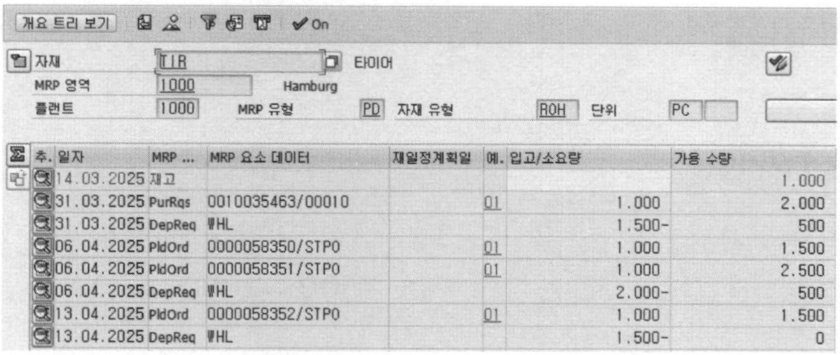

3레벨의 타이어는 2레벨의 반제품인 바퀴의 계획발주량으로부터 종속되어 총소요량이 계산되어 나온다. 바퀴 한 개에 타이어는 1개씩 필요하므로 종속소요량 개념에 의하여 4주차부터 6주차에 각기 1,500개, 2,000개, 1,000개의 총소요량이 필요하므로 3주부터 5주차까지 각기 1,000개, 2,000개, 1,000개의 계획발주가 계산되어 나왔다. 타이어는 로트결정방식이 앞의 예와는 다르게 고정주문량 방식이며, 고정주문량 1,000개씩 발주가 나가는 것을 이해하는 것이 요구된다. [그림 7-8]에서 실제로 MRP를 수행한 결과가 이와 똑같이 계획발주(Planned Order)로 3월 31일까지 1,000개, 4월 6일까지 1,000개씩 두 번 발주되어 2,000개, 4월 13일까지 1,000개가 계산되어 나온 것을 확인할 수 있다. 또한 SAP ERP에서는 한 달 이내에 발주되어야 하는 경우에는 계획발주가 아닌 구매요청(Purchase Requisition)으로 직접 나타나는 것을 볼 수 있다. 직접 구매요청으로 나온 경우에는 바로 구매오더(Purchase Order)로 전환시킬 수 있다.

▶ 표 7-8 허브의 MRP도표 ─────────────

품목번호	주문 로트 수량	MRP도표							
HUB	Lot for Lot	주							
리드타임=1주(5일)		1	2	3	4	5	6	7	8
총 소요량		-	-	-	1,500	2,000	1,500	-	-
기 발주 주문		-	-	-	-	-	-	-	-
예상보유재고 700		700	700	700	-800	-2,000	-1,500		
계획 자재 수량		-	-	-	800	2,000	1,500		
계획 발주		-	-	800	2,000	1,500	-		

▶ 그림 7-9 허브의 ERP 화면 ─────────────

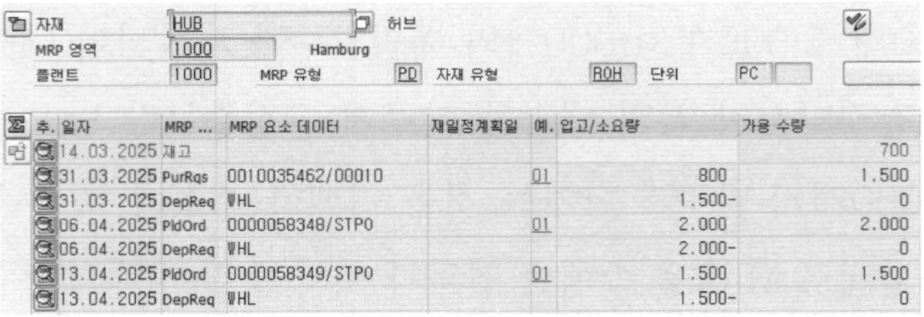

마찬가지로 3레벨의 허브도 2레벨의 반제품인 바퀴의 계획발주량
으로부터 종속되어 총 소요량이 계산되어 나온다. 바퀴 한 개에 허브는
1개씩 필요하므로 종속소요량 개념에 의하여 4주차부터 6주차에 각
기 1,500개, 2,000개, 1,000개의 총 소요량이 필요하므로 3주부터 5
주차까지 각기 800개, 2,000개, 1,500개의 계획발주가 계산되어 나왔
다. 허브는 타이어와 달리 로트결정방식 고정주문량 방식이 아니고 로
트수량방식이므로, 현재고 700개가 소진되는 시점에서 계산된 로트 수
량대로 그대로 발주가 나가는 것을 알 수 있다. [그림 7-9]에서 실제로
MRP를 수행한 결과가 이와 똑같이 계획발주(Planned Order)로 3월 31
일까지 800개, 4월 6일까지 2,000개, 4월 13일까지 1,500개가 계산

되어 나온 것을 확인할 수 있다. 타이어와 마찬가지로 허브도 한 달 이내에 발주되어야 하는 경우에는 계획발주가 아닌 구매요청(Purchase Requisition)으로 직접 나타나는 것을 볼 수 있다.

▶ 표 7-9 헤드라이트의 MRP도표

품목 번호	주문 로트 수량	MRP도표							
headlight	고정주문수량 1,000개	주							
리드타임=1주(5일) 재주문점 방식 (재주문점= 500개)		1	2	3	4	5	6	7	8
총 소요량		-	-	-	200	600	800	600	-
기 발주 주문		-	-	-	-	1,000	-	-	-
예상보유재고 600		600	600	600	400	1,800	1,000	400	-
계획 자재 수량		-	-	-	1,000	-	-	1,000	-
계획 발주		-	-	-	1,000	-	-	1,000	-

▶ 그림 7-10 헤드라이트의 ERP 화면

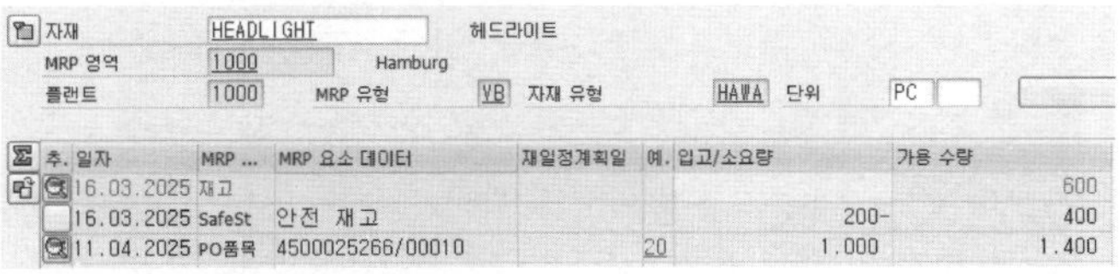

자재	HEADLIGHT	헤드라이트
MRP 영역	1000	Hamburg
플랜트	1000	MRP 유형 VB 자재 유형 HAWA 단위 PC

추. 일자	MRP ...	MRP 요소 데이터	재일정계획일	예. 입고/소요량	가용 수량
16.03.2025	재고				600
16.03.2025	SafeSt	안전 재고		200-	400
11.04.2025	PO품목	4500025266/00010	20	1.000	1.400

헤드라이트만 특이하게 완제품의 계획발주량으로부터 종속되어 총 소요량이 계산되어 나오지 않는다. 헤드라이트는 재주문점 방식으로 구성하였고, 따라서 BOM과 상관없이 재주문점인 500개 이하로 재고 수량이 내려가면 자동으로 계획발주가 나온다. 장난감자동차 한 개에

헤드라이트가 2개씩 필요하지만 종속소요량 과 관계없이 MRP를 수행
했어도 현재 재고수량이 600개이므로 재주문점인 500개에 도달하지
않아 [그림 7-10]에 계획발주가 나오지 않는 것을 이해하는 것이 필요
하다. [그림 7-10]에서 실제로 MRP를 수행한 결과가 계획발주는 없고
안전재고로 인해 현재 가용재고수량이 400개인 것을 볼 수 있다.

▶ 표 7-10 몸체의 MRP도표

품목 번호	주문 로트 수량	MRP도표							
BODY	Lot for Lot	주							
리드타임=3주(15일)		1	2	3	4	5	6	7	8
총 소요량		-	-	-	100	300	400	300	-
기 발주 주문		-	-	-	-	-	-	-	-
예상보유재고 200		200	200	200	100	-200	-400	-300	-
계획 자재 수량		-	-	-	-	200	400	300	-
계획 발주		-	200	400	300	-	-	-	-

▶ 그림 7-11 몸체의 ERP 화면

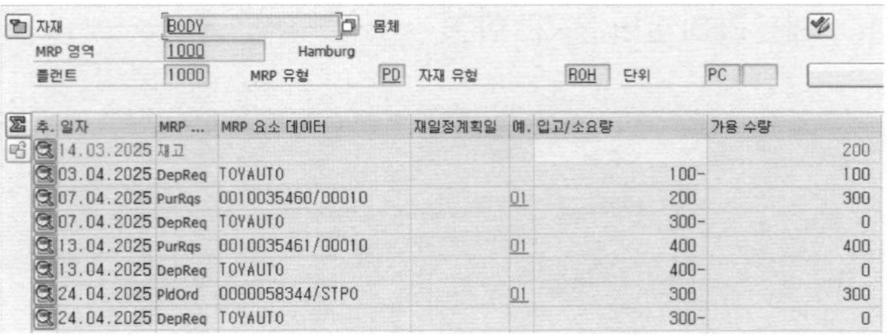

몸체도 완제품의 계획발주량으로부터 종속되어 총소요량이 계산되
어 나온다. 장난감자동차 한 개에 몸체는 1개씩 필요하므로 종속소요
량 개념에 의하여 4주차부터 7주차에 각기 100개, 300개, 400개, 300

개의 총소요량이 필요하므로 2주부터 6주차까지 각기 200개, 400개, 300개의 계획발주가 계산되어 나왔다.

몸체는 기 발주주문이 없으므로 현재 재고 200개가 모두 소진되는 5주차부터 추가로 몸체가 필요하며 [그림 7-11]에서 실제로 MRP를 수행한 결과가 이와 똑같이 계획발주(Planned Order)로 4월 7일까지 200개, 4월 13일까지 400개, 4월 24일까지 300개가 계산되어 나온 것을 확인할 수 있다. 몸체는 다른 품목과 달리 리드타임이 5일이 아니고 15일이나 되고 2주차부터 바로 발주되어야 하므로 계획발주가 아닌 구매요청(Purchase Requisition)으로 나타난 모습을 볼 수 있다. MRP 실습에서 중요한 종속성을 이해하려면 적어도 3레벨 BOM을 구성하고 이론적인 종속성과 실습에 의한 종속 수량 계산을 이해하는 것이 필요하다. 다음은 3레벨 BOM의 구성 예시이다.

MRP실습은 단편적인 이론 설명으로 한정하지 않고 전체 프로세스 관점으로 넓혀서 MRP의 관련된 프로세스를 모두 실습하여야 진정한 MRP의 개념을 이해할 수 있는데 3레벨 BOM일 때보다 현실적인 프로세스 개념을 실습하고 이해할 수 있다. 예를 들어, MRP의 결과로 구매오더를 내야하는 날짜에 맞추어 발주를 내고, 납품업체로부터 납품이 되어 입고를 수행하면 재고가 올라가는 모습을 확인하여야 하고, 상위 반제품이나 완제품의 생산에 의해서 하위 부품의 재고 출고가 일어나면 재고가 감소되는 모습을 이해하여야 할 것이다. 이러한 프로세스 관점에 대한 이해가 부족하면 MRP의 단편적인 모습만 보게 되어 기업 현장에서 활용하는데 어려움을 느낄 수 있다.

이러한 3레벨 BOM 예시는 현실과 완전히 일치하지는 않더라도 상위 완제품이나 반제품의 생산에 의해서 하위 구성부품의 종속성을 이해하는데 적합한 BOM으로서 구성하면 무리가 없을 것이다.

2.4 공정(Routing)/작업장(Work Space)

공정생성에서는 BOM을 등록한 자재에 대해 어떠한 작업장에서 어떤 작업을 거쳐 생산이 이루어지는가에 대한 정보를 입력한다. 공정생성시 생성하는 공정의 용도와 상태를 필수적으로 입력한다. 공정생성에서 보다 중요한 항목은 작업장 지정으로 어떤 작업을 어떤 작업장에서 수행하는지 입력할 수 있다.

2.5 생산전략

생산전략에 대한 유형은 재고생산(MTS: Make To Stock), 주문에 따른 조립생산(ATO: Assemble To Order), 주문생산(MTO: Make To Order)이 있는데 그중 재고생산과 주문생산이 [그림 7-12]와 같이 설명된다. 재고생산은 먼저 판매계획→생산계획→재고생산→재고관리→고객주문 순으로 이루어지며, 주문생산은 주문에 근거하여 이루어지는 생산이므로 고객주문→생산계획→주문생산→재고관리 순으로 이루어진다. 재고생산방식은 수요관리(Demand Management)에서 계획독립소요량을 생성하고, 이를 근거로 계획오더(Planned Order)를 실행하며 이를 생산오더로 전환하여 생산활동을 시작한다.

▶ 그림 7-12 대표적인 생산전략 프로세스 ——————————

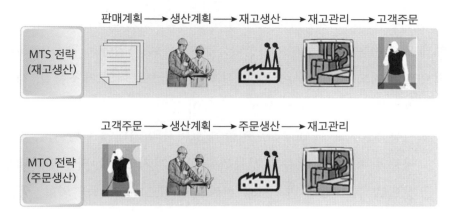

다만, 재고를 적시생산방식(JIT: Just In Time)을 통해 효율적인 자원 관리가 될 수 있다. JIT란 제품을 생산하면서 필요한 부품을 적시에 공급하여 재고를 줄이는 방법을 이야기한다. 생산된 제품은 재고관리 대상이 되며 이는 수요량을 유연하게 대응하기 위해서 주기재고, 안전재고, 예상재고의 방식을 채택할 수 있다. MRP와 JIT를 구체적으로 비교하면 [표 7-11]와 같다.

▶ 표 7-11 생산방식 비교 ——————————

구분	자재소요량계획방식(MRP)	적시생산방식(JIT)
관리	Push 시스템	Pull 시스템
계획	수시 변경 허용	안정적 공급
재고수준	계획에 의한 재고	최소
품질관리	불량존재	불량제로
적용분야	비반복적 생산	반복적 생산

출처: ERP 물류정보관리사(한국생산성본부)

2.6 품질관리

품질은 기업의 경쟁력을 갖추기 위한 요소로 제조, 시장, 소비자 등에게 보여지는 품질을 이야기한다. 세부적으로 기업에서 제품이 지속적으로 판매되기 위한 시장품질, 실제 제조함으로써의 제조품질, 제품을 기획하면서 만들어지는 설계품질 등이 있다.

- 시장품질(Market Quality): 제품이 소비자의 기대에 부합하고, 경쟁제품과 비교하여 우수한 성능과 특성을 가지고 있는지를 나타내는 것으로 주로 고객 만족도와 관련되어 있으며, 제품의 외형, 성능, 기능, 가격 등을 포함할 수 있다.
- 제조품질(Manufacturing Quality): 제품이 생산되는 과정에서의 품질로 제조공정의 안정성, 효율성, 결함율, 생산성 등을 포함한다.
- 설계품질(Design Quality): 제품의 설계 과정에서의 품질로 제품의 설계품질은 제품의 성능, 신뢰성, 내구성, 유지보수성 등을 포함한다.

03 생산관리 모듈의 전체 프로세스

3.1 생산계획

영업/생산운영계획(SOP: Sales and Operation Planning)은 제품에 대한 생산계획의 수립을 유연하게 할 수 있도록 지원하는 도구로서 기업에 따라 총괄생산계획(Aggregate production planning)을 수립하거나 기준생산계획(Master Production Schedule)을 수립하는데 이용될 수도 있다.

결국 영업/생산운영계획(SOP)은 기준생산계획이나 자재소요량계획을 정확하게 운영하는 데 사용된다. 영업의 판매계획으로부터 생산계획을 수립하는 과정에서 과거의 판매실적, 현재의 재고상태, 미래에 대한 예측 등을 고려하여 물류의 흐름에 대한 수요와 공급계획을 수립한다. PP 모듈에서는 기본적으로 상수(Constant)모델, 추세(Trend)모델, 추세계절성(Seasonal Trend)모델 등을 예측관련 모델로 제공한다.

기준생산계획(MPS: Master Prodcution Schedule)은 SOP의 예측수요와 고객의 주문에 의한 실수요 또는 다른 제품의 생산원료로 사용되는 종속 수요의 상호관계를 관리한다. MPS는 회사의 매출이나 이익에 영향이 큰 주요 생산제품에 대한 공급계획을 구성하므로 수요 및 공급에 대한 평가가 가능하다.

자재소요량계획(MRP: Material Requirement Planning)은 기업이 내부의 목적 또는 판매목적으로 자체 생산하거나 외부 조달하는 모든 자재를 적기에 공급하도록 지원하는 기능이다. MRP의 3대 요소는 기준생산계획(MPS), 자재명세서(BOM: Bill of Material), 그리고 자재에 대한 정확한 재고정보이다. MRP에서는 가용 재고의 확인을 통해 소요량을 파악하고 적정한 생산 및 구매 수량을 결정한다. 또한 이에 대한 공급방법을 결정하고 생산에 필요한 하위 원부자재의 소요량을 산출하기 위한 BOM 전개의 과정을 거쳐 구매 및 생산에 대한 양과 시기를 최적화시켜 고객 서비스 수준에 균형이 유지될 수 있도록 조정한다.

분배량 계획(DRP: Distribution Requirement Planning)은 대리점이나 총판 등의 물류센터관점에서 고객의 수요를 파악하고, 고객의 수요가 생기는 지점에 제품을 공급하도록 하는 기능이다. 배치(Deployment)를 통해 수요에 비해 생산이 부족한 경우 또는 초과생산한 경우 재고를 최적화하여 분배하도록 지원한다.

3.2 생산실행

장기 생산계획부터 생산원가관리에 이르기까지 전 생산관리 프로세스 중 생산실행이 차지하는 위치는 [그림 7-13]과 같다. PP의 생산계획부분이나 APO의 상세 계획부분에서 넘어온 계획을 대상으로 생산실행을 실시하며, 이후 실적보정 및 생산마감을 거쳐 생산원가 계산 및 분석을 위한 프로세스로 넘어가게 된다.

▶ 그림 7-13 생산관리 프로세스에서의 생산실행의 위치 ────────

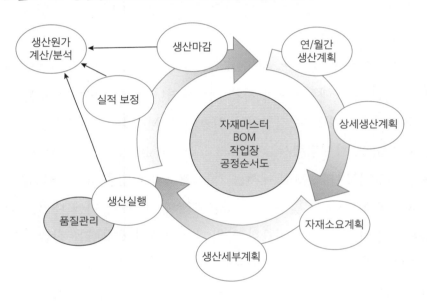

생산실행의 방법은 크게 생산방식이 단속적(Discrete)이냐, 반복적(Repetitive)이냐에 따라 달라진다. 일반적인 제조기업에서 많이 채택하고 있는 단속적 생산방식의 경우 생산계획의 결과로 계획오더가 발행되면 이에 대한 생산오더가 릴리즈 되고 작업지시가 이루어지는데 실적처리는 개별 자재출고 방식으로 할 수도 있고 이론출고(Backflush)방법으로 할 수도 있다. 또한 반복적 생산방식의 경우는 계획오더의 확정에 의해 작업지시가 이루어지고 완제품이 입고되면 이론출고의 방법으로 실적이 처리된다.

여기서 작업지시란 계획된 오더가 갖는 정보대로 생산작업이 실행될 수 있도록 필요 정보를 작업 주체에게 전달하는 행위를 말한다.

▶ 그림 7-14 생산오더 관리 프로세스 ──────────

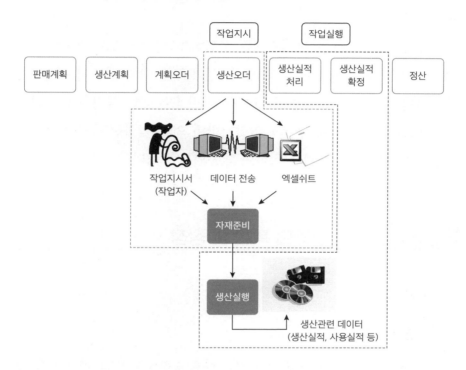

단속적 생산방식에서는 생산오더의 발행 및 관리를 바탕으로 작업지시 및 실적처리가 이루어진다. [그림 7-14]는 생산오더 관리프로세스 전반을 보여 준다. 판매오더 및 기타 독립수요의 정보를 바탕으로 생성된 생산오더는 이후 생산단위별로 자재가용성점검, 생산능력점검 등이 이루어지며 해당 오더에 대한 승인 과정을 거쳐 자재출고, 생산실행, 실적집계 및 오더정산이 수행된다.

생산오더는 어떤 제품을 언제까지 생산해서 판매할 것인지의 정보를 보유하는 SD 모듈의 판매 부분, 어떤 원부자재를 이용하여 자재별로 얼마의 가용재고를 보유하고 있고 언제 추가공급이 이루어져서 생산에 지장을 주지 않는지를 판단하는 MM 모듈의 재고관리부분, 그리고 생산활동에 대한 제반 비용의 정산을 처리하는 CO 모듈의 원가계산부분과 통합적으로 연계되어 운영되는 생산계획 및 실행의 주요 정보를 담고 있다.

이러한 생산오더는 계획오더를 선택하여 일괄적으로 생성할 수도 있고, 개별적으로 생성할 수도 있다. 완제품에 대한 실적이 확정되면 생산진척 정도에 따라 투입된 원자재 및 활동에 대한 실적이 확정된다. 이를 백플러쉬(BackFlush)라고 이야기하며 이는 완성된 제품을 기준으로 사용된 부품의 개수를 산정하여 연동되는 방식이다.

04 생산관리 모듈의 특징 및 장점

4.1 조직구조

(1) 공장(Plant)

제품을 완성하기 위한 전체 프로세스를 포함하고 있는 장소이다. 회사의 하위에 위치하며 다수개의 공장을 보유할 수 있다.

(2) 작업장(Work Space)

자재소요량을 중심으로 완제품을 만드는데 필요한 일련의 제작 프로세스을 수행하는 단위이다. 작업장은 공장의 하위에 위치하며 다수개의 작업을 포함할 수 있다.

(3) 저장창고(Storage Location)

공장안에서 자재의 재고수량을 관리하는 조직단위이다. 저장창고에서 재고실사, 재고관리, 자재입고·출고·이전 등을 수행할 수 있다.

4.2 마스터데이터 개요

생산관리 모듈의 데이터는 생산과 관련된 항목들로 생산을 효과적이고 효율적으로 할 수 있는지에 대한 기본정보들이 해당된다. 생산을 하기 위한 기본 정보는 자재명세서이며 자재명세서를 중심으로 공정과정을 정리하고 각 공정과정에 필요한 작업장을 배치해야 한다.

▶ 그림 7-15 생산관리 모듈의 마스터데이터 ─────────

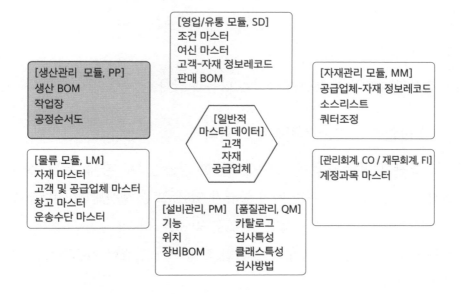

(1) 자재명세서

생산에 필요한 모든 부품 및 자재의 리스트와 각 자재의 수량, 특성, 대체품 등의 데이터를 기반으로 제품 또는 구성품을 제조하기 위해 필요한 모든 구성 요소를 지원한다.

(2) 공정과정

공정과정은 어떤 부품을 이용하여 완제품을 생산할 것인가에 대한 부분으로 제품을 완성하기 위한 일련의 과정에 대한 데이터가 필요하다. 완제품을 생산하기 위한 작업의 경로, 품질 관리, 표준 비용이 입력된다.

(3) 작업장

작업장에 입력되어야 할 데이터는 어떤 사람이 어떤 업무를 하는가이며 구체적으로 직원이름, 작업능숙도, 사용부품, 사용기계, 소요시간에 대한 데이터가 활용된다.

4.3 PP 모듈의 장점

생산관리 모듈의 특징과 장점은 다음과 같다.

(1) 산업별 다양한 기준정보의 관리

물류관리 전반에 걸쳐 사용이 가능한 기준정보로 자재, 분류, 설계변경, 쿼터(Quota) 등 여러 가지 종류가 있다. 또한 생산관리 전반에 걸쳐 필요한 기준정보로는 생산자원/공구(Production Resources&Tools), 기준 달력 등이 있다. 그리고 각 산업 및 분야에 필요한 기준정보는 아래와 같은 종류들이 있다.

- 조립산업에 필요한 기준정보는 자재명세서(Bill of Material), 작업장(Workcenter), 작업장 계층구조, 공정순서도(Routing) 및 참조공정 세트(Reference. Operation Set) 등이 있다.

- 장치산업을 위한 기준정보는 표준조리법(Master Recipe), 자원, 자원 네트워크, 공정지침(Process Instruction) 등의 종류가 있다.
- 간판방식을 위한 기준정보는 간판 사이클(Cycle), 자재 사용처, 자재 공급처, 공급 지역 등이 있다.
- 생산계획의 수립을 자원하는 기준정보로는 BOM유효성, 계획 계층구조, 제품그룹 등 여러 가지가 있다.

위와 같이 산업별로 생산관리방식에 적합한 다양한 종류의 기준정보를 관리하여 생산의 효율성을 높일 수 있다.

(2) 기준정보를 통합적으로 활용

생산계획의 수립, 작업지시서의 발행, 생산실적의 입력, 원자재의 출고, 제품의 입고, 제조원가의 계산, 구매요청서의 발행, 생산일정의 계산 등 생산관리의 다양한 업무영역에서 기준정보가 활용된다. 이와 같이 SAP ERP에서는 기준정보를 여러 영역에 걸쳐 통합적으로 사용할 수 있다.

(3) 제품 특성에 맞는 생산계획 수립 가능

영업/생산 운영계획(SOP)은 제품의 특성에 맞추어 사용자가 직접 데이터를 입력하고 생성할 수 있는 정보구조를 설계하고, 제품의 특성에 맞는 작업 화면 및 계산 공식 등을 작성할 수 있다. 재고생산(MTS), 주문생산(MTO), 조립생산(ATO) 및 설계생산(ETO) 등 제품의 조달 및 판매를 제어하는 생산전략을 제품별로 다르게 지정할 수 있다.

(4) 다른 모듈에서 관리하는 자료의 활용

경영계획 자료, 창고의 재고현황, 구매요청이나 주문 현황 등 다른 업무부서나 모듈 등에서 관리하고 있는 자료들을 생산계획의 수립에 참고자료로 활용할 수 있다. 재고생산(MTS)하는 제품의 경우에 영업의 주문접수 시 창고에 있는 재고 현황뿐만 아니라 생산이 예정된 작업지시서의 일정까지도 점검하여 납품여부를 판단할 수 있도록 지원하며, 주문생산(MTO)의 제품의 경우에 영업의 주문접수 시 생산계획의 수요로 포함될 수 있는지 여부를 판단하여 납품의 가능성을 점검할 수 있도록 지원하고 있다.

자재소요량계획 등을 통하여 구매부서에 원자재의 구매요청이나 주문서의 발행 및 납품지시 등의 후속 기능을 지원할 수 있다. 생산오더는 생산품목, 일정, 원자재 불출, 공수 투입 등 생산현장에서 발생하는 실적자료를 입력하고 집계하는 문서이다. SAP ERP상에서 생산오더는 생산실적 정보를 실시간으로 저장하게 되어 결과분석의 자료로 사용되며, 또 원가를 집계/분석하는 데이터로도 사용된다.

(5) 시뮬레이션을 통한 분석

미래에 발생할 수 있는 다양한 상황변화를 반영하여 생산계획을 수립할 수 있는 시뮬레이션 모드(Simulation Mode)의 지원은 생산계획자들에게는 필수적인 도구라고 할 수 있다. SAP ERP의 중/장기계획(LTP)은 실제로 발생하는 운영환경에 영향을 주지 않고 장기적인 관점에서 원자재 소요량 분석, 생산능력 소요량의 분석 등 자재소요량계획(MPS/MRP) 등에서 수행하는 모든 기능을 시뮬레이션할 수 있도록 지원한다.

(6) 공급사슬관리 모듈과 인터페이스 지원

생산관리 모듈에서 관리하는 자재명세서(Bill of Material), 공정순서도(Routing), 계획 오더, 작업지시서 등 여러 가지 기준정보나 업무처리 정보를 공급사슬관리 프로그램(APO)으로 보내고 받을 수 있다. 또 자재

관리 모듈에서 관리하는 거래처, 각종 계약, 재고, 구매요청, 구매발주 및 영업관리 모듈에서 관리하는 고객, 가용성점검 요청, 주문현황 등 여러 가지 기준정보나 업무처리정보도 공급사슬관리 프로그램(APO)과 용이하게 주고받을 수 있다.

(7) 제품 특성에 맞는 생산방식의 지원

조립산업, 장치산업, 반복생산, 프로젝트 위주 생산 및 간판 등 다양한 산업에서 필요로 하는 생산방식을 자재 마스터데이터에 정의하여 사용할 수 있다. 작업지시서의 형태도 산업의 특성을 반영하여 생산오더(Production Order), 공정오더(Process Order), 운영스케줄(Run-Schedule) 등 해당 산업에서 요구하는 형태로 세분화되어 있다. 예를 들어, 장치산업의 공정조건, 작업지침 등 작업관리를 위한 상세 작업지시서(PI-Sheet)를 만들어 사용할 수 있다.

(8) 공정 제어시스템 및 현장시스템과의 인터페이스 지원

장치산업 쪽에서 많이 사용하고 있는 각종 공정이나 설비의 관리를 위한 공정 제어시스템(PCS/DCS)과 작업지시서, 작업지침 및 공정 변수 등을 다운로드할 수 있으며, 또한 공정제어시스템에서 관리하는 데이터를 다시 ERP 시스템으로 업로드(Upload)하여 작업지시서와 함께 생산실적 및 공정변수들을 통합하여 관리할 수 있도록 공정 관리기능을 지원하고 있다. 다양한 산업에서 운영되고 있는 생산 실행시스템(MES)과도 BAPI프로그램을 통하여 인터페이스할 수 있다.

(9) 유연한 실적 분석기능을 지원

생산실적을 요약하여 다양한 분석이 가능하도록 지원하는 물류정보시스템에서 데이터를 저장할 수 있는 테이블, 조기경보 등을 사용자의 요구에 맞게 만들어 쓸 수 있다.

SAP에서 기본적으로 제공하는 표준분석에서는 막대그래프, 분류, 파이분석, 상관관계, 전략분석 등 각종 그래픽 툴을 통하여 데이터를 쉽게 분석하도록 지원하고 있다. 사용자가 정의할 수 있는 유연분석에서는 다른 기준정보테이블 및 정보구조의 데이터 등과 결합하여 더욱 확장된 정보의 분석이 가능하도록 지원하고 있다.

(10) 데이터 웨어하우스 시스템으로 정보 제공

자료의 추출, 특히 변경된 자료만을 추출하는 기능은 데이터 웨어하우스 구현의 필수적인 요소라고 할 수 있다. SAP ERP에서는 ERP에서 발생한 각종 데이터를 간이 데이터 웨어하우스 기능인 물류정보시스템에 저장하고, 파라미터를 설정하는 방식으로 간단한 변수 값의 정의로 변경된 자료만을 추출할 수 있다는 장점을 누릴 수 있다. 따라서 사용자는 쉽게 ERP 시스템의 자료를 추출하여 데이터 웨어하우스를 구현할 수 있다. 자재관리, 영업관리, 설비관리, 품질관리 등 SAP ERP 시스템은 동일한 방법의 데이터 웨어하우스 인터페이스를 지원하고 있어 많은 자료의 추출에 장점이 있다.

연습문제

[기출문제]

01 채찍효과(Bullwhip Effect)와 관련된 설명은 무엇인가?

① 전체 공급망상에서 수익성이 증가한다.

② 수요정보를 왜곡시키는 결과를 야기한다.

③ 공급사슬관리의 조정활동이 잘 이뤄진다.

④ 소비자들의 정확한 수요가 생산에 반영된다.

02 Percentage(비율) BOM의 특징으로 적절하지 <u>않은</u> 것은?

① 역삼각형의 형태를 갖는다.

② Planning BOM의 일종이다.

③ 제품을 구성하는 부품의 양을 백분율로 표현한다.

④ 제품을 구성하는 부품의 양을 정수로 표현하지 않는다.

03 고객의 주문이 들어오면 설계로부터 시작해서 자재의 구입 및 생산, 조립을 하는 생산 전략은 무엇인가?

① Make-To-Stock

② Make-To-Order

③ Engineer-To-Order

④ Assemble-To-Order

04 자재소요계획(MRP)의 효과로 가장 적절한 것은?

① 생산소요시간이 늘어난다.

② 납기준수를 통한 생산 서비스가 개선된다.

③ 재고수준이 감소되어 자재 재고비용이 낮아진다.

④ 자재부족 최대화로 공정의 가동효율이 낮아진다.

05 자재소요계획(MRP)의 효과로 적절한 설명을 고르시오.

① 생산소요시간이 증가된다.

② 재고수준이 증가하여 자재재고비용이 증가한다.

③ 납기준수를 통해 고객에 대한 서비스가 개선된다.

④ 자재의 부족이 발생하여 생산공정의 가동효율이 저하된다.

06 JIT(Just In Time)의 7가지 낭비에 해당되는 것은?

① 인력의 낭비

② 운반의 낭비

③ 원가의 낭비

④ 품질의 낭비

07 공정(절차)계획의 수행하기 위한 업무로 적절한 것은?

① 작업의 위험 요소 결정

② 각 작업의 품질기준 결정

③ 각 작업의 소요비용 결정

④ 작업의 내용 및 방법 결정

[○×퀴즈]

08 PP 모듈은 생산 계획, 자재 소요 계획(MRP), 생산 주문 관리와 같은 기능을 포함한다. ☐

09 PP 모듈의 'MRP(Material Requirements Planning)'는 모든 생산 자원을 항상 동일한 우선순위로 계획한다. ☐

10 '자재 소요 계획(Material Requirements Planning, MRP)'은 생산에 필요한 자재와 수량을 예측하여 주문을 자동으로 생성한다. ☐

11 '생산 계획(Production Planning)'의 주요 목표는 자재와 작업력을 적절히 배분하여 효율적인 생산을 도모하는 것이다. ☐

12 PP 모듈에서 '생산 오더(Production Order)'는 자재 가용성 점검이 완료된 후에만 생성할 수 있다. ☐

13 '자재 요구 계획(MRP) 실행'은 생산 계획에 따른 자재의 현재 재고와 소요량을 비교하여 자재 주문을 자동으로 생성한다. ☐

14 PP 모듈의 '자재 소요 계획(MRP)'은 자재의 실제 사용량을 추적하고, 과잉 재고를 방지하는 기능을 제공한다. ☐

15 '생산 계획(Production Planning)' 모듈은 자재 소요 계획(MRP) 외에도 생산 일정과 자원의 최적화를 담당한다. ☐

CHAPTER

08

물류관리 모듈의
주요 기능

물류관리 모듈의 주요 기능

01 물류관리 모듈의 기본 이해

　물류관리(LM: Logistics Management) 모듈은 제조된 자사의 부품 혹은 완제품을 고객이 원하는 지점에 어떻게 배송할 것인가와 어떻게 관리할 것인가를 포함하는 행위들을 포함한다. 구체적으로 주문 및 재고관리, 운송 및 배송 관리, 창고관리가 포함된다. 자사에서 분석한 수요 계획을 토대로 생산된 제품들을 공급망관리를 활용하여 실시간으로 추적하여 재고 부족이나 재고 과잉을 방지하기 위한 재고를 관리한다. 주문에 따라서 제품을 찾아내는 피킹(Picking)을 통해서 포장하고 출고를 준비한다. 이후 주문된 제품을 정해진 시간과 장소에 맞춰 안전하게 운송하기 위해서 최적의 경로와 수단을 계획하고 조정한다.

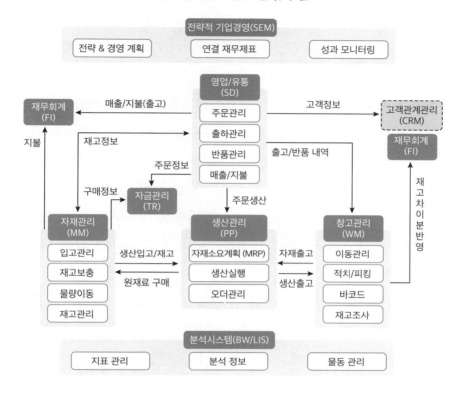

1.1 물류관리 모듈 키워드

- 공급망관리(SCM: Supply Chain Management)란 제품생산에 필요한
  자재공급 등을 포함한 모든 자원의 흐름과 활동이다.
  - ✓ 창고관리 시스템(WMS: Warehouse Management System): 기업이
    제품이나 재고를 효율적으로 추적하고 관리할 수 있도록 도와
    주는 소프트웨어 시스템으로 보관, 재고 수량 추적, 주문 처리,
    배송 및 재고 이동 추적, 재고 흐름 분석 등의 기능들을 수행하
    는 것을 말함
  - ✓ 크로스도킹 시스템(CD: Cross Docking): 물류 및 창고 관리에서
    사용되는 전략적인 접근 방식 중 하나로 제품이 창고에 도착하

자마자 장기적인 보관없이 직접 다른 운송 수단으로 이송되는 방식

✓ 공급자 관리재고(VMI: Vendor Managed Inventory): 기업과 그들의 공급업체 사이의 협력적인 재고 관리 방법 중 하나로 공급자가 제품의 재고 수준을 모니터링하고 관리하며, 기업은 자체적으로 재고를 관리하는 대신 공급자에게 재고 관리 책임을 위임하는 방식

- 재고관리(Inventory Management)는 시장에서의 가치가 큰 변동이 없는 경우나 급격한 수요증가 등의 위험에 대비하는 경우, 제품을 제조하는데 드는 부품의 급격한 가격변동의 경우와 같이 다양한 이유가 있다.

✓ 순환재고(Cycle Stock): 한 번에 필요한 양보다 더 많은 양을 주문함으로써 남는 재고량을 이야기하며 한 번에 많은 양을 주문함으로써 대량구매로 인한 할인 등을 받을 수 있음

✓ 안전재고(Safety Stock): 긴급주문이나 부정확한 수요 예측, 미납주문 등의 대응을 위해 필요한 경우를 말함

✓ 예상재고(Anticipatory Stock): 에어콘, 선풍기, 온열기 등과 같은 계절적인 제품이나 파업 등과 같이 예상되는 문제로 인한 수요 변화에 대응하기 위한 재고를 이야기함

- 유통소요계획(DRP: Distribution Requirements Planning)은 제조업 및 유통업체에서 사용되는 재고 및 생산 계획 방법 중 하나로 소매점 또는 최종 소비자에게 제품을 공급하기 위해 필요한 재고 수준과 생산량을 결정하는 데 사용한다.

✓ 후방연쇄(Backward Integration): 기업이 자체적으로 원자재나 부품 생산 과정을 포함하여 공급망의 역방향으로 확장하는 전략

✓ 전방연쇄(Forward Integration): 기업이 자사의 제품이나 서비스를 소비자에게 직접 공급하기 위해 공급망을 앞쪽으로 확장하는 전략

- 재고조사(Inventory Check)는 현재 제품의 품목과 수량을 기록하여 가용가능한 재고를 확인하는 것이다.

  ✓ 일제재고조사(Periodic Inventory Count): 재고를 보관하는 모든 장소에 정기적으로 재고조사를 시행하는 방식

  ✓ 구역재고조사(Zone Inventory Count): 재고를 보관하는 구역별로 부분적 재고조사를 시행하는 방식

  ✓ 상시순환재고조사(Continuous Cycle Inventory Count): 분기, 반기 등의 주기를 계획하여 상시적으로 재고를 조사하는 방식

- 입고(Receiving)란 재고나 상품이 창고나 보관 공간으로 들어오는 과정을 말한다.

- 출고(Shipment)란 제품이 창고나 보관 공간에서 외부로 나가는 과정을 의미한다.

  ✓ 피킹(Picking): 창고나 보관 공간에서 고객 주문에 따라 제품을 선별하고 준비하는 프로세스를 설명하며 주문된 제품을 찾아내고 포장하여 출고 준비를 마치는 과정을 포함함

- 자사에서 제작한 제품(부품이나 반제품 등을 포함)이 창고 내에서 제품을 보관하고 배치하는 창고보관 유형은 다양하며 수평적으로 여러 층의 제품을 보관하는 방식인 팔레트 방식(Pallet Racking)이 일반적이며 이를 어떤 방식으로 출고시키는가에 대한 방식이 존재한다.

  ✓ 선입선출법(FIFO: First in First Out Method): 구매한 자산순서대로 출고하는 방법으로 먼저 들어온 자산을 먼저 내보내는 방식

  ✓ 후입선출법(LIFO: Last In First Out Method): 최근에 구매한 자산

을 먼저 출고하는 방법으로 나중에 들어온 자산을 먼저 내보내
는 방식

- 운송(Transportation)은 상품 또는 물품을 생산지에서 소비자까지
운송하여 유통하는 과정을 포함한다.

2.1 공급망 재고보충 기법

유통소요계획(DPR: Distribution Requirements Planning)이란 제품이 생산되어부터 소비자에게 도달하는 과정에서 필요한 시간과 자원을 계획하는 과정이다. 유통소요계획을 바탕으로 생산자와 소매업체 사이의 유통 과정을 최적화하여 재고를 줄이고 비용을 절감하며 고객 서비스를 향상시키는데 도움을 준다.

(1) 지역별 물류센터의 유통소요계획 수립

① 제품에 대한 고객 수요를 예측

주차	1	2	3	4	5	6	7	8
수요예측	120	150	110	90	140	160	80	130

② 현재 보유 재고수준을 고려하여 미래 재고를 예측

주차	1	2	3	4	5	6	7	8
수요예측	120	150	110	90	140	160	80	130

기말재고 (이전기간: 400 / 안전재고: 100)	280	130	20					

③ 입고예정량을 반영하여 예측된 미래 재고수준에서 입고가 필요한 시점과 수량을 결정

주차	1	2	3	4	5	6	7	8
수요예측	120	150	110	90	140	160	80	130
기말재고 (이전기간: 400 / 안전재고: 100)	280	130	20					
입고예정량			재고 주문 시점					

④ 단위구매량을 고려하여 주문량을 결정

주차	1	2	3	4	5	6	7	8
수요예측	120	150	110	90	140	160	80	130
기말재고 (이전기간: 400 / 안전재고: 100)	280	130	20	230	90	230	150	20
입고예정량			300		300			300

⑤ 리드타임을 고려하여 주문시점을 결정

주차	1	2	3	4	5	6	7	8
수요예측	120	90	110	90	140	160	80	130
기말재고 (이전기간: 400 / 안전재고: 100)	280	190	80	230	90	230	150	20

입고예정량			300		300			300
주문량 (리드타임 2주 / 단위구매량: 300)	300		300			300		

(2) 중앙 물류센터의 유통소요계획 수립

① A 지점의 유통소요계획

주차	1	2	3	4	5	6	7	8
수요예측	100	140	110	80	130	90	140	120
기말재고 (이전기간: 350 / 안전재고량: 50)	250	110	300	220	90	220	80	260
입고예정량			300		300		300	
주문량 (리드타임 1주 / 단위구매량: 300)		300		300		300		

② B 지점의 유통소요계획

주차	1	2	3	4	5	6	7	8
수요예측	80	110	120	70	130	110	70	110
기말재고 (이전기간: 500 / 안전재고량: 100)	420	310	190	120	190	280	210	100
입고예정량					200	200		
주문량 (리드타임 3주 / 단위구매량: 200)		200	200					

③ C 지점의 유통소요계획

주차	1	2	3	4	5	6	7	8
수요예측	40	60	80	70	80	90	70	60
기말재고 (이전기간: 200 / 안전재고량: 50)	160	100	170	100	170	80	160	100
입고예정량			150		150		150	
주문량 (리드타임 2주 / 단위구매량: 150)	150		150		150			

④ 통합 유통소요계획

①~③까지의 계획서를 통합하여 재 작성하면 통합 유통소요계획서가 생성되어진다.

2.2 재고관리

재고는 자사에서 판매 수요를 이행하기기 위해서 필요한 원재료, 부품, 반제품 등을 보관하는 것을 의미한다. 재고에 대한 관리는 체계적으로 이루어져야 하는데 너무 많은 재고는 돈이 들 수 있고 반대로 생산에 필요한 재고가 없을 경우 구매혹은 생산이 필요하기 때문에 고객이 요청한 기한에 맞추지 못할 수 있기 때문이다. 많은 재고가 돈이 드는 이유는 원재료, 부품, 반제품 등을 현재 상태로 유지하기 위해서는 특정 장소에서 온도 혹은 습도까지 조절해야하기 때문이다. 이러한 문제 때문에 재고를 없앤다고 하면 그 또한 문제가 된다. 갑자기 들어온 주문에 대응할 수 없기 때문이다. 따라서 재고에 대한 관리가 필요하다.

그렇다면 재고를 관리하기 위해서 어떤 요소들을 고려해야 적정재고수준이라고 설명할 수 있을까? 바로 재고주문비용, 재고유지비용, 재고부족비용, 생산준비비용이 필요하다.

재고주문비용이란 기업이 재고를 구매하거나 생산하기 위해 소비하는 비용(주문비용)을 이야기한다.

- 주문 비용(Ordering Costs): 재고를 주문하거나 생산하기 위한 비용으로, 주문 처리, 운송, 검수 및 입고 등의 비용을 이야기한다. 주문비용은 1회 발주량을 크게 할수록 1단위당 재고비용이 감소한다.

재고유지비용이란 기업이 재고를 보유하고 유지하기 위해 소비하는 비용(보유비용)을 의미한다. 보유 비용(Holding Costs)은 재고를 보유하는 동안 발생하는 비용으로, 보관 공간 대여료, 보관 장비 유지비, 보험료, 감가상각비, 관리 및 감독비 등을 이야기한다.

- 보관 공간 비용: 재고를 보관하기 위해 사용하는 창고나 저장 공간의 임대료나 소유 비용
- 보관 장비 유지비: 재고를 보관하는 데 사용되는 장비나 시설의 유지보수 비용
- 보험료: 재고에 대한 보험료
- 감가상각비: 보관 장비나 시설에 대한 투자의 감가상각 비용
- 재고 감소 비용: 재고의 품질 저하나 오염을 방지하기 위해 필요한 관리 비용
- 재고 이동 비용: 재고의 이동이 필요한 경우 발생하는 비용이며 주로 내부 이동 및 외부 운송 비용을 말함

재고부족비용이란 기업이 재고가 부족하여 발생하는 손실을 말하며 고객 서비스 부족으로 인한 매출 감소, 긴급 배송 및 생산 비용 등을 포함한다.

- 판매 손실: 재고가 부족하여 고객에게 제품을 제공하지 못하고 매

출이 감소하는 경우

- 긴급 구매 비용: 재고가 부족한 경우 긴급하게 제품을 구매해야 할 때 발생하는 비용
- 고객 서비스 부족으로 인한 이미지 손실: 고객이 원하는 제품을 제공하지 못할 때 기업의 이미지에 대한 손상에 대한 비용
- 비용 증가: 재고 부족으로 인해 소량 주문이나 생산을 강제로 진행하면 단위당 생산 비용이 증가할 수 있음
- 생산 지연: 필요한 부품이나 재료의 부족으로 인해 생산이 지연될 수 있으며, 이는 고객 서비스와 생산 계획에 영향을 미칠 수 있음

생산준비비용이란 제품을 생산 전에 발생하는 비용으로 생산 시설을 가동하기 위해 필요한 작업을 포함한다.

▶ 그림 8-2 재고 최소화를 위한 발주량 계산방법 ────────

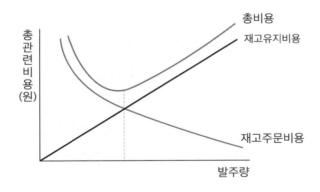

1회 발주 시 많은 양을 시킬수록 재고관리비용이 감소하지만 재고가 너무 부족하거나 너무 많게되면 위험이 증가하기 때문에 적정재고수준을 유지하는 것이 중요하다. 적정재고수준을 찾기 위해서 다양한 재고관리모형을 사용한다.

2.3 창고관리

창고는 물건을 저장하고 보관하는 공간을 이야기한다. 대규모 제조업체나 유통업체에서 중요한 역할을 하는데 출하대응, 구매/생산/판매 시점 완충대응, 대량화에 따른 대응, 계절적 차이에 의한 수급대응 등을 할 수 있다.

(1) 입출고관리

입고업무프로세스는 '구매/주문 요청-입고접수-입고계획-입하/하차-검사-입고지시-운반/입고 적재-입고마감'으로 이루어진다.

출고업무프로세스는 '주문/출하 요청-주문 마감-출고계획-출고지시-출고 피킹-분류-검사-출하포장-상차적재-출하이동-출고마감'으로 이루어진다.

(2) 창고보관

상품이나 물자를 한 장소에서 다른 장소로 이동시키는 과정을 관리하는 것을 이야기한다. 효율성과 비용 절감을 극대화하고, 제품이 시간에 맞게 목적지에 도착하도록 보장하는 것이 목표이다.

- 높이 쌓기의 원칙은 장소의 효율성을 증진시키기 위해 물품을 높이쌓는 방식으로 안전성과 효율성을 고려하여 물건을 쌓는 방법을 결정하는 데 도움이 된다.
- 선입선출의 원칙은 먼저 입고된 물품을 먼저 출고하는 방식으로 재고의 유통기한을 관리하는 데 중요하다.

2.4 재고자산

기업이 생산과 판매 활동을 위해 보유하고 있는 자산으로 기업의 운영 효율성과 재무 건전성에 중요한 영향을 미침으로 재고자산의 관리가 중요하다.

- 선입선출법(FIFO): 먼저 구매한 재고가 먼저 판매된다는 가정으로 물가가 상승하는 경우, 초기의 낮은 원가가 매출원가에 반영되어 순이익이 높아질 수 있다.
- 후입선출법(LIFO): 나중에 구매한 재고가 먼저 판매된다고 가정하는 방법으로 물가가 상승하는 경우, 최근의 높은 원가가 매출원가에 반영되어 순이익이 낮아질 수 있다.
- 총평균법(Average Cost Method): 재고의 원가를 평균하여 평가하는 방법으로 재고의 입출고 시마다 단가를 다시 계산하여 평균 원가로 산출한다.

> ※ 총평균단가 = (기초재고자산가액 + 당기매입액) / (기초재고수량 + 당기매입수량)

- 이동평균법(Moving Average Method): 재고자산 평가 방법 중 하나로, 재고의 단가를 평균하여 계산하는 방식으로 이 방법은 일정 기간 동안 재고의 입출고가 있을 때마다 그때그때 평균 단가를 다시 계산하여 사용하며 가격 변동이 빈번한 재고 품목의 평가에 유용하다.

> $$※ 이동평균단가 = \frac{기존\ 재고의\ 총\ 원가 + 입고된\ 재고의\ 원가}{기존\ 재고의\ 수량 + 입고된\ 재고의\ 수량}$$

각 재고평가방식을 기말재고자산가액, 매출원가, 매출총이익을 중심으로 풀어보면 다음과 같다.

> 기말재고자산가액: 선입선출법 > 이동평균법 > 총평균법 > 후입선출법
> 매출원가: 후입선출법 > 총평균법 > 이동평균법 > 선입선출법
> 매출총이익: 선입선출법 > 이동평균법 > 총평균법 > 후입선출법

만약 초기재고가 100개이고 단가가 10,000원이었고 이후 1차로 50개, 단가 12,000원, 2차 50개, 단가 11,000원으로 입고되었을 경우 다음과 같이 계산된다.

▶ 표 8-1 선입선출법 계산 ────────────────

재고평가방식	선입선출법
매출원가	첫 100개는 초기 재고에서 출고: 100×10,000=1,000,000원 다음 20개는 1차 입고분에서 출고: 20×12,000=240,000원 총 매출원가: 1,000,000+240,000=1,240,000원
기말재고 자산가액	남은 재고: 1차 입고에서 30개, 2차 입고에서 50개, 30×12,000+50×11,000=360,000+550,000=910,000원
매출총이익	판매가: 120개×15,000=1,800,000원 (가정) 1,800,000 - 1,240,000 = 560,000원

▶ 표 8-2 후입선출법 계산 ────────────────

재고평가방식	후입선출법
매출원가	첫 50개는 2차 입고분에서 출고: 50×11,000=550,000원 다음 50개는 1차 입고분에서 출고: 50×12,000=600,000원 마지막 20개는 초기 재고에서 출고: 20×10,000=200,000원 총 매출원가: 550,000+600,000+200,000=1,350,000원
기말재고 자산가액	남은 재고: 초기 재고에서 80개, 80×10,000=800,000원
매출총이익	1,800,000－1,350,000=450,000원

재고평가방식	총평균법
평균 단가 계산	총 원가: 1,000,000 + 600,000 + 550,000 = 2,150,000원 총 수량: 100 + 50 + 50 = 200개 평균 단가: $\dfrac{2,150,000}{200}$ = 10,750원
매출원가	120개 출고: 120 × 10,750 = 1,290,000원
기말재고 자산가액	남은 재고: 80개, 80 × 10,750 = 860,000원
매출총이익	1,800,000 − 1,290,000 = 510,000원
재고평가방식	이동평균법
평균 단가 계산	초기 재고: 100개, 단가 10,000원, 총 원가 1,000,000원 1차 입고 후: $\dfrac{1,000,000+600,000}{100+50}$ = $\dfrac{1,600,000}{150}$ = 10,666.67원 2차 입고 후: $\dfrac{1,600,000+550,000}{150+50}$ = $\dfrac{2,150,000}{250}$ = 10,750원
매출원가	120개 출고: 120 × 10,750 = 1,290,000원
기말재고자산 가액	남은 재고: 80개, 80 × 10,750 = 860,000원
매출총이익	1,800,000 − 1,290,000 = 510,000원

2.5 운송관리

상품이나 물자를 한 장소에서 다른 장소로 이동시키는 과정을 관리하는 것을 이야기한다. 제품의 생산지에서 소비자에게 도달하기까지의 모든 운송 단계를 포함한다. 운송관리는 효율성과 비용 절감을 극대화하고, 제품이 시간에 맞게 목적지에 도착하도록 보장하는 것을 목표로 한다.

해당 목표를 달성하기 위해서는 운송계획을 수립해야 한다. 운송계획을 통해 최소의 총비용(운행비용, 재고비용, 운송서비스)으로 최대의 고객만족을 제공해야 하기 때문이다.

- 운행비용: 고정비＋(거리×거리당 연료비)＋(시간×시간당 인건비)
- 재고비용: 주문비용＋재고유지비용＋재고부족비용
- 운송서비스: 속도(평균운송시간) 및 신뢰성(운송시간의 변동성)

모두 완성된 완제품은 다양한 방식으로 운송되며, 이 또한 최소의 비용으로 고객의 만족을 극대화할 수 있는 최적의 방식을 선택한다.

- 공장직송방식: 공장(발송장소)에서 고객(도착장소)에게 직송하는 방식
- 중앙집중거점방식: 다수의 공장(발송장소)에서 물류센터를 거쳐 고객(도착장소)에게 전달하는 방식
- 복수거점방식: 다수의 공장(발송장소)에서 카테고리별(화주, 권역, 품목)로 집하하고 다수의 고객(도착장소)에게 전달하는 방식
- 다단계거점방식: 다수의 공장(발송장소)에서 카테고리별(화주, 권역, 품목)로 집하하고 해당 내역에 따라 창고를 운영하여 다수의 고객(도착장소)에게 전달하는 방식
- 배송거점방식: 다수의 공장(발송장소)에서 창고를 운영하여 다수의 고객(도착장소)에게 전달하는 방식

운송수단은 다양하며 도로운송, 해운운송, 기차운송, 항공운송, 파이프라인 운송이 있다. 각 수단별 특징들은 다음과 같다.

	도로운송	기차운송	해운운송	항공운송	파이프라인 운송
거리	근거리 및 중거리	원거리	원거리	원거리	모든 거리 가능
상품	소량 및 중량	대량	중량 및 대량	경량 및 소량	-
운송량	용량제한	대량 운송이 가능	대량 운송 가능	용량제한	안정적이고 지속적인 운송
배차	수시	배차가 적절하지 않음	용이하지 않음	적절하지 않음	지속
날씨	영향을 받음	비교적 영향을 덜 받음	영향을 많이 받음	영향을 매우 많이 받음	영향을 받지 않음
비용	장거리 이동 시에는 시간과 비용이 많이 듦	장거리 이동에 효율적	저렴한 비용	높은 비용	가장 저렴한 비용
속도	보통	길다	매우 길다	매우 짧다	대량 연속 배송
단점	교통 체증, 주유 비용 상승	인프라의 제한 시간표의 제약 문서 절차의 복잡성	포트 간의 적재 및 언로딩 시간이 추가로 소요	기상 조건에 따른 영향	건설 및 유지 보수 비용이 높고, 경로 변경이 어려움
예시	화물 등	철도 등	선박 등	항공 등	정유회사 등

03 물류관리 모듈의 전체 프로세스

3.1 공급망관리 운영(입고)

고객이 주문을 요청하면 입고에 대한 통보와 계획절차를 수립하여 제품·부품·자재를 어디에 적치할지 계산한다. 계획된 내용에 따라 입하하면 검수를 거쳐 불량품이 있는지 없는지 확인한다. 검수가 완료되면 실제 가용할 수 있는 개수로 입고처리한다. 입고된 항목들을 자사의 공간에서 어디에 적치할지 입고를 지시한다. 이후 입고된 항목들을 계획하에 운반하여 입고하고 적치하면 입고가 마감된다.

① **구매주문요청**: 회사나 조직에서 특정 제품이나 서비스를 공급업체에게 주문하기 위해 사용하는 공식 문서로 회사정보(회사명, 주소 등), **공급업체정보**(공급업체명, 주소, 연락처 등), **주문번호 및 날짜**, **주문내역**(품목명, 수량, 단가 등), **배송정보**(배송주소, 원하는 배송날짜 등), **지불조건**(방식, 기한 등)

② **입고접수**: 물품이 공급업체로부터 도착했을 때 이를 확인하고 수령하는 과정으로 입고접수 절차는 재고 관리의 중요한 부분으로, 입고된 물품이 주문한 내용과 일치하는지, 품질에 문제가 없는지 등을 확인하는 과정입니다. 아래는 입고접수의 주요 절차와 관련된 내용이 포함된다.

③ **입고계획수립**: 물품이 창고나 지정된 장소로 도착하기 전에, 해당 물품을 효율적으로 수령하고 관리하기 위한 일련의 계획을 수립하는 과정이며 구체적으로 입고 필요 물품을 확인한 후 공급업체와의 일정을 조율하고 창고 공간을 준비하면서 입고 절차를 검토한다.

④ **입하**: 공급업체로부터 주문한 물품이 도착하여 창고나 지정된 장소에 들어오는 과정

⑤ **검사**: 제품이나 자재가 사양과 품질 기준에 맞는지 확인하기 위해 수행하는 절차이며 검사는 다양한 방식으로 이루어질 수 있으며, **검사 방법**(입고검사(외관 검사, 수량 확인, 기본 기능 테스트 등), **공정 검사**(각 생산 단계에서 불량품이 생산되지 않도록 중간 점검을 수행), **완제품**

검사(포장 전 제품의 외관, 기능, 성능 등을 종합적으로 검사), **출고 검사**
(포장 상태와 수량을 점검)**와 기준은 검사 대상과 목적에 따라 달라**
진다. 해당 모듈에서는 입고검사가 해당된다.

⑥ **입고지시:** 공급업체로부터 도착한 물품을 창고나 지정된 장소로
입고하기 위해 필요한 지침이나 명령을 전달하는 것으로 입고지
시서 내에 입고물품정보가 포함되며 입고를 준비하고 물품이 도
착하였는지 확인한 후 입고 작업을 수행하면 입고등록처리가
된다.

⑦ **운반:** 물품이나 자재를 한 장소에서 다른 장소로 옮기는 과정으로
운반계획을 수립한 뒤 운반을 준비하고 이를 수행하면 도착 및
검수를 진행한다.

⑧ **입고마감:** 특정 기간 동안의 입고 작업을 종료하고, 그 기간 동안
입고된 물품의 내역을 정리 및 확인하는 과정으로 입고내역을 확
인한 뒤 시스템에 업데이트하고 문서를 정리하고 마감함으로써
회계처리를 진행하면 된다.

3.2 공급망관리 운영(출고)

다수의 고객들의 주문이 접수되면 주문을 마감하고 어떻게 출고할
지에 대한 계획을 수립한다. 수립된 계획에 의거하여 출고를 지시하고
피킹한뒤 각 카테고리별로 분류한다. 분류된 항목별로 내용을 검수하
고 출하된 제품·부품·자재를 포장하고 적재시킨다. 다시 고객에게 이
송되기 위해 출하를 이동시키고 출고를 마감시킨다.

① **주문요청:** 회사나 조직에서 특정 제품이나 서비스를 공급업체에
게 주문하기 위해 사용하는 공식 문서로 회사정보(회사명, 주소 등),
공급업체정보(공급업체명, 주소, 연락처 등), **주문번호 및 날짜, 주문**

내역(품목명, 수량, 단가 등), **배송정보**(배송주소, 원하는 배송날짜 등), **지불조건**(방식, 기한 등)을 입력한다.

② **주문마감**: 특정 기간 동안 받은 주문을 처리하고 마감하는 절차로 주문내역에 따른 재고내역을 확인함으로써 주문을 확정하여 마감한다.

③ **출고계획수립**: 고객의 주문에 따라 제품을 창고에서 출고하기 위한 구체적인 계획을 세우는 과정으로 주문내역에 따른 출고재고내역을 확인하고 우선순위를 결정한 뒤 경로를 정리한다.

④ **출고지시**: 특정 제품이나 상품을 창고에서 출고하여 고객에게 배송하는 것을 지시하는 문서나 명령내역을 이야기하며 **출고 제품 정보**(출고할 제품의 종류, 수량, 규격 등), **배송 정보**(출고될 제품의 목적지, 수령인 정보, 배송 요구 사항 등), **출고 일자 및 시간**(출고가 이루어질 일자와 시간), **출고 방법 및 조건**(출고될 제품의 포장 방법, 운송 수단, 배송료 부담자 등), **출고 담당자 정보**(출고 작업을 담당하는 담당자의 정보)를 활용한다.

⑤ **출고피킹**: 고객 주문에 따라 창고에서 제품을 찾아내는 작업으로 **인력에 의한 피킹**(작업자가 주문된 제품의 위치를 직접 찾아내어 피킹하는 방식), **스캔과 자동화 기술을 이용한 피킹**(바코드 스캐너나 RFID 리더 등의 자동화 기술을 사용하여 제품을 식별하고 위치를 파악하여 피킹하는 방식), **선반 피킹**(창고 내 선반에 보관된 제품 중 주문된 제품을 피킹하는 방식), **배치 피킹**(비슷한 제품이나 주문된 제품을 한꺼번에 피킹하여 포장하는 방식)이 있다.

⑥ **분류**: 주어진 항목이나 데이터를 특정 기준에 따라 그룹으로 나누는 과정이나 방법으로 **상품 분류**(상품을 카테고리별로 분류), **물류 분류**(제품의 특성에 따라 분류하거나 고객의 주문에 따라 분류), **문서 분류**

(회계 문서, 인사 문서, 영업 문서 등), **이미지 분류**(고양이, 강아지, 자동차 등)가 있다.

⑦ **검사**: 제품이나 자재가 사양과 품질 기준에 맞는지 확인하기 위해 수행하는 절차이다.

⑧ **출하포장**: 제품이 출고될 때 안전하게 포장되는 과정으로 제품을 보호하거나 상품을 안정화시키고 상품을 식별하는 목적이 있다. 출하포장은 포장을 준비하고 제품을 포장한 뒤 라벨링하고 검수한다.

⑨ **상차적재**: 운송 수단에 제품을 안전하게 실어 나르기 위해 제품을 운송 차량이나 운송 수단에 적절히 적재하는 과정으로 상차계획 수립하고 제품 배치 계획(제품의 크기, 무게, 형태 등을 고려하여)하여 제품을 적재한다.

⑩ **출하이동**: 제품이 출하된 후, 출하 과정에서 다른 위치로 이동하는 것으로 출하되면 운송(트럭, 배, 비행기 등)한 뒤 도착하면 이송하여 처리한다.

⑪ **출고마감**: 특정 시간까지 주문된 제품이나 상품을 출고하기 위한 마감 시간을 의미하며 고객의 만족도와 물류 및 운송 효율성, 고객의 신뢰를 향상한다.

04 물류관리 모듈의 특징 및 장점

4.1 조직구조

회사 코드는 기업의 법적 단위를 나타내며, SAP 시스템 내에서 재무 및 회계 관련 정보를 처리하는 주요 단위이다. 물류관리 모듈에서는 이 회사 코드를 기반으로 물류 작업 및 프로세스를 관리한다. SAP ERP의 물류관리 모듈은 여러 창고를 지원한다. 각 창고는 특정 지역이나 기능에 할당될 수 있으며, 재고의 입고, 출고, 이동 등의 작업이 이루어진다. 창고 내에서는 다양한 위치에 물품을 보관할 수 있다. 창고 위치는 일반적으로 구역, 섹션 또는 랙과 같은 물리적 구분을 나타낸다. 자재 마스터 데이터는 모든 재고 자재에 대한 중요한 정보를 포함하고 있다. 이는 자재의 특성, 특성, 단위, 입고 및 출고 프로세스, 재고 수준 등을 포함한다. 배송 포인트는 제품이 출고되는 위치를 나타내며, 출하 문서 및 운송 계획을 생성하는 데 사용된다. 각 배송 포인트는 특정한 출하 조건 및 프로세스를 관리한다. 물류관리 모듈은 운송 수단과 노선을 관리하여 제품의 운송 및 배송 프로세스를 최적화한다. 이는 운송 계획 및 배송 일정을 관리하는 데 도움이 된다.

4.2 마스터데이터 개요

물류 모듈의 마스터 데이터는 자재와 자재운송관리가 중심이 되며 총 5가지의 부분을 구분하여 설명할 수 있다.

▶ 그림 8-3 물류관리 모듈의 마스터데이터 ──────────

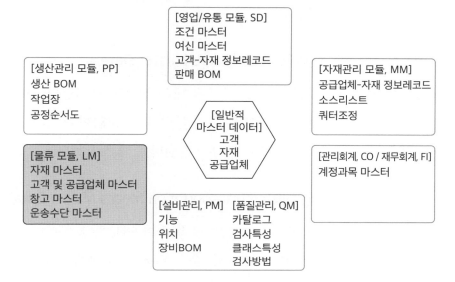

(1) 자재 마스터 데이터(Material Master Data)

자재 마스터 데이터는 모든 재고 자재에 대한 중요한 정보를 포함한다. 이는 자재의 특성, 특성, 단위, 입고 및 출고 프로세스, 재고 수준 등을 포함한다. 자재 마스터 데이터는 제품 카탈로그를 구축하고 재고 관리, 주문 처리 및 생산 계획을 지원하는 데 사용된다.

(2) 고객 마스터 데이터(Customer Master Data)

고객 마스터 데이터는 기업의 고객 정보를 포함한다. 이는 고객의 이름, 주소, 연락처 정보와 함께 거래 조건, 결제 정보 등을 포함한다. 고객 마스터 데이터는 주문 처리 및 출하 프로세스에서 사용된다.

(3) 공급 업체 마스터 데이터(Vendor Master Data)

공급 업체 마스터 데이터는 기업의 공급 업체 정보를 포함한다. 이는 공급 업체의 이름, 주소, 연락처 정보와 함께 계약 조건, 지불 조건,

공급 기간 등을 포함한다. 공급 업체 마스터 데이터는 구매 주문 및 입고 프로세스에서 사용된다.

(4) 창고 마스터 데이터(Warehouse Master Data)

창고 마스터 데이터는 기업의 창고에 대한 정보를 포함한다. 이는 창고의 이름, 위치, 용량, 보안 수준, 작업 구성 등을 포함한다. 창고 마스터 데이터는 재고 관리 및 창고 운영을 지원하는 데 사용된다.

(5) 운송 수단 마스터 데이터(Transportation Means Master Data)

운송 수단 마스터 데이터는 기업의 운송 수단 정보를 포함한다. 이는 운송 수단의 종류, 용량, 운송 노선, 운송 비용 등을 포함한다. 운송 수단 마스터 데이터는 운송 계획 및 운송 관리에 사용된다.

4.3 LM 모듈의 장점

(1) 통합된 시스템

SAP ERP의 물류관리 모듈은 기업의 다양한 물류 및 창고 관리 기능을 통합하여 제공한다. 이는 데이터의 중복성을 줄이고 작업의 효율성을 높이는 데 도움이 된다.

(2) 실시간 정보 제공

물류관리 모듈은 실시간으로 재고, 주문, 운송 및 창고 관련 정보를 제공한다. 이는 의사결정을 지원하고 빠른 대응이 가능하도록 돕는 데 도움이 된다.

(3) 자동화된 프로세스

SAP ERP의 물류관리 모듈은 다양한 물류 작업을 자동화하여 인력과 시간을 절약할 수 있다. 이는 주문 처리, 재고 이동, 운송 계획 등의 프로세스를 효율적으로 관리하는 데 도움이 된다.

(4) 고객 서비스 향상

물류관리 모듈은 주문 처리와 출하 프로세스를 최적화하여 고객 서비스 수준을 향상시킬 수 있다. 더 빠르고 정확한 납기와 배송을 제공하여 고객 만족도를 높이는 데 도움이 된다.

(5) 비용 절감

효율적인 물류관리는 재고 비용, 운송 비용 및 작업 비용을 절감할 수 있다. SAP ERP의 물류관리 모듈은 재고 최적화, 운송 계획 최적화 등을 통해 비용을 최소화하는 데 도움이 된다.

연습문제

01 제품을 생산해 소비자에게 도달하는 과정에서 필요한 시간과 자원을 계획하는 과정을 무엇이라고 하는가?

[기출문제]

02 공급망 프로세스의 경쟁능력을 결정하는 4요소 중에서 "시간"에 대한 설명으로 적절한 것은 무엇인가?

① 적은 자원으로 제품·서비스를 창출할 수 있는 능력이다.
② 고객 욕구를 만족시키는 척도이며 소비자에 의하여 결정되는 능력이다.
③ 설계변화와 수요변화에 효율적으로 대응할 수 있는 능력이다.
④ 경쟁사보다 빠른 신제품 개발능력, 신속한 제품 배달능력, 정시 배달능력이다

03 물류 거점 운영방식 중 물류 거점의 운영을 자재 및 부품 공급업체에 일임하고 필요한 경우에 필요한 수량만큼 공급자 운영재고 창고에서 가져오는 방식은?

① 크로스도킹 운영방식
② VMI 운영방식
③ 지역물류센터 운영방식
④ 직배송방식

04 재고관리 시스템 중 고정주문량 모형(Q System)과 고정주문기간 모형(P System)을 비교한 내용으로 옳지 <u>못한</u> 것은?

	고정주문량 모형(Q System)	고정주문기간 모형(P System)
①	주문량이 일정하다.	주문량이 변동한다.
②	주문시가가 변동한다.	주문시기가 일정하다.
③	재고수준을 수시점검한다.	재고수준을 주문시기에만 점검한다.
④	정기적으로 보충하는 저가품의 경우 적용이 용이하다.	재고파악이 쉽고 조달이 수월한 경우 적용이 용이하다.

05 현재 보유재고 450, 안전재고 100, 주문 리드타임 2주, 최소 구매량이 300인 A지점의 유통소요계획을 수립하려고 한다. 각 주차의 예측된 수요가 다음과 같을 때, 2주차에 발주해야 할 주문량은 얼마인가?

주차	이전기간	1	2	3	4	5
수요예측		100	110	120	120	110
수송중재고						
기말재고수준	450					
예정입고량						
주문량			(?)			

① 100 ② 300 ③ 400 ④ 420

06 재고자산의 매입가격이 지속적으로 상승하는 경우에 매출총이익이 가장 크게 평가되는 재고평가방법은 무엇인가?

① 선입선출법 ② 이동평균법 ③ 총평균법 ④ 후입선출법

07 [보기]는 창고 보관원칙 설명에 대한 일부 내용이다. (A)에 들어갈 적절한 용어를 한글로 입력하시오.

[보기]
- 높이 쌓기의 원칙: 공간 효율을 위해 물품을 높이 쌓는다.
- (A) 원칙: 먼저 입고된 물품을 먼저 출고한다.

08 다음 중에서 효율적인 창고관리를 위한 자재의 보관기준으로 적절하지 <u>않은</u> 것은 무엇인가?

① 입고순으로 출고가 가능하도록 자재를 적재한다.
② 자재별로 저장위치를 구분하고 위치카드 등으로 관리한다.
③ 적재공간을 절약하기 위하여 파레트 사용을 우선한다.
④ 출고가 잦은 자재는 출고장에 가까운 장소에 보관한다.

09 [보기]는 운송수단에 대한 설명이다. 다음 중 선박운송의 특성에 해당하는 설명으로만 묶인 것은?

[보기]
㉠ 화물의 운송속도가 매우 빠름
㉡ 화물의 손상이 적고 포장이 간단함
㉢ 고가, 고부가가치 소형 상품의 운송에 유리함
㉣ 화물의 안전 운송을 위한 포장비가 많이 발생함
㉤ 다른 운송 수단에 비해 운송 기간이 많이 소요됨
㉥ 운송 중 기상 상황에 따라 화물 손상사고가 자주 발생함

① ㉠, ㉡, ㉢
② ㉡, ㉢, ㉣
③ ㉢, ㉣, ㉤
④ ㉣, ㉤, ㉥

10 [보기]는 운송수단의 5가지 유형 중 하나에 대한 설명이다. 해당하는 운송수단을 한글로 입력하시오.

[보기]
- 화물의 운송 속도가 빠름
- 납기가 급한 긴급 화물, 신선도 유지가 요구되는 품목 운송에 적합한 운송 수단
- 고부가가치 소형 상품 운송에 유리함

[○× 퀴즈]

11 LM 모듈에서 '배송 계획(Delivery Planning)'은 고객의 주문에 대한 배송 일정을 계획하고 조정하는 기능을 포함한다. ☐

12 '창고 구조(Warehouse Structure)' 설정은 LM 모듈에서 창고의 레이아웃과 보관 구역을 정의하는 데 사용된다. ☐

13 LM 모듈의 '창고 작업(warehouse operations)'은 피킹, 포장, 적하 작업 등 물류 활동을 관리하는 기능을 포함한다. ☐

CHAPTER

09

관리회계 모듈의 주요 기능

관리회계 모듈의 주요 기능

01 관리회계 모듈의 기본 이해

　관리회계(CO: Controlling)모듈은 내부에서 발생하는 회계내역활동들을 포함한다.

　가격은 소비자가 제품에 대한 구매를 결정하는 데 가장 중요한 요인이며 기업에는 매출과 이익에 영향을 미치는 요인이다. 가격에 영향을 미치는 요인은 내부적 요인(제품특성, 비용, 마케팅 목표)과 외부적 요인(고객수요, 유통채널, 경쟁환경, 법 및 규제)으로 구분된다. 궁극적으로 가격이 결정되는 방법은 원가가산, 시장가격과 같은 방식이 있다. 원가가산방식은 원가에 이익을 더하여 가격을 결정하며 생산자-도매업자-소매업자의 순으로 진행된다. 시장가격에 의한 가격결정방식은 경쟁사 분석과 자사의 분석을 토대로 전략적인 판매가격을 책정하는 것이다. ERP에서 다루는 관리회계의 부분은 생산자의 관점에서 기업이 생산하는 제공품에 대한 가격을 산정하기 위해 필요한 원가관리부분이다.

▶ 그림 9-1 SAP ERP의 기본 프로세스: 관리회계부문

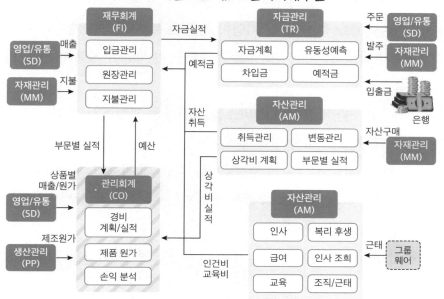

제품을 제조하기 위해서 투입되는 부품이나 인력, 기계 등의 모든 비용을 원가 3요소로 구분할 수 있으며 이는 제조활동에 따른 원가관리방식으로도 설명할 수 있다. 제조원가는 표준원가와 실제원가를 중심으로 계산되며 이를 활용하여 원가관리활동의 개선점을 찾아낸다.

▶ 그림 9-2 활동원가별 판매비 책정

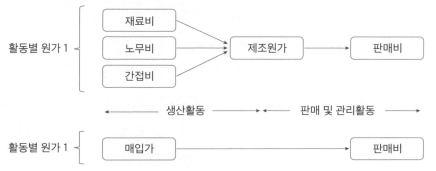

1.1 관리회계 모듈 키워드

- 원가관리(Cost Control)는 기업이 상품 또는 서비스를 제공하는 과정에서 발생하는 모든 비용을 추적하고 분석하여 제품의 생산 비용을 말한다.
- 원가 3요소란 제품이나 서비스를 생산하는 과정에서 발생하는 비용을 크게 3가지로 설명할 수 있다.
  - ✓ 재료비(Material Cost): 제품을 생산하는 데 필요한 재료의 비용
  - ✓ 노무비(Labor Cost): 제품을 생산하는 데 직접적으로 투입되는 인력의 비용
  - ✓ 간접비(Overhead Cost): 제품을 생산하는 데 필요한 간접적인 비용
- 표준원가(Standard Cost)는 기업이 특정 제품 또는 서비스를 생산하는 데 필요한 원자재, 노동, 오버헤드 등의 비용을 계산한 것이다.
- 실제원가(Actaul Cost)는 제품을 생산하는 과정에서 실제로 발생한 비용으로 제품을 생산하기 위해 소비된 원자재 비용, 직접 노동 비용, 제조 공정 비용 등을 모두 포함한다.
- 변동원가(Variable Cost)는 제품인 서비스를 생산하거나 판매하는 과정에서 발생하는 비용 중에서 생산량이나 판매량에 비례하여 변동하는 비용을 말하는데 제품 생산량이나 판매량이 증가하거나 감소할 때 배용도 같은 비용로 변동되는 것을 말한다.
- 제조활동에 따라 제조원가와 비제조원가를 구분할 수 있다.
  - ✓ 제조원가(Manufacturing Cost): 제품을 생산하는 데 발생하는 직접비용을 이야기하며 원재료 구매비용 직접노동비용, 제조공정에 직접적으로 할당되는 간접비용을 포함함
  - ✓ 비제조원가(Non-Manufacturing Cost): 제품을 생산하는 과정에

서 직접적으로 관련이 없는 비용을 말하며 제품의 판매, 관리, 마케팅, 법률 및 재무 활동과 관련된 비용을 말함

02 관리회계 모듈 세부활동

2.1 제조원가

제조원가란 제품을 생산하는 데 소요되는 모든 비용을 이야기한다. 제조원가는 판매비와 일반관리비로 설명하거나 직접비와 간접비로 설명할 수도 있다. 먼저, 직접비는 재료비나 노무비에 해당되는 부분으로 제품을 생산하는데 직접적으로 투입되는 원재료의 비용과 제품을 생산하기 위해 직접적으로 투입된 노동력을 의미한다. 재료비의 경우 제품을 구성하는 부품들이 해당되며 노무비의 경우 작업자들의 임금, 보너스, 복리후생 등이 해당된다. 직접비를 제외한 간접비의 경우 제품을 생산하는데 간접적으로 투입되는 비용으로 공장의 유지비용이나 관리비, 공장에 들어가는 기계에 대한 감가삼각비, 전기비 등이 해당된다.

판매원가는 제조원가를 포함하여 유통비, 판매비, 기타 비용까지를 포함하는 개념이다. 유통비란 제품을 소비자에게 전달하는 과정에서 발생하는 모든 비용을 이야기하며 운송비, 포장비, 보관비, 유통 과정에서 발생하는 손실 등이 해당된다. 판매비란 제품을 판매하기 위해 소요되는 비용으로 광고비, 판촉비, 판매 인력의 급여, 마케팅 활동에 소요되는 비용을 의미한다. 기타비용은 고객 서비스 비용, 반품처리비용, 거래 수수료 등이 해당된다. 판매원가는 제조원가를 포함한 것으로 제품의 총 비용을 결정하는 데 중요하다. ERP 시스템에서 원가는 제조원가에 초점을 맞추기 때문에 제조원가에 대한 설명을 구체적으로 한다.

2.2 제조원가관리

생산과 관련된 비용을 효과적으로 관리하고 최적화하기 위한 프로세스와 전략으로 기업의 경쟁력을 유지하고 수익성을 높이는 데 중요한 역할을 한다. 구체적으로 원가계획, 원가배분, 원가통제, 원가 절감에 해당하는 활동을 한다. 이러한 활동은 궁극적으로 기업이 제품의 가격을 경쟁력있게 책정하고 생산성을 높이며 시장에서 경쟁력을 강화할 수 있다. 따라서 ERP 시스템을 통해 해당 활동에서 도출되는 데이터들을 바탕으로 내부 및 외부 환경에 대응할 수 있는 전략을 구축하게 된다.

1) 기대원가

제품이나 서비스의 생산, 판매 과정에서 예상되는 평균적인 원가를 이야기한다. 불확실한 환경에서 미래의 원가를 예측하고, 이러한 예측을 통해 의사 결정을 내리는 데 사용된다. 기대원가를 활용하여 예산을 수립하거나 가격을 결정하고 비용통제, 의사결정에 활용된다.

▶ 표 9-1 기대원가 계산방법

구분	계산방법
재료비	예상 원자재 단가×예상 사용량
인건비	예상 시간당 인건비×예상 작업 시간
간접비	예상 공장 임대료×예상 기계 유지보수 비용

2) 실제원가

제조업에서 제품을 생산하는 과정에서 실제로 발생한 비용으로 원재료 구매 비용, 직접 노동 비용, 간접 노동 비용, 제조 공정 비용 등을 포함한다. 이러한 비용은 연말이나 월말결산 시에 계산되는데 연말의 경우 재무제표를 작성하기 위한 데이터로 활용되며 월말의 경우 표준원가와의 차이를 분석하여 문제를 해결하기 위한 데이터로 사용된다. 실제원가를 산정하기 위해서는 [표 9-2]와 같은 계산방법으로 실제 제품을 생산하기 위해 들어간 비용을 활용하여 상계한다.

▶ 표 9-2 실제원가 계산방법

구분	계산방법
재료비	자재가격 × 실제 소비량
인건비	실제작업시간 × 임금률
간접비	제품생산시 들어간 간접비용을 제품별로 계산

[표 9-2]에서 각 비용의 계산방식도 중요하지만 어떤 모듈에서 해당 데이터들이 산출되었는지 연계하여 이해하는 것도 필요하다. 재료비의 경우 재료를 구입하는 활동과 재료를 이용하여 생산하는 활동에서 나오는 데이터들로 계상된다. 인건비의 경우 실제로 제품을 생산하기 위해 투입되는 인원과 해당 인원의 경력 등을 고려한 임금률을 고려하여 계상한다. 간접비는 마지막에 설명한다.

3) 표준원가

제품의 원가를 실제 제품을 제조하면서 발생한 내용을 바탕으로 계산하면 작업역량, 재료값변동 등에 따라 다르게 산출될 수 있다. 이 부분은 기말에 원가를 산정 산정할 때 정확한 정보를 제공할 수 없고 이를 해결하기 위해 표준원가를 산정해야 한다. 표준원가를 산정하기 위해서는 [표 9-3]과 같은 계산방법으로 이미 정해놓은 원가를 기준으로 각 비용을 계산한다.

▶ 표 9-3 표준원가 계산방법 ─────────────────────

구분	계산방법
재료비	자재구성표 × 단가
인건비	작업표준시간 × 활동단가
간접비	작업장 정보를 활용한 간접비 계산

[표 9-3]에서 각 비용의 계산방식은 [표 9-2]의 계산에 필요한 데이터들과 비슷하다. 다만, 그 차이는 각 제품을 생산하는 데 있어 필요한 재료나 인건비에 대한 비용을 지난 과거의 데이터들을 바탕으로 이미 정해져있는 데이터에 대한 비용상계라는 것이다.

2.3 원가요소별 차이분석

제품의 원가계산을 실제원가로 진행할 경우 부품에 대한 가격변동과 작업능률에 따라 다르게 산정되어 동일 제품에 대한 가격 책정에 어려움이 있을 수 있다. 따라서 표준원가를 먼저 산정하여 제품에 대한 원가기준을 세움으로써 원가를 통제하고 가격을 결정할 수 있어야 한다. 다만, 표준원가와 실제원가간의 가격차이를 확인함으로써 현재 기업의 상태를 파악할 수 있다. 표준원가가 실제원가보다 클 경우 기업의 영업이익이 증가하는 것으로 해석되며 표준원가가 실제원가보다 작을 경우 기업의 영업이익이 감소하는 것으로 해석할 수 있다. 이러한 증감은 다음과 같은 계산을 통해 구체적으로 계산된다.

① 가격차이: '실제가격 × 실제투입량' – '표준가격 × 실제투입량'

② 능률차이: '표준가격 × 실제투입량' – '표준가격 × 표준투입량'

③ 직접재료원가차이: '실제가격 × 실제투입량' – '실제투입량 ×
표준가격'

④ 직접노무원가차이: '실제 작업시간 × 실제 임금률' –

'실제 작업시간 × 표준 작업시간'

2.4 간접비

간접비는 다양한 부서나 활동에서 발생하는 간접적인 비용을 이야기한다. 특정 제품이나 서비스의 생산에 직접적으로 소요되지는 않지만, 기업 전반의 운영 및 생산 활동과 관련이 있다.

① 제조 공정 간접비(Manufacturing Overhead): 공장 임대료, 유틸리티 (전기, 가스, 수도), 공장 내 운영 비용, 공정의 유지 보수 비용 등
② 관리 및 일반비(Administrative and General Expenses): 경영진 및 관리인의 급여, 사무용품 구매비, 사무실 임대료, 회계 서비스, 법률 서비스 등
③ 판매 및 마케팅 비용(Selling and Marketing Expenses): 광고 및 마케팅 비용, 판매 수수료, 판매 인센티브, 판매 팀의 비용 등
④ 연구 및 개발 비용(Research and Development Expenses): 연구 인력의 급여, 실험 재료 구매비, 연구용 장비 및 소모품 비용, 특허 및 지적 재산권 관련 비용 등

간접비는 지속적으로 증가하는 추세로 전통적인 산업에서는 자동화되어지지 않는 상황에서 제품을 생산하는 데 투여되는 자재, 인력, 기계 등의 직접비 비중이 간접비 비중보다 더 컸었다. 하지만 현재는 기술의 고도화로 인해 기계의 복잡성과 고도화로 인해 직접비에 대한 투자나 관리비용이 기하급수적으로 증가하기 시작하였다. 특히, 스마트 팩토리와 같은 환경에서는 그 비중이 더 높아지게 된다. 또한 상시적 온라인 환경에 접근가능한 고객은 더 다양한 방식으로 주문할 수 있으며 다양

한 기능이나 디자인이 가미된 제품을 요구한다. 기업은 이러한 환경변화로 다양하고 많은 특성을 가진 제품들을 생산하는 것뿐만 아니라 이를 출하하여 배송하는 업무까지도 중요한 비중을 차지하게 되었다.

03 관리회계 모듈의 전체 프로세스

3.1 생산관리 모듈과의 연계성

제품 생산 시 각 작업장 내 작업에서 생성되는 데이터들은 작업시간, 작업자명, 작업필요시간, 작업필요기계 등이 있다. 이러한 데이터들을 활용하여 제품을 만드는 데 필요한 자재나 인력에 대한 소비내역을 확인하여 가격을 구체화할 수 있다. 해당 내역들은 기업 내부에 가지고 있는 지원들의 능력이나 수준이 다르기 때문에 같은 제품이라도 동일하게 산정될 수 없다. 다만, 이 내역들을 활용하여 제품에 대한 경쟁우위를 산출하는데 도움을 준다. 이러한 데이터들은 관리회계 모듈에 공유하고 기업의 의사결정에 도움을 준다.

▶ 그림 9-3 생산공정에 따른 생성 데이터 ─────────

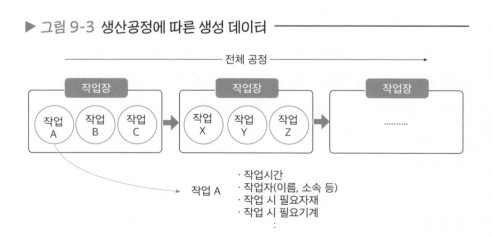

4.1 조직구조

관리회계 모듈에서의 조직구조는 제조원가, 간접비, 수익성분석을 통한 회계처리를 진행하는 데 주요목적이 있다. 기업 내에는 원가중심점 그룹이 있으며 이들은 다양한 부서나 활동이 어떤 비용을 발생시키고 있는지 추적하여 성능을 평가하고 예산을 할당하거나 결정을 지원하고 비용의 투명성을 통해 성과를 향상시키기 위한 활동을 한다.

4.2 마스터데이터 개요

▶ 그림 9-4 관리회계 모듈의 마스터데이터 ─────────────

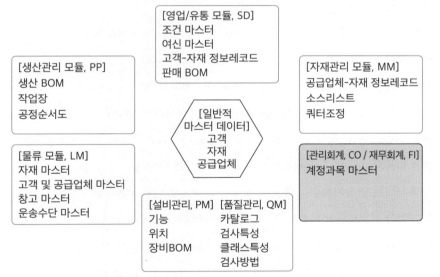

관리회계 모듈에서의 마스터데이터는 계정과목마스터이다.

원재료비 (Material Cost)	운송비 (Transportation Cost)
노동비 (Labor Cost)	물류비 (Logistics Cost)
제조비 (Manufacturing Cost)	포장재료 비용 (Packaging Material Cost)
제조공정비 (Manufacturing Overhead)	품질 통제 비용 (Quality Control Cost)
간접비 (Indirect Cost)	인건비 (Wages and Salaries)
재고 소모량 (Inventory Consumption)	물류 창고 임대료 (Warehouse Rent)
직접 노동비 (Direct Labor Cost)	품질 검사 비용 (Quality Inspection Cost)
폐기물 처리 비용 (Waste Disposal Cost)	생산 공장 임대료 (Production Factory Rent)

재고 관리 비용 (Inventory Management Cost)
생산 공정 감가상각 비용 (Depreciation Cost of Production Process)
포장 및 마감비용 (Finishing and Packaging Cost)
설비 운영 비용 (Operating Cost of Equipment)
제조 설비 유지보수 비용 (Manufacturing Equipment Maintenance Cost)
제품 생산 실패로 인한 손실 (Cost of Production Failures)
생산 직물 및 부자재 소비량 (Consumption of Production Fabrics and Accessories)
원재료 재고 유지비용 (Cost of Maintaining Raw Material Inventory)
제조공정에 필요한 에너지 소비량 (Consumption of Energy for Manufacturing Process)
생산 일용품 소모량 (Consumption of Production Supplies)
고객 서비스 및 유지보수 비용 (Customer Service and Maintenance Cost)
품질 향상 프로젝트 비용 (Quality Improvement Project Cost)
제품 설계 및 개발 비용 (Product Design and Development Cost)
생산자산 감가상각 비용 (Depreciation Cost of Production Assets)
:

4.3 CO 모듈의 장점

SAP ERP 시스템의 관리회계 모듈은 타 물류 부문과의 통합성을 기반으로 실시간 경영 성과 및 비용/수익 추적이 가능하여, 경영진에게 필요한 정보를 적시에 제공한다. 이 모듈의 주요 특장점은 다음과 같다.

(1) 실시간 정보 통합

SAP ERP의 관리회계 모듈은 FCM(재무 관리)부문뿐만 아니라 SCM(공급망 관리), HRM(인적 자원 관리) 등과도 완벽하게 통합되어 있다. 이러한 통합 덕분에 기업 활동으로 인해 발생하는 물류, 인사, 재무 정보가 데이터 발생 시점에 관리회계에 자동으로 반영되므로, 실시간으로 다양한 정보 분석을 수행할 수 있으며, 경영자의 전략적 의사결정을 위해 필요한 정보를 적시에 확보할 수 있다. 또한 이 시스템은 원가 대상에 관련된 금액 정보뿐만 아니라 수량 정보도 동시에 관리할 수 있어, 물류 부문과 회계 부문의 계획을 통합하고 조정할 수 있다. 이러한 기능은 수익, 판매, 생산, 비용, 인원 계획으로 이어지는 기업의 전체 경영 계획 프로세스를 지원하며, 결과적으로 기업의 운영 효율성을 크게 향상시킬 수 있다.

(2) 정보의 투명성 보장

관리회계 모듈은 비용 및 수익 정보를 체계적으로 취합하고 분석할 수 있도록 각 모듈별 마스터데이터 간의 연결을 지원한다. 또한 사용자가 설정한 분석 룰에 따라 데이터를 가공할 수 있어, 제공되는 정보의 투명성을 보장한다. 특히 재무회계의 계정과목과 관리회계의 원가 항목이 통합되어 관리회계 시스템과 재무회계 시스템이 동일한 데이터를 기반으로 운영되고 조정된다. 이로 인해 관리회계 목적에서 발생하는 비용 배부 등의 정보 재가공이 관리회계 전용 2차 비용 계정으로 관리되며, 재무회계 데이터의 일관성을 유지하면서도 상세한 원가 관리를 할 수 있다.

(3) 유연한 데이터 및 정보관리

관리회계 모듈은 버전별 정보 관리를 통해 다양한 목적에 맞는 데이터를 생성하고 이를 비교, 분석할 수 있다. 관리회계를 구성하는 여러 하위 모듈은 기업의 필요에 따라 유연하게 구성할 수 있다. 예를 들어, 제조 기능이 없는 회사의 경우 간접비 회계와 수익성 회계만을 선택적으로 사용할 수 있으며, 간접비 회계 중에서도 필요한 부분만을 선택하여 사용할 수 있다. 이러한 유연성은 기업의 특정 요구에 맞춘 맞춤형 회계 관리를 가능하게 한다.

(4) 다양한 관리 계층 및 계층구조 별 분석 지원

각 기업의 관리 계층 및 조직에 대한 정의가 해당 기업에 맞게 설정될 수 있으며, 이러한 계층은 상위 레벨과 조직과 연결되어 다양한 계층에서 요구하는 정보의 생성 및 분석이 가능하다. 수익성 분석도 제품, 고객, 조직 등 다양한 관점에서 정의될 수 있으며, 계층 구조별로 수익성 분석을 지원한다. 이는 기업이 다양한 관리 수준에서 필요한 정보를 얻고, 이를 바탕으로 전략을 수립하는 데 유용하다.

(5) 산업 및 생산방식에 따른 유연한 제조원가관리

제조업체의 경우, 산업의 특성에 따라 프로젝트 생산, 주문 생산, 계획 재고 생산, 반복 생산 등 다양한 생산 방식이 존재하는데, 관리회계 모듈은 이러한 다양한 생산 방식에 대응하는 유연한 원가 관리를 지원한다. 이 시스템은 제조 원가 계획, 진행 관리, 실적 관리 등을 통해 기업의 고유한 특성을 반영한 원가 관리를 가능하게 한다. 또한 사용자가 설정한 상세한 수준부터 상위 레벨에 이르기까지 데이터와 정보를 취합할 수 있어, 다양한 수준에서 정보가 제공된다. 이를 통해 실시간으로 수불표에서 구매, 생산, 판매에 대한 수량, 금액, 단가, 차이 정보를 조회할 수 있으며, 이를 기반으로 제조 원가 차이 분석이나 수익성 분석을 수행할 수 있다.

(6) 간편한 데이터 추적 및 정보분석

SAP ERP는 발생하는 모든 정보를 개별 라인 품목(Line Item)으로 처리하므로, 저장된 정보는 세부적인 단위까지 분석이 가능하다. 다양한 표준 리포팅 툴이 지원되며, 분석 보고서에서 추가적인 정보가 필요할 경우, 관련 데이터를 더블 클릭하여 계속해서 드릴다운(Drill-Down)해 나가면, 해당 정보의 원시 전표와 그 상세 내역, 그리고 관련 마스터 정보까지 추적할 수 있다. 또한 비주얼 리포팅 툴을 사용하면, 사용자의 목적에 부합하는 추가적인 보고서를 간편하게 정의하여 사용할 수 있다. SAP 정보 시스템에서 제공하는 보고서 기능은 보고서 간의 계층 구조와 연결을 가능하게 하며, 특정 정보를 얻기 위해 다른 모듈로 이동하지 않고도 필요한 정보를 검색하거나 분석할 수 있다.

(7) 다차원적 수익성 분석

수익성 분석 모듈에서는 용도에 맞는 다차원적 수익성 분석이 가능하다. 사용자가 정의한 분석 레벨을 조합하여 해당 정보만을 선택하여 분석할 수 있으며, 수익성 분석의 레벨은 최고경영층, 중간관리층, 실무자 등 다양한 계층의 요구사항을 반영하여 생성될 수 있다. 제공되는 정보 또한 각 계층에 맞게 구성할 수 있으며, 전략적 경영 관리와의 통합으로 중장기 계획, 경영 계획, 실행 계획, 실적 등의 데이터와 정보를 관리회계와 연동할 수 있다. 계획 시 다양한 전략적 목표가 반영된 시나리오(Top-Down Planning)와 현장의 상황 및 사실을 반영한 시나리오(Bottom-Up Planning)를 동시에 수용하고 분석할 수 있다. 이러한 기능은 전략적 목표를 구체화하고 부문별 실행과 연계시키기 위해 영업 계획 및 생산 계획과도 연동할 수 있다.

연습문제

[기출문제]

01 회계의 기본목적에 대한 설명으로 가장 적절한 것은?

① 회사의 재무상태만을 파악하고자 한다.

② 회사에서 단순히 장부를 정리하고 요약하는 작업이다.

③ 회사의 법인세 결정을 위한 과세표준 계산이 주된 목적이다.

④ 회사의 다양한 이해관계자의 경제적 의사결정에 유용한 정보를 제공하는 것이다.

02 [보기]의 (   )에 들어갈 적절한 용어를 한글로 기입하시오.

> **[보기]**
>
> 원가의 세 가지 요소에는 재료비, 제조경비, (   )가 있다.

03 회계 정보를 재무회계 분야와 관리회계 분야로 나누어 설명할 때, 관리회계 분야에 해당되는 회계정보 항목을 고르시오.

① 일정시점에 있어 기업의 재무상태에 관한 정보

② 일정기간 동안 기업의 자본의 변동에 관한 정보

③ 일정기간 동안 기업의 현금의 유입과 유출에 관한 정보

④ 일정기간 동안 내부관리 성과평가를 위한 사업부서별 손익 정보

04 원가의 분류기준에 따른 원가구분 연결이 가장 적절하지 <u>않은</u> 것은?

① 원가의 통제가능성에 따라 – 변동원가, 고정원가

② 원가의 추적가능성에 따라 – 직접원가, 간접원가

③ 제조활동과의 관련성에 따라 – 제조원가, 비제조원가

④ 의사결정과의 관련성에 따라 – 관련원가, 비관련원가

05 원가의 구분에 대한 설명 중 가장 적절하지 <u>않은</u> 것은?

① 재료비와 노무비를 제외한 모든 제조 원가 요소를 제조경비로 분류한다.

② 간접비는 특정제품 제조에 투입된 비용으로 제품단위별로 원가의 추적이 가능하다.

③ 재료비는 제품 제조를 위하여 투입되는 재료, 즉 원/부재료, 매입부품, 소모품 등의 원가이다.

④ 조업도(생산량)의 증감에 관계없이 항상 일정하게 발생하는 원가를 고정비라고 한다.

[○✕ 퀴즈]

06 CO 모듈의 '계획 예산(Planned Budget)'은 한 번 설정되면 변경할 수 없다. ☐

07 '비용 할당(Cost Allocation)'은 CO 모듈에서 원가를 여러 부서나 프로젝트에 분배하는 기능을 포함한다. ☐

08 '표준 비용(Standard Costs)'과 '실제 비용(Actual Costs)'의 차이를 분석하는 것은 CO 모듈에서 자동으로 수행된다. ☐

09 CO 모듈의 '활동 기반 원가 계산(Activity-Based Costing)'은 특정 제품의 원가를 계산하기 위해 사용되는 유일한 방법이다. ☐

10 '성과 측정(Performance Measurement)'은 CO 모듈에서 사업 부문이나 프로젝트의 성과를 평가하는 데 사용된다. ☐

재무회계 모듈의 주요 기능

재무회계 모듈의 주요 기능

01 재무회계 모듈의 기본 이해

재무회계(FI, Finance Accounting)란 다양한 외부 정보이용자들에게 자사의 회계정보를 충족시키기 위한 일반목적의 재무 데이터를 의미한다. 재무회계 모듈은 기업의 재무 거래 및 활동을 관리하고 추적하는 주요 기능을 수행한다. 일반적으로 이중 분개 체계를 따르며, 모든 거래는 대변(Credit)과 차변(Debit)으로 기록된다. 재무회계는 영업유통모듈과의 관계에서 발생하는 채권(영업 및 비영업의 모든 채권)과 인적 및 생산 모듈과의 관계에서 발생하는 비용에 대한 총계정원장(활동거래), 설비나 프로젝트 모듈의 관계에서 발생하는 비용에 대한 고정자산관리(토지, 건물, 기계장치 등), 자재관리 모듈의 관계에서 발생하는 비용에 대한 채무관리(영업 및 비영업에 따른 모든 채무)를 관리한다.

각 모듈에서 발생하는 재무회계 데이터는 재무 상태표, 손익 계산서, 현금흐름표, 자본변동표의 재무 보고서를 생성한다.

▶ 그림 10-1 SAP ERP의 기본 프로세스: 재무 부문

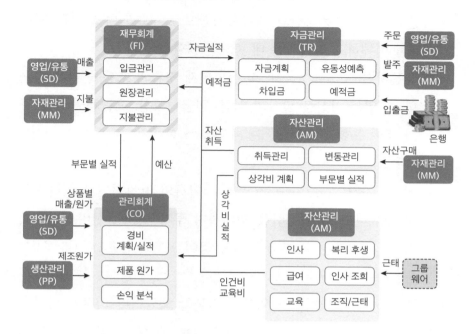

1.1 재무회계 모듈 키워드

- 재무상태표(Statement of Financial Position)는 회사의 재무 상태를
  시각적으로 표현한 재무 보고서 중 하나이며 일반적으로 회계 기
  간 또는 특정 시점에 대한 정보를 제공한다. 재무상태표는 자산,
  부채, 자본으로 구성되어있다.
  - ✔ 자산(Asset): 회사가 소유하고 있는 경제적 가치들로 구성되어있
    으며 현금, 현금성자산, 매출채권, 재고자산, 투자자산 등이 포함
  - ✔ 부채(Liabilities): 회사가 외부에 지불해야할 돈의 총액으로 차입
    금, 매입채무, 이자지급채무 등이 포함
  - ✔ 자본(Equity): 회사가 소유하고 있는 자산(순자산)에서 부채를 뺀
    나머지 금액
- 거래의 8요소란 자산의 증가, 자산의 감소, 부채의 증가, 부채의

감소, 자본의 증가, 자본의 감소, 수익의 발생, 비용의 발생이 있다.

- 자산(Asset)은 유동자산과 비유동자산으로 구분되며 회사의 재무 상태를 이해하고 평가하는 데 중요한 역할을 한다.

  ✓ 유동자산(Current Asset): 회사의 현재 자금의 흐름을 쉽게 변환할 수 있는 자산을 말하며 현금, 현금성자산, 매출채권, 재고자산 등이 포함(일반적으로 1년 이내에 현금화될 것으로 예상되는 자산들이 포함)

  ✓ 비유동자산(Non-Cuurrent Asset): 회사의 장기적인 운영목적으로 보유하고 있는 자산을 의미하며 투자부동산, 설비 및 기계, 특허 및 저작권, 장기 선급비용 등이 포함(일반적으로 1년 이상의 시간이 걸리거나 장기적으로 사용되는 자산)

- 부채(Liabilities)는 회사가 외부에 지불할 책임이나 의무를 나타내는 개념으로 회사가 현재 보유하고 있는 자산을 제공하는 대가로 외부에서 돈이나 자원을 빌린경우를 말하며 크게 유동부채와 비유동부채로 나뉜다.

  ✓ 유동부채(Current Liabilities): 단기간 내에 현재 자금으로 상환해야 하는 부채를 의미하며 매입채무, 단기차입금, 단기선수급부채 등이 포함(1년 이내 또는 사업주기 내에 상환되어야 하는 부채)

  ✓ 비유동부채(Non-Current Liabilities): 장기간에 걸쳐 상환해야 하는 채무(1년 이상의 시간이 걸리거나 장기적으로 상환되는 부채)를 의미하며 장기차입금, 장기선수금부채, 장기임대채무 등이 포함

- 자본(Equity)은 회사의 자산에서 부채를 제외한 잔여가치를 말하며 회사의 수유자들이나 투자자들이 회사에 투자한 자금이나 재산의 잔여부분을 말하며 크게 자본금과 이익잉여금으로 구성되어 있다.

▶ 표 10-1 3요소 세부 구분 ────────────────

자산	부채
유동자산	유동부채
비유동자산	비유동부채
	부채총계
	자본
자산총계	자본총계

- 손익계산서(Income Statement)는 특정 기간 동안의 기업 수익과 비용을 이야기한다. 손익 계산서는 기업의 수익성을 나타내고, 어떤 비용이 수익을 창출하는 데 얼마나 드는지를 파악하는 데 필요하다.
  ✓ 수익(Revenue): 기업이 제품을 판매하거나 서비스를 제공함으로써 발생하는 금전적인 이득으로 주로 매출액으로 표현
  ✓ 비용(Expense): 기업이 제품을 제조하고 서베스를 제공하기 위해 소비하는 금전적인 비용으로 재료비, 노동비, 운영비용, 마케팅비용, 관리 비용 등이 포함

▶ 표 10-2 손익계산서 예시 ────────────────

과목(설명)		금액(단위:만 원)
I 매출액	제품이나 서비스 판매로 발생한 총 수익	1,000
II 매출원가	제품을 생산하고 판매하는 과정에서 발생한 원가	500
III 매출 총이익	제품 판매로 얻은 순이익 (계산: 매출액-매출원가)	500
판매비 및 관리비	제품을 판매하고 관리하는 데 발생한 비용 (항목: 광고비, 운송비, 임금 등)	(200)
V 영업이익	기업의 영업 활동으로 얻은 순이익 (계산: 매출총이익-판매비 및 관리비)	300

금융 수익	금융 활동으로 발생한 수익 (항목: 이자수익 등)	50
금융 비용	금융 활동으로 인해 발생한 비용 (항목: 대출이자 등)	(20)
VI 세전 순이익	영업이익과 금융 수익, 금융 비용을 고려하여 계산한 순이익으로 세금을 고려하기 전의 순이익	330
법인세비용	기업이 지불할 법인세	(100)
VII 순이익	최종적으로 남는 이익 (계산: 세전 순이익-법인세비용)	230

- 현금흐름표(Cash Flow Statement)는 회사의 현금 및 현금 등가물에 대한 변동을 기록하고 분석하는 재무보고서이며 영업활동, 투자활동, 재무활동 등과 관련된 현금흐름 데이터를 도출한다.
  - ✓ 영업활동으로 인한 현금흐름: 기업의 일상적인 영업활동으로 인해 발생한 현금흐름으로 순이익에 비용에 대한 가감, 이자 및 세금 지출을 고려한 값으로, 영업활동으로 인해 기업이 실제로 얻는 현금을 말함
  - ✓ 투자활동으로 인한 현금흐름: 기업이 자산을 취득하거나 처분하는 등의 투자활동으로 인해 발생한 것으로 단기금융상품 투자와 유형자산 구입(새로운 장비나 시설을 구입한 경우)이 해당되며 투자 활동으로 인해 발생한 현금 유출을 순 투자 수익으로 차감한 값이 해당됨
  - ✓ 재무활동으로 인한 현금흐름: 기업이 자본을 조달하거나 배당을 지급하는 등의 재무활동으로 단기차입금 상환(기업이 단기 차입금을 상환한 경우)과 자본금 증가(기업이 자본을 확보하기 위해 새로운 자본을 발행한 경우) 등이 해당되며 자본의 변동을 고려하여 재무활동으로 인해 발생한 현금 유출을 순 자본의 증가나 감소로

조정한 값임

- 자본변동표(Statement of Change in Equity)는 회사의 자본에 대한 변동을 보여 주는 재부보고서로 주로 주주 및 투자자에게 회사의 자본구조와 자본관리활동에 대한 정보를 제공하기 위해 사용된다.

▶ 표 10-3 자본변동표 예시

과목(설명)	자본금	자본잉여금	이익잉여금	기타포괄 손익누계액	총계
I 초기 자본	700,000	0	0	0	700,000
II 자본변동					
유상증자	300,000	120,000			420,000
당기순이익			180,000		180,000
현금배당			(100,000)		(100,000)
매도가능금융 자산평가이익				50,000	50,000
III 기말 자본	1,000,000	120,000	80,000	50,000	1,250,000

- 매출채권회수기간은 매출채권회전율을 변환한 형태로 매출채권을 회수하는 데에 평균적으로 얼마나 걸리는지를 계산하는 방식이다.

```
매출채권 회수기간=매출채권잔액/매출액x365일(일)=100일
매입채무 지급기간=매입채무잔액/매입액x365일(일)=80일
재고회전기간=상품재고잔액/매출액xx365일(일)=16.5일
자금조달기간=매출채권 회수기간-매입채무 지급기간+재고회전기간=36.5일
```

- 매출채권회전율은 기말의 매출채권잔액이 1년간의 영업활동을 통해 현금인 매출액으로 회전되는 속도를 의미한다.

- 회전율이 높으면 매출채권이 제 시간에 회수되고 있음을 나타내며 회전율이 낮으면 매출채권이 제시간에 회수되지 않음을 나타내며 회수가 지속적으로 지연되는 경우 대손발생의 위험이 증가하고 수익이 감소된다.

02 재무회계 모듈 세부활동

거래의 시작은 고객의 주문에서 발생하며 고객은 기업에서 판매하는 제품을 구매하기 위해 영업 및 마케팅에 주문처리를 한다. 고객의 주문을 이행하기 위해 제품을 생산할 수 있는 부품들이 필요하며 이 부품은 자체제작하기도 하지만 공급업체를 통해 구매하여 완제품을 생산하여 고객에게 출고하는 프로세스를 거친다. 이때 기업은 고객과 공급업체와의 거래가 진행되며 이를 시각화하면 [그림 10-2]와 같다.

▶ 그림 10-2 제조업에서의 재무회계 업무처리 프로세스

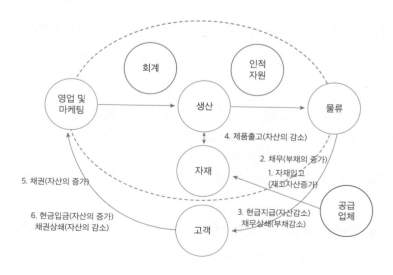

1. 공급업체로부터 자재를 납품받아 자재 입고
2. 공급업체로부터 납품받은 자재에 대한 비용을 지불하기 전으로 채무발생
3. 공급업체로부터 납품받은 자재에 대한 비용을 현금으로 지급하면 자산이 감소하고 2에서 발생한 채무를 상쇄
4. 자재를 활용하여 생산을 하면 자사의 자산이 감소
5. 고객에게 제품에 대한 대금을 청구하면 고객에게 채권이 생성되며 자산이 증가
6. 대금을 고객에게 현금으로 받게되면 자산이 증가하고 5에서 생성된 채권이 상쇄되면서 자산이 감소

간략하게 정리된 6가지의 프로세스를 고객과 관련된 영업처리과정과 공급업체와 관련된 구매처리과정에서의 프로세스를 중심으로 나누어 구체적으로 설명하면 다음과 같다.

2.1 영업처리과정(채권, 외상매출금)

재무회계(Finance) 모듈은 GAAP 등 국제적으로 통용되고 있는 회계기준을 적용함으로써 회계 전 영역을 포괄하는 기능에 사용자 위주의 융통성을 접목시킨 통합 비즈니스 관리시스템이다.

ERP 시스템의 회계는 영업처리과정에서 현장회계가 구현된다. 예를 들어, 현장에서 영업처리과정이 실행되는 가운데 회계처리가 자동적으로 이루어져 총계정원장 및 보조원장이 업데이트 된다. 영업처리과정은 주문접수, 상품발송 그리고 대금청구로 이루어지는 일련의 판매과정이며 이는 SD 모듈에서 처리된다.

회계관점에서 볼 때 영업처리과정의 최종 결과는 매출과 매출채권

그리고 매출원가의 발생이다. 이러한 과정을 잘 알고 있어야 회계담당자가 영업처리과정 전반에 대한 관리를 할 수 있다.

▶ 그림 10-3 영업처리과정과 외상매출금 ────────────

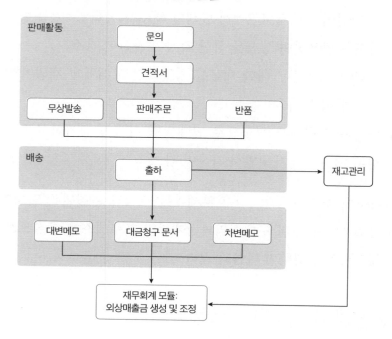

[그림 10-3]은 영업처리과정과 회계 모듈과의 관계를 나타낸 것이다. 고객의 문의가 접수되면 해당 제품에 대한 견적을 작성하여 발송하고, 고객이 이에 대한 주문을 내면 이때부터 판매프로세스에 들어간다. 재고 및 기타 상황을 고려하여 영업오더를 작성하면 이 문서를 기초로 해서 차후의 문서가 작성된다. 영업오더는 판매할 상품, 인도날짜, 가격조건, 거래조건 등의 내용을 담고 있으며 기본적인 내용만 입력하면 대부분 관련마스터데이터를 끌어와 자동으로 생성된다. 인도될 날짜가 도래하면 출하지시서가 발생되고 그에 따라 물량을 확보하고 마지막으로 상품이 물리적으로 배송된다.

상품이 배송되면 상품이 이동되었다는 자재전표가 작성되고 이를 바탕으로 매출원가를 인식하는 회계전표가 자동적으로 생성된다. 고객에게 대금청구를 하여 승인을 받으면 비로소 매출과 매출채권이 발생한다. 이때 작성된 송장을 바탕으로 매출 및 외상매출금을 인식하는 회계전표가 자동적으로 생성된다.

일반적인 대금청구뿐만 아니라 대변메모와 차변메모를 통하여 대금청구 금액을 조정할 수 있으며, 이때 회계상으로는 외상매출금이 자동으로 조정된다. 이와 같이 영업현장의 모든 활동이 회계업무와 실시간으로 연계되고, 여기에서 SAP ERP의 통합성을 재차 인식할 수 있다.

2.2 구매처리과정(채무, 외상매입금)

구매처리과정은 구매요청, 구매주문, 입고 그리고 송장접수로 이어지는 일련의 구매과정이며 이러한 과정은 MM 모듈에서 처리된다. 영업처리과정과 마찬가지로 구매처리과정에서 회계가 자동으로 처리되어 총계정원장으로 전기된다.

▶ 그림 10-4 **구매처리과정과 매입채무회계**

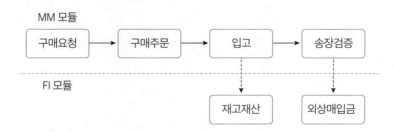

회계관점에서 볼 때, 구매처리과정의 결과는 구매로 인한 재고 자산의 증가와 매입채무의 발생이다. [그림 10-4]는 구매처리과정과 그로 인한 회계처리의 과정을 나타낸 것이다. 구매요청은 내부에서 구매부로 구매를 요청하는 것이고, 구매주문은 외부 공급자에 대해 주문하는 것이다. 구매요청에서 작성된 구매데이터는 구매주문 검수 그리고 송장검증에 이르기까지 그대로 이어진다. 구매주문은 구매부서에서 하는 구매와 관련된 문서를 작성하는 것인데 이 문서를 작성할 때, 주변의 많은 마스터 자료를 끌어와서 작성하게 된다. 예를 들면, 자재 마스터데이터, 공급업체 마스터데이터, 과거 구매데이터 등의 데이터를 자동적으로 끌어와서 구매문서를 작성하게 된다.

입고는 구매한 물품을 공급업체로부터 인수하는 절차이다. 이 과정에서 일단 재고자산의 발생을 회계적으로 인식하고, 차후 공급자로부터 송장을 접수한 후 송장검증을 하면 비로소 매입채무가 발생한다. 입고시 잠정적으로 외상매입금을 인식하고, 차후 송장을 접수한 후 입고시 가계정에서 인식한 외상매입금을 상계하고 정식으로 매입채무를 인식하게 된다.

▶ 그림 10-5 FI 모듈의 흐름

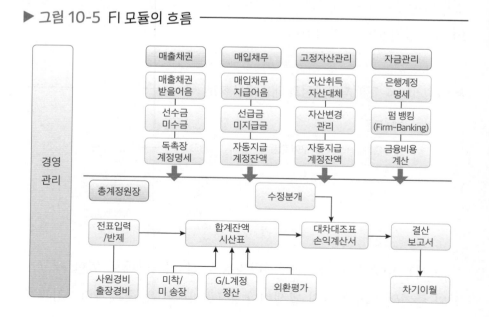

FI 모듈에서는 지금까지 설명한 매출채권과 매입채무뿐만 아니라 고정자산관리와 자금관리가 이루어지며, [그림 10-5]에서 나타나듯이 총계정 원장의 제반처리를 통해 대차대조표와 손익계산서가 만들어진다.

03 재무회계 모듈의 전체 프로세스

SAP ERP는 다양한 기능과 모듈을 통합하여 전사적인 업무 처리를 지원하는 시스템으로, 그 통합성은 다양한 영역에서 나타날 수 있으며 매우 다양한 상황에서 통합성을 설명할 수 있으며 몇 가지 상황들을 아래와 같이 소개한다.

3.1 영업/유통 모듈과의 연계성

영업/유통 모듈에서는 고객과의 상호작용이 주요 활동이다. 고객은 필요한 제품을 주문하면 기업이 해당 제품을 출하하고 이를 고객이 받게되면 제품에 대한 대금을 지급해야 한다. 이때 고객과의 제품에 대한 거래처리가 필요하다. 이 관점에서 제품을 받은 고객이 기업에게 청구받은 내역을 맞추어 입금하기 때문에 발생하는 거래처리를 재무회계 모듈에서 확인하게 된다. 이렇게 저장된 데이터들은 이후 동일 고객이 다시 제품을 주문하게 되면 신용평가를 하는 데 사용한다.

▶ 그림 10-6 고객주문 시 생성되는 데이터 ─────────

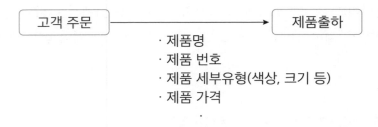

3.2 자재관리 모듈과의 연계성

　자재관리에서는 공급업체가 어떤 제품을 생산하고 조달하는지에 대한 데이터를 관리하는 모듈이다. 기업이 필요한 자재를 구입할 때 자재의 단가가 기본이 되며 자재가 검수를 거쳐 입고되면 해당 자재에 대한 대금을 지급해야 하나. 이때 공급업체와의 거래를 지원해주는 모듈을 재무회계 모듈로서 설명할 수 있다.

▶ 그림 10-7 자재구입 시 생성되는 데이터 ─────────

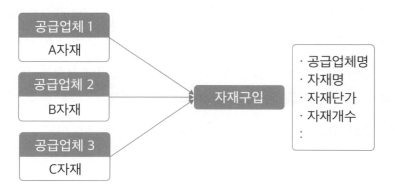

3.3 물류관련 모듈과의 연계성

　전통적 시스템에서는 모든 회계프로세스가 회계모듈에서 전표를 등록해야만 이루어졌다. 전표등록만이 회계데이터를 생성하는 유일한 통로였다. 예를 들어, 상품을 판매하였으면 판매부서에서 판매한 사실을 자신이 필요로 하는 양식에 따라 등록하고 이를 회계부서로 넘기면 회계부서에서 다시 회계전표 등록을 통해 다시 입력하면 비로소 판매 사실에 대한 회계데이터가 생성된 것이다. 그러나 ERP 시스템하에서는 자동분개가 이루어지기 때문에 회계모듈의 전표 등록을 직접 통하지 않고도 현장에서 곧바로 회계처리가 되어 회계데이터를 생성하게 된다.

　매출채권회계와 매입채무회계는 대표적인 현장회계라고 할 수 있다. 매출채권회계는 영업/유통 모듈과 연계되어 있고 매입채무회계는 자재관리 모듈과 연계되어 있다. 판매활동의 결과는 고객에 대한 매출채권의 발생이고 매입활동의 결과는 공급업체에 대한 매입채무의 발생이다. 매출채권과 매입채무의 발생은 각각 영업/유통 모듈과 자재관리 모듈의 활동에 따라 발생하나 이에 대한 회수 및 상환은 회계 모듈의 매출채권회계와 매입채무회계에서 이루어진다.

▶ 그림 10-8 **구매업무 처리 시 자동 회계분개 메커니즘** ─────────

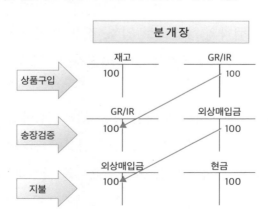

[그림 10-8]에 나타나 있는 바와 같이 회계 모듈에서 자재관리 모듈과의 통합성 과정은 다음과 같이 설명할 수 있다. 예를 들어 (주)동양에서 기계 한 대에 100달러를 지불하기로 하고 구매오더를 냈다고 하자. 구매업체로부터 기계가 납품되어 (주)동양에서 창고에 입고시키게 되면 SAP ERP 시스템에 입력함과 동시에 두 개의 계정이 생기는데, 차변의 재고계정에 100달러 가치의 기계가 생기고, 동시에 임시보조원장(GR/IR)에도 100달러가 생기게 된다. 그 후에 송장 검증을 하게 되면, 임시보조원장에 있던 값이 상쇄되어 사라지고, (주)동양에서 구매업체에 주어야 할 기계 가격이 외상매입금 계상으로 처리된다. 끝으로, (주)동양에서 구매업체로 기계값을 지불하면 차변에 외상매입금이 계상되어 외상매입금이 사라지고 현금 100달러가 나가는 것으로 처리된다. 이 과정이 위에서 이야기한 매입채권과 연관된 현장회계의 대표적인 메카니즘이라고 할 수 있다.

- 물류/인사시스템과 재무회계시스템과의 통합으로 물류시스템에서 발생하는 거래가 실시간으로 재무회계시스템에 반영되면서 관련된 회계전표들이 자동으로 생성된다.
- 물류시스템과의 통합으로 지출전표 및 매출전표에서 드릴다운 기능을 이용하여 실제 원시전표로까지 추적 가능하여 업무의 투명성을 제고한다.
- 관리회계시스템과의 통합으로 인해, 진행 중인 자산에 대한 정산처리가 신속하게 이루어지고 완성 고정자산으로의 전표가 자동 생성된다.

전통적 회계시스템에서는 분개장 혹은 회계전표에 분개 내용을 입력하고, 이를 다시 총계정원장과 각종 보조장부에 전기하고, 나아가 시산표와 정산표 등을 작성한 다음 재무보고서를 작성하는 절차를 거쳤다. 그러나 ERP 시스템하에서는 사실상 회계전표의 저장으로 모든 과정이 종료된다고 볼 수 있다.

3.4 관리회계 모듈과의 연계성

관리회계 모듈과 재무회계 모듈은 서로 밀접하게 연결되어 있다. 다음의 사례들을 통해 두 모듈의 연계성을 설명할 수 있다.

첫 번째, 인건비로 인한 연계성이다. 영업, 생산, 자재 등의 모듈은 궁극적으로 기업의 직원이 일을 처리한다. 따라서 각 모듈에 근무하는 직원에게 인건비를 지불해야 한다. 인건비를 처리해야 할 때 인사관리 모듈에서 처리되지만 기업의 마지막 회계처리는 재무회계모듈을 통해 재무회계전표가 생성된다. 재무회계 모듈 내 인건비를 어떤 원가중심점 또는 내부주문에서 발생했는가를 입력하면 된다. 비용을 처리하는 재무회계 전표에서 원가의 발생 장소를 입력함으로써 CO 모듈과 연결이 되며, 이를 통해 이 비용은 CO 모듈 영역으로 들어오는데 이를 1차원가라 한다. 관리회계 모듈 영역에서는 이렇게 들어온 1차원가를 원가배분 절차를 통해 다른 원가발생 장소로 배분하기도 하고, 궁극적으로 제품원가에 배분하여 제품원가를 계산한다.

두 번째, 판매활동으로 인한 연계성이다. SD 모듈에서 판매활동을 처리하는 가운데 FI 모듈을 통해 재무회계 전표가 자동으로 생성되며, 이때 제품, 고객, 지역 등이 입력되어 이들 수익과 판매원가가 마켓 세그먼트로 이동된다. CO 모듈에서는 이를 통해 마켓 세그먼트의 수익성 분석정보를 생성한다.

세 번째, 예산관리로 인한 연계성이다. 마케팅 부서에 대해 설정된 예산이 관리회계 모듈(CO)에 기록되면 연중 발생한 마케팅 활동 비용이 재무회계 모듈(FI)에 기록된다. 관리회계 모듈(CO)에서는 실제 비용과 예산을 비교하여 예산 대비 실적을 분석한다. 경영진은 예산 관리와 실적 보고를 통해 각 부서의 재무 성과를 종합적으로 평가할 수 있다.

이와 같은 정보 흐름을 가지는 CO 모듈은 원가요소회계, 비용중심점(Cost Center)별 비용관리, 내부 오더관리, 활동원가, 제조원가진행관리, 실적 원가관리, 수익성 분석, 손익센터 분석부분으로 나누어진다.

3.5 그 외(영업주문 처리 후 출하 예정리스트 및 대금청구 예정리스트의 자동생성)

영업/유통 모듈에서 영업오더를 생성하면 출하 예정리스트(Delivery Due List)에서 실시간으로 조회되므로 출고업무를 수행하는 구성원들이 어떠한 영업오더 건이 납품될 차례인지를 용이하게 알 수 있다. 또한 납품이 완료되면 대금청구 예정리스트(Billing Due List)에서 실시간으로 조회되므로 영업관리 사원과 회계부서 사원들이 대금청구건에 대하여 의사소통이 명확해질 수 있다는 장점이 있다.

이러한 업무처리들도 영업/유통 모듈에서의 영업오더 기능과 자재관리모듈에서의 자재출고 기능이 통합되고, 자재출고 기능과 회계 모듈의 대금청구 기능이 통합되어 있기 때문에 가능한 것이다. 앞에서 설명한 바와 같이 대금청구 후에는 자동회계처리가 되어 외상매출금이 발생한다는 것을 명심하자.

04 재무회계 모듈의 특징 및 장점

4.1 조직구조

재무회계 모듈은 조직에서 고객이나 공급업체 등과의 거래 시 등장하는 모듈로서 고객의 여신관리나 공급업체와의 거래데이터 저장을 통해 업무를 처리할 수 있다. 따라서 조직은 고객과 회사가 연결되고 회사는 타 회사로 연결되게 된다. 이때 고객이 주문할 시점에 발생하는 일련의 과정(여신관리 등)에서 계정과목이 사용되며 공급업체와의 거래 시점에서 발생하는 일련의 과정(제품구매 등)에서 계정과목이 활용된다.

4.2 마스터데이터 개요

재무회계 모듈에서의 마스터데이터는 계정과목이다.

▶ 그림 10-9 재무회계 모듈 마스터데이터 ─────────────

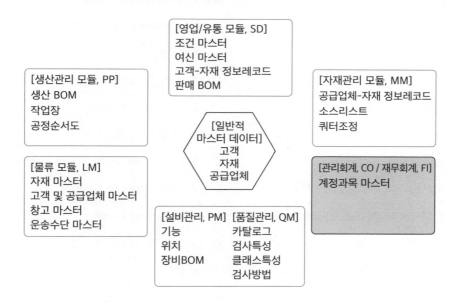

재무상태표는 자산, 부채, 자본에 관련된 계정들이 해당된다. 손익계산서는 매출과 비용의 계정들이 해당된다. 해당 계정과목의 데이터들을 바탕으로 전표를 작성하며 각 항목에 맞는 계정을 사용한다. [표 10-4]는 재무회계 모듈에서 사용하는 계정과목들이며 더 많은 계정들이 있다.

▶ 표 10-4 회계 모듈에서의 계산과목 II ─────────────

현금(Cash)	이익(Income)
매출액(Sales Revenue)	이자비용(Interest Expense)
선급수익(Deferred Revenue)	부채의 기타 요소(Other Liabilities)
매입채무(Accounts Payable)	원가(Cost of Sales)
매출원가(Cost of Goods Sold, COGS)	이자비용(Interest Expense)
재고자산(Inventory)	이자수익(Interest Revenue)
외상매출금(Accounts Receivable)	부채(Liabilities)
외상매입금(Accounts Payable)	자본(Equity)
단기차입금(Short-term Borrowings)	재고손실(Inventory Losses)
판매수익(Sales Revenue)	차입금 상환(Repayment of Borrowings)
당기순이익 (Net Income)	무형자산(Intangible Assets)
유형자산(Fixed Assets)	재고자산 조정(Inventory Adjustment)
자본의 기타 요소(Other Equity)	미수금(Notes Receivable)
당기손익 조정(Adjustments to Income)	지급할 세금(Taxes Payable)
예수금(Prepaid Expenses)	외화표시차익(Foreign Exchange Gains)
외화표시손실(Foreign Exchange Losses)	지급할 급여(Wages Payable)
유형자산 처분(Sale of Fixed Assets)	이자수익(Interest Revenue)
투자수익(Investment Income)	이익잉여금(Retained Earnings)
이익잉여금 조정(Adjustments to Retained Earnings)	
판매비와 관리비(Selling and Administrative Expenses)	
외상매출금 조정(Adjustments to Accounts Receivable)	
유형자산 감가상각비(Depreciation Expense)	

:

4.3 FI 모듈의 장점

FI 모듈은 비즈니스 거래 발생시 실시간으로 데이터를 자동 갱신하므로 계정명세서, 잔액확인서, 재무제표 등 각종 보고서를 신속하게 작성하며, 재무정보시스템을 통해 고객과 구매처에 대하여 미 결제된 채권/채무분석 및 조회를 실시간으로 지원한다. 재무회계 모듈의 특장점은 다음과 같다.

(1) 국제적 요구조건의 충족

재무회계시스템은 국제적 요구조건뿐만 아니라 법적인 요구사항을 충족시켜야 한다. 재무회계 모듈은 40개국 이상의 기업회계 기준요건을 수용하고 있기 때문에 재무회계시스템의 국제적 사용에 대한 필수적인 요구조건을 충족시킨다. 또한 다국적 통화를 지원함으로써 거래 발생 시점에 기표된 외화는 별도로 원화로 환산할 필요없이 자동으로 환산을 지원하고 원화, 달러화 및 유로화 등 다국적 통화로의 재무제표 수립을 가능케하며, 외화 자산/부채에 대한 평가 및 환차손익을 자동으로 관리한다.

(2) 타 모듈과의 실시간 통합

앞에서 설명한 데로 물류시스템과 재무시스템이 통합되어 있어 물류시스템에서 발생하는 거래가 실시간으로 재무시스템에 반영되는 동시에 이와 관련된 회계 전표들이 자동으로 생성된다. 그리고 물류시스템과의 통합으로 지출 전표 및 매출 전표에서 드릴다운 기능을 이용하여 실제 원시전표로까지 추적이 가능하여 업무의 투명성을 제고한다. 또한 관리회계시스템과의 통합으로 인해 건설 중인 자산에 대한 정산처리가 신속하게 이루어지고 완성 고정자산으로의 전표가 자동으로 생성된다.

(3) 유연한 계정과목표(COA: Chart Of Accounts)

재무회계 모듈에서 제공하는 계정과목표는 사용 기업의 요구에 맞게 다양하게 관리할 수 있어 기업에서 발생하는 회계정보를 효과적으로 관리한다. 시스템이 다국적기업과 특정 국가의 요구조건을 둘다 만족시키려면 재무회계 모듈에서는 이에 맞도록 계정과 목표를 쉽게 만들어 사용할 수 있어야 한다.

(4) 보조원장의 실시간 관리

총계정원장과 함께 보조원장을 연계하여 관리하는 것이 필수이다. 채권, 채무, 고정자산에 대한 모든 변동 사항들은 총계정원장의 할당된 계정으로 실시간 관리된다. 따라서 모든 보조원장은 항상 총계정원장과 함께 조정된다.

(5) 채권관리

계정분석, 알람 리포트, 만기별 리스트 및 유연한 지급 독촉 기능 등에 의해 미결항목을 보다 효과적으로 관리할 수 있다. 고객의 여신관리 정보를 바탕으로 주문입력과 제품출고 시점에서 자동으로 여신한도 점검을 수행하여 채권에 대한 리스크관리를 지원한다.

(6) 채무관리

선금 요청 및 처리, 어음/수표 발행관리, 신용카드, 펌 뱅킹 등 다양한 채무 형태별로 관리를 지원하며 사용자의 다양한 요구에 맞는 지급 방법 지원 등 채무관리에 필요한 모든 기능들을 채무관리(FI-AP) 모듈에서 지원한다. MM 모듈과의 통합으로 공급업체 마스터데이터의 통합 관리를 지원하며 공급업체에 대한 지급 여력을 효과적으로 관리한다.

(7) 고정자산관리 지원

다양한 방법으로 투자 타당성 분석을 지원하고, 신규 고정자산 투자 건에 대한 예산책정을 지원한다. 관리회계시스템과의 통합으로 인해 건설 중인 자산에 대한 정산처리가 신속하게 이루어지고 완성 고정자산으로의 전표가 자동 생성된다. 고정자산 신규 취득/자본적 지출/매각/폐기 및 고정자산에 대한 감가상각법/내용연수 변경 등에 대한 계획을 반영하고, 감가상각 시뮬레이션을 수행하여 의사결정에 필요한 정보를 지원한다. 설비관리(PM) 모듈과의 통합으로 유지보수에 의한 자본적 지출에 대한 회계전표를 자동으로 생성하고 고정자산 잔존가에 자동으로 반영한다.

(8) 연결재무제표 연동

재무회계 및 고정자산시스템과의 통합으로 인해 개별 재무제표로부터 데이터가 직접 이동된다. 이러한 기능으로 연결재무제표 작성업무를 단순하게 해줄뿐만 아니라 결합작업에서 발생하는 오류를 최소화한다.

(9) 한국화(Localization) 지원

SAP ERP는 오랜 기간 동안 한국에서 여러 업체에서 구현되며 요구사항에 맞게 수정되어, 한국화 지원이 잘 되어 있다. 재무회계 모듈에서 중요한 부가세, 원천세, 법인세에 대한 신고 자료를 용이하게 작성하도록 지원한다. 또한 인사관리 모듈과의 실시간 통합으로 인사관리 모듈에서 정의한 인사테이블에 의해서 소득세와 주민세 등이 자동으로 산출되고 이와 관련된 회계전표가 생성될 수 있다.

연습문제

[기출문제]

01 재무제표에 대한 설명으로 가장 적절한 것은?

① 재무상태표 – 일정 시점의 재무상태 – 정태적 보고서 – 현금주의

② 손익계산서 – 일정 시점의 경영성과 – 동태적 보고서 – 발생주의

③ 현금흐름표 – 일정 기간의 현금흐름 – 동태적 보고서 – 현금주의

④ 자본변동표 – 일정 기간의 자본현황 – 정태적 보고서 – 발생주의

02 (주)생산성의 연간 매출액은 6,000만 원, 매출채권의 평균회수기간이 90일이라면, 기말 매출채권 잔액은 얼마인가? (단, 1년은 360일로 가정한다.)

① 1,100만 원

② 1,300만 원

③ 1,500만 원

④ 1,700만 원

03 재무제표를 통해 제공되는 정보에 대한 설명으로 적절하지 <u>않은</u> 것은?

① 재무제표는 추정에 의한 측정치를 포함하지 않는다.

② 재무제표는 특정 기업실체에 관한 정보를 제공한다.

③ 재무제표는 화폐단위로 측정된 정보를 주로 제공한다.

④ 재무제표의 회계연도는 1년을 넘지 않는 범위 내에서 기업의 임의대로 설정할 수 있다.

04 재무상태표에 대한 설명으로 적절하지 <u>않은</u> 것은?

① 유동성 배열법에 의해 작성한다.

② 채권자 및 소유주 청구권을 표시한다.

③ '자산+부채=자본'을 재무상태표 등식이라고 한다.

④ 일정시점 현재 기업의 재무상태를 보여 주는 재무보고서이다.

05 손익계산서에 대한 설명으로 가장 적절하지 <u>않은</u> 것은?

① 매출액에서 매출원가를 차감하여 매출총이익을 표시한다.

② 수익과 비용은 각각 총액으로 보고하는 것을 원칙으로 한다.

③ 영업외수익은 기업의 영업활동으로부터 발생한 수익으로 표시한다.

④ 손익계산서는 일정기간 동안 기업의 경영성과에 관한 정보를 제공 하는 보고서를 의미한다.

06 현금흐름표에 관한 설명으로 가장 적절하지 <u>않은</u> 것은?

① 현금의 흐름은 영업활동, 재무활동, 투자활동으로 구분하여 보고한다.

② 현금흐름표는 일정기간 동안 기업의 현금흐름과 일정시점의 현금보유액을 나타내는 재무제표이다.

③ 영업활동이란, 현금의 차입 및 상환활동, 신주발행이나 배당금의 지급활동과 같이 부채 및 자본계정에 영향을 미치는 거래이다.

④ 투자활동이란, 현금의 대여와 회수활동, 유가증권, 투자자산, 유형자산 및 무형자산의 취득과 처분과 같이 영업을 준비하는 활동이다.

[○× 퀴즈]

07 '외환 관리(Foreign Currency Management)'는 FI 모듈에서 다중 통화를 사용하는 거래를 처리할 수 있도록 지원한다. ☐

08 FI 모듈의 '세무 보고(Tax Reporting)'는 국가별로 다른 세무 규정에 맞게 자동으로 구성된다. ☐

09 FI 모듈의 '재무 회계 문서(Financial Accounting Document)'는 생성 후에도 수정이 가능하다. ☐

10 FI 모듈에서 '통화 변동성 관리(Currency Fluctuation Management)'는 특정 통화에 대해서만 적용될 수 있다. ☐

CHAPTER

11

ERP를 통한 프로세스 혁신 및 변화관리 사례

ERP를 통한 프로세스 혁신 및 변화관리 사례

01 온라인 전자상거래 아마존의 프로세스 혁신 사례

아마존이 ERP 구축을 결정하게 된 동기는 글로벌 전자상거래 시장에서 급속한 성장을 지속하면서도 운영 효율성을 극대화하고, 복잡한 공급망을 효과적으로 관리하기 위해서였다. 특히 아마존은 방대한 제품군과 글로벌 고객 기반을 효율적으로 관리하고, 신속한 주문 처리와 배송을 보장하기 위해 통합된 ERP 시스템의 필요성을 절감하게 되었다. 이에 따라 SAP ERP 시스템을 도입하여 물류, 재고, 주문 처리, 재무 등을 통합 관리하는 전사적 자원 관리 시스템을 구축하게 되었다.

1.1 ERP 프로젝트 추진과정

ERP 시스템 도입 초기에는 기존 시스템과의 통합을 위한 데이터 정제 작업과 시스템 안정화를 위한 조정이 필요했다. 아마존은 각 부서와 물류 센터, 글로벌 지사 간의 데이터를 일관성 있게 관리하기 위해 초기에는 ERP 프로젝트 팀과 현업 부서 간의 긴밀한 협력이 필요했다.

이 과정에서 점차 데이터의 안정성을 확보하고, 마스터 데이터의 중요성을 인식하게 되었다. 그러나 초기 단계에서는 ERP 시스템의 기능 구현에만 집중하는 경향이 있었으며, 경영성과로 연결하는 데는 한계가 있었다. 아마존은 이 경험을 통해 단순히 시스템을 도입하는 것을 넘어서, 비즈니스 프로세스를 혁신하여 실제 성과로 이어질 필요성을 절감하게 되었다.

1.2 프로세스 혁신과정

ERP 구축 이후, 아마존은 프로세스 혁신의 필요성을 인식하고 BPR(Business Process Reengineering) 프로젝트를 추진하기로 결정했다. 아마존은 ERP를 기반으로 비즈니스 프로세스를 혁신함으로써 비용 절감, 서비스 속도 향상, 고객 경험 개선 등의 성과를 달성하고자 했다. 이를 위해 아마존은 CEO의 강력한 추진력 아래 Post-ERP 혁신 활동을 6개월 만에 본격화했다.

(1) 프로젝트 목표

아마존은 "Reinvent Amazon"이라는 슬로건을 내걸고, 전자상거래 시장에서의 글로벌 리더십을 유지하기 위해 비즈니스 프로세스를 전면 재설계하기로 했다. 이를 통해 전자상거래 업계뿐만 아니라 글로벌 기업들 사이에서 벤치마킹의 대상이 되는 회사를 만들고자 했다. 당시 CIO가 리더를 맡아 본격적인 혁신 활동을 추진했다.

(2) 프로세스별 개선 과제의 선정

아마존은 다음과 같은 5대 핵심 프로세스를 정의하고, 이를 기준으로 개선 과제를 선정했다.

• **제품 개발**(Product Development)

아마존은 새로운 제품 및 서비스 개발 주기를 단축하기 위해 ERP 시스템을 활용해 데이터 기반의 의사결정 프로세스를 강화했다. 이를 통해 고객의 요구에 빠르게 대응하고, 신제품 출시 시간을 단축했다. 또한 데이터 분석을 통해 고객의 선호도를 반영한 맞춤형 제품 개발에 주력했다.

• **판매 및 수주**(Sales to Order)

판매 및 수주 프로세스에서는 수요 예측의 정확성을 높이고, 주문 처리 속도를 향상시키는 데 중점을 두었다. 아마존은 ERP와 주문 관리 시스템(OMS)의 통합을 통해 다음과 같은 개선을 이루었다.

• **생산 및 출하**(Order to Delivery)

생산 및 출하 프로세스에서는 고객 주문 후 배송까지의 시간을 단축하기 위해 다양한 개선 활동이 이루어졌다.

• **배송 및 재구매**(Delivery to Repurchase)

배송 및 재구매 프로세스에서는 고객 만족도를 높이고, 재구매율을 향상시키기 위한 개선이 이루어졌다.

• **경영 관리**(Business Administration)

경영 관리 프로세스에서는 전사적인 자원 관리를 최적화하고, 경영진이 정확한 데이터를 기반으로 의사결정을 내릴 수 있도록 개선했다.

1.3 ERP 구축의 효과

아마존의 ERP 도입과 프로세스 혁신은 회사 전반에 걸쳐 긍정적인 변화를 가져왔다. ERP 도입 후 아마존은 매출이 꾸준히 증가했으며, ERP 도입 초기와 비교하여 주문 처리 속도가 크게 향상되었다. 또한 글로벌 물류 네트워크의 효율성이 높아져 배송 리드타임이 단축되었고, 고객 만족도가 크게 향상되었다. ERP 시스템을 통한 실시간 데이터 분석으로 경영진의 의사결정 속도와 정확성이 크게 향상되었으며, 전사적인 자원 관리를 통해 비용 절감과 운영 효율성을 극대화할 수 있었다.

- **제품 개발**(Product Development) **개선**

① 데이터 기반 의사결정: ERP 시스템을 통해 실시간으로 고객 피드백을 수집하고 분석함으로써, 고객 요구에 신속하게 반응할 수 있었다. 예를 들어, 아마존은 고객 리뷰와 구매 패턴을 분석하여 인기 있는 제품군을 신속히 확대할 수 있었다.

② 협업 강화: 제품 개발 초기 단계부터 협력사와의 협업을 강화했다. ERP 시스템을 통해 협력사와 실시간으로 제품 설계 데이터를 공유하고, 피드백을 받아 개발 기간을 단축했다. 이로 인해 협력사와의 협업 시간이 평균 20% 단축되었다.

③ BOM 정확도 향상: 아마존은 제품 개발에서 사용되는 부품 목록(BOM)의 정확도를 높이기 위해 ERP를 활용했다. BOM의 정확도를 85%에서 98%로 개선함으로써, 자재 부족이나 과잉 재고 문제를 최소화했다.

- **판매 및 수주**(Sales to Order)

① 수요 예측 정확성 향상: 아마존은 AI와 ERP 시스템을 결합하여 수요 예측의 정확성을 기존 75%에서 90% 이상으로 개선했다. 이를 통해 재고 부족으로 인한 주문 실패를 줄이고, 과잉 재고를 방지할 수 있었다.

② 자동 가격 결정: ERP 시스템을 통해 각 주문의 옵션 사양에 따라 자동으로 가격이 결정되도록 했다. 이를 통해 가격 결정 프로세

스의 효율성을 높이고, 고객에게 실시간으로 정확한 가격을 제시할 수 있게 되었다.

③ 주문 처리 속도 개선: ERP 시스템과 물류 시스템의 통합을 통해 주문 후 처리 속도가 20% 향상되었다. 예를 들어, 고객이 주문한 상품이 물류 센터에서 출고되기까지 걸리는 시간이 평균 30분에서 24분으로 단축되었다.

• **생산 및 출하**(Order to Delivery)

① 리드타임 단축: 기존에는 주문 후 평균 7일이 소요되던 배송 리드타임을 ERP와 물류 자동화 시스템을 통해 5일로 단축했다. 일부 지역에서는 2일 배송을 실현했다.

② MRP 운영 개선: 아마존은 ERP를 활용해 MRP(Material Requirements Planning) 운영을 주간에서 일일 단위로 전환했다. 이를 통해 주문 변동 사항이 발생할 때마다 신속하게 생산 계획을 조정할 수 있었으며, MRP 처리 시간이 기존 24시간에서 2시간으로 크게 줄어들었다.

③ 생산 효율성 강화: 물류센터와 ERP 시스템을 연동하여 생산 라인의 가동률을 10% 이상 향상시켰다. 이로 인해 출고 시간은 20% 단축되었으며, 주문 처리량은 동일 시간대에 15% 증가했다.

• **배송 및 재구매**(Delivery to Repurchase)

① 재고 정확도 개선: ERP와 물류 관리 시스템(WMS)의 통합을 통해 재고 정확도가 기존 88%에서 95%로 향상되었다. 이를 통해 재고 부족으로 인한 고객 불만을 줄이고, 재고 회전율을 12% 증가시켰다.

② 서비스 품질 향상: 긴급 배송 오더의 95%를 고객이 원하는 시간

내에 처리할 수 있도록 ERP와 물류 시스템을 최적화했다. 이로 인해 고객 재구매율이 15% 향상되었다.

③ 고객 맞춤형 추천: ERP 시스템과 고객 데이터 분석 시스템을 결합하여 개인화된 제품 추천을 제공했다. 이를 통해 고객의 재구매율이 기존 대비 20% 증가하였다.

• **경영 관리**(Business Administration)

① KPI 측정 및 관리: 아마존은 100여 개의 KPI를 ERP 시스템에 통합하여 실시간으로 성과를 모니터링할 수 있게 했다. 이를 통해 생산성 지표가 20% 향상되었으며, 재무 성과도 보다 정확하게 예측할 수 있었다.

② 데이터 웨어하우스 구축: ERP 시스템 내에 데이터 웨어하우스를 구축하여 전사적인 데이터를 통합 관리했다. 이를 통해 각 부서가 필요로 하는 데이터를 실시간으로 조회하고 분석할 수 있게 되었으며, 보고서 작성 시간도 50% 단축되었다.

③ 글로벌 재무 통합: ERP를 통해 글로벌 법인 간 재무 데이터를 실시간으로 통합하여 관리함으로써, 재무 보고의 정확성과 투명성을 높였다. 이를 통해 글로벌 매출 분석 속도가 30% 향상되었고, 재무 위험 관리가 강화되었다.

02 한국타이어의 ERP를 통한 책임경영 구현 사례

2.1 회사 소개

한국타이어는 서울본사와 대전공장 및 금산공장이 있고 미국의 뉴저지의 판매법인, 유럽에 네덜란드, 독일, 프랑스, 영국, 이태리, 스페인 판매법인이 있으며, 일본, 호주, 캐나다에도 판매법인이 있고, 중국의 강소, 가흥에 2개 생산공장을 보유하고 있는 타이어 생산업체이다.

미국경제의 장기 침체조짐과 급격한 달러 하락속에서도 한국타이어는 최대매출과 이익의 신장을 거듭하고 있다. 1999년 미국 포드사 납품으로 해외 신차 시장진출에 성공한 뒤 해를 거듭하며 볼보, 미쓰비시, 다이하츠를 포함한 세계 유수의 자동차 회사까지 납품을 확대하였으며, 자회사인 중국법인도 중국 승용차시장에서 높은 시장점유율을 보이며 선전하고 있다.

한발 더 나아가 2003년 1월 미쉐린과 파트너십 체결을 통해 높은 기술력을 재인식시키고, 브랜드가치를 높여 나가고 있다. 또한 한국타이어는 2012년부터 한국타이어 월드와이드를 분할해 지주회사체계를 구축하였다.

2.2 ERP 및 확장형 ERP 추진 내용

여타 국내기업보다 비교적 ERP를 늦게 구축하기 시작한 한국타이어는 제조중심의 기업에서 시장지향적인 기업으로 변신하면서 ERP의 데이터를 획기적으로 활용하여 조기 결산 및 책임경영체제를 이룬 기업이다.

한국타이어사는 조직의 핵심역량 강화를 위한 기반조성, 조직의 구조적 변화 및 책임 경영체제 기반구축, ERP 구축을 통한 글로벌 통합 기반조성이라는 세 가지 주요 목표를 가지고 2000년 7월에 ERP 프로젝트를 시작하였다. PI추진을 위하여 "Change Now! Or Never"라는 모토를 내걸고 PI실행전략을 수립하였다.

1단계로 국내본사 및 대전, 금산공장에 ERP 시스템을 구축하면서, 동시에 미국 판매법인 ERP 시스템을 완료하였다. 2단계로 유럽의 6개 법인과 일본 판매법인의 ERP 시스템을 완료하고, 국내 CPM(Corporate Performance Monitoring)시스템을 확장형 ERP 차원에서 구축하였다.

한국타이어시스템의 특징은 ERP뿐만 아니라 공정계획을 위해 SCM 솔루션을 동시에 구현한 점과 물류/창고시스템으로 EXE패키지를 도입하는 등 단기간에 여러 패키지를 구현하고 이의 활용을 정상화시켰다는 점이다.

그 결과로 ERP 시스템 가동 후 6개월이 지나면서 최대 출하를 기록하고 국내 대리점과 해외 바이어들도 한국타이어의 스피드 경영과 신속한 납기회답에 만족하였으며, 매월 3일이면 CEO가 시스템으로 결산 상황을 직접 보고 회사의 주요 의사결정을 할 수 있게 되었다.

한국타이어는 여기에 만족하지 않고 Post-ERP혁신을 지속적으로 추진하기로 결정하였다. 특히 한국타이어의 CEO는 ERP가 일회성으로 끝나는 것이 아니고 ERP를 활용하여 지속적인 경영혁신활동을 하도록 부서장들을 독려하였다. 이에 따라 2단계 구주의 6개 판매법인과 2개의 중국공장에도 ERP 시스템을 구축하는 글로벌 경영체계를 계획하고, '수익성에 기반한 성장'이라는 신 비전을 선포하였다. 새로운 비전에 대한 실천의 일환으로 전사 전략과 연계한 균형성과지표(BSC)를 도출하고, 전략의 실행과 성공여부를 관리하는 기업성과관리(Corporate Performance Monitoring)시스템을 도입하였다(그림 11-1참조).

▶ 그림 11-1 한국타이어 CPM시스템 화면 ──────────────

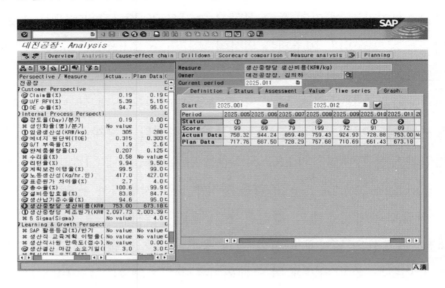

2.3 ERP 및 확장형 ERP의 효과

　ERP에서 정확하게 실시간으로 나오는 데이터를 기반으로 전사, 사업부, 팀별 핵심성과지표(KPI)를 최종 확정하고, 책임경영을 강화하는 조직평가시스템 구축을 마련하는 동시에, 공정성을 제고할 수 있는 평가시스템을 구축하고, 우수 인재의 확보 및 동기부여를 가능케 하는 임직원 보상시스템을 구축하였다. 이에 따라 주주의 이익을 극대화시키는 성과중심의 문화풍토를 조성함과 동시에 임직원 인센티브 제도를 전략실행을 위한 성과관리시스템과 연계함으로써 성과제도의 효과를 극대화시키는 강력한 수단이 되었다. 이와 같이 ERP와 SEM(Strategic Enterprise Management)으로 인해 프로세스 혁신뿐만 아니라 문화혁신을 이룸으로써 구축전과 비교하여 이익과 주가가 각각 5배 이상씩 오른 놀라운 결과를 가져왔다. 이는 바로 혁신활동의 일환으로 확장형 ERP인 SEM을 전사전략 및 보상시스템으로 확대 연계시킨 결과로 해석할 수 있다.

2.4 SEM 도입과정의 변화관리

이러한 SEM체제의 도입도 엄청난 저항에 부딪혔다. 우선 임원부터 팀장들에 이르기까지 핵심성과지표를 도출하여 합의하고, 각 핵심성과지표의 목표치를 합의하는 데 많은 시간이 소요되고 현업의 공격적인 반발이 발생했다. 기존의 보수주의 문화에서 책임성과체계로 문화를 변화시키는 것은 오랜 관행을 바꿔야 하기 때문에 매우 힘들었다. 더구나 한국타이어에서는 각 부서의 업무가 서로 밀접히 연계되어 이것을 핵심성과지표로 분할하여 관리하면 부서 이기주의만 팽배해지고, 업무 협조가 전혀 되지 않을 것이라는 의견이 팽배하였다. 이러한 의견을 최고경영자의 솔선수범과 후원으로 하나씩 변화시키고, 사장부터 핵심성과지표와 그 목표치에 합의하고 이를 연봉 및 인센티브와 연계시킴으로써 모든 임원의 합의와 이해를 이끌어낼 수 있었다. 결국 SEM체제의 도입 첫해부터 경상이익이 2,000억 원대로 5배 가량 증가하고 주식가격도 급격히 오르자 SEM체계가 서서히 정상궤도에 오르기 시작했다.

이와 같이 주주의 이익을 극대화시키는 성과중심의 문화풍토를 조성함과 동시에 임직원 인센티브제도를 전략실행을 위한 성과관리시스템과 연계함으로써 성과제도의 효과를 극대화시키는 강력한 수단이 되었다. 이는 바로 ERP도입과 더불어 혁신활동의 일환으로 확장형 ERP인 SEM을 전사전략 및 보상시스템으로 확대 연계시켰으며, 시스템이 조직에 미치는 영향을 조직에 대한 변화이론에 맞추어 꾸준히 교육시킨 변화관리의 성공이라고 그 결과를 해석할 수 있다. 특히 문화를 바꿔야 시스템이 정상적으로 운영될 수 있는 전사적인 SEM 시스템은 ERP 도입이 조직과 전략에 미치는 영향을 고려해야 한다는 점을 극단적으로 보여 주는 좋은 사례라고 할 수 있다.

03 스포츠 제조업 나이키의 프로세스 혁신 사례

나이키는 급격한 글로벌 확장과 복잡한 공급망 관리의 어려움에 직면하면서 ERP 시스템 도입을 결정했다. 나이키는 특히 제품 수요의 급증과 복잡한 물류 체계를 관리하기 위해 시스템을 통합하고, 비즈니스 프로세스를 혁신할 필요성을 절감했다. 기존 시스템은 단편적으로 운영되었으며, 이로 인해 재고 관리 오류, 주문 처리 지연, 공급망의 비효율성 등이 발생하였다. 나이키는 이러한 문제를 해결하고 Y2K 문제를 대비하기 위해 ERP 시스템 구축을 결정했다. 나이키는 SAP ERP를 도입하여, 영업 및 유통, 생산 계획, 자재 관리, 품질 관리, 서비스 관리, 창고 관리, 관리 회계, 재무 회계, 자산 관리 등 주요 모듈을 구축하였다. 추가적으로, 나이키는 자체 개발한 공급망 관리(Supply Chain Management) 시스템을 ERP와 연동하여 글로벌 공급망을 최적화했다.

3.1 ERP 프로젝트 추진 일정

나이키의 ERP 도입 프로젝트는 3단계로 진행되었다.

- 1단계(2000-2002): 주요 ERP 모듈 구축 및 초기 운영
- 2단계(2003-2004): 프로세스 통합 및 글로벌 운영 표준화
- 3단계(2005-2007): 글로벌 공급망 관리 시스템과 ERP 통합, 전사적 데이터 관리 시스템 구축

초기에는 ERP 시스템의 구축과 운영에 어려움이 있었지만, 각 단계마다 문제를 해결하며 ERP 시스템을 안정화하고, 글로벌 확장에 따른 복잡한 비즈니스 요구를 충족시켰다.

3.2 프로세스 혁신과정

나이키는 ERP 구축 이후 프로세스 혁신의 필요성을 인식하고, BPR(Business Process Reengineering)과 Lean Six Sigma를 도입하여 전사적 혁신 활동을 진행했다. 이를 통해 공급망 관리, 재고 관리, 고객 서비스 등의 프로세스를 개선하고자 하였다.

- **제품 개발**(Product Development)

나이키는 신제품 개발 주기를 단축하기 위해 ERP 시스템을 적극 활용했습니다. ERP 도입 이전에는 새로운 제품을 시장에 출시하는 데 평균 24개월이 소요되었으며 최소 3개월 이상의 기간단축을 고려하였다.

- **판매 및 수주**(Sales to Order)

나이키는 판매 및 수주 프로세스에서 효율성을 극대화하기 위해 ERP와 CRM(Customer Relationship Management) 시스템을 연동하여 고객과의 관계를 재구축하고자 하였다.

- **생산 및 출하**(Order to Delivery)

나이키는 생산 및 출하 프로세스에서 효율성을 극대화하기 위해 ERP와 SCM(Supply Chain Management) 시스템을 연동했다. 나이키가 전 세계적으로 신속하게 자재를 확보하고, 생산에 필요한 자원을 효율적으로 관리함으로써 자재 공급망 통합, 자재 개발 프로세스 효율화, 수요 예측 및 자재 계획, 지속 가능한 자재 조달 등이 가능하도록 하였다.

- **배송 및 재구매**(Delivery to Repurchase)

나이키는 배송 및 재구매 프로세스를 개선하여 고객 만족도를 높이고, 재구매율을 촉진시킬 수 있는 프로세스를 구축하고자 하였다.

- **경영 관리**(Business Administration)

경영 관리 프로세스에서는 전사적인 자원 관리를 최적화하고, 경영진이 정확한 데이터를 기반으로 의사결정을 내릴 수 있도록 하고자 하였다.

3.3 ERP 구축의 효과

나이키의 ERP 도입과 프로세스 혁신은 큰 성과를 거두었다. ERP 도입 후 5년간 나이키는 매출이 25% 증가하였고, 재고 회전율이 15% 개선되었다. 또한 운영 비용은 10% 절감되었으며, 고객 만족도도 크게 향상되었다. 특히 ERP 도입 초기 발생했던 문제들을 신속히 해결함으로써, 글로벌 공급망 관리의 효율성을 극대화할 수 있었다. 나이키는 ERP 시스템을 통해 전 세계적으로 일관된 운영 방식을 도입함으로써, 글로벌 스포츠 의류 및 신발 시장에서 지속적으로 경쟁 우위를 유지할 수 있었다.

- **제품 개발**(Product Development)
  ① 시장 분석 통합: ERP와 시장 분석 툴을 통합하여 실시간 시장 데이터를 활용, 제품 개발 방향을 신속하게 결정할 수 있었다. 이를 통해 고객 요구에 더욱 민첩하게 대응할 수 있었고, 제품 개발 초기부터 성공 확률을 높였다.
  ② 협력사와의 실시간 협업: 나이키는 ERP 시스템을 통해 글로벌 협력사와 실시간으로 설계 및 개발 데이터를 공유했다. 이를 통해 개발 과정에서 발생할 수 있는 오류를 줄이고, 협력사와의 협업 시간을 15% 단축했다.
  ③ BOM 관리: 나이키는 BOM 정확도를 90%에서 97%로 향상시켰다. 이를 통해 자재 부족이나 과잉 재고 문제를 최소화하고, 신제품 출시를 더욱 원활하게 진행할 수 있었다.

- **판매 및 수주**(Sales to Order)
  ① 수요 예측 개선: 나이키는 ERP 시스템을 활용하여 수요 예측의 정확성을 85%에서 95%로 향상시켰다. 이를 통해 재고 부족 및

과잉 재고를 방지하고, 생산 계획을 최적화할 수 있었다.

② 실시간 주문 처리: ERP와 CRM 시스템의 통합을 통해 주문 처리 속도를 20% 개선했습니다. 고객이 주문한 제품의 생산 및 배송 상황을 실시간으로 조회할 수 있게 하여, 고객 서비스의 질을 높였다.

③ 가격 최적화: 나이키는 ERP 시스템을 통해 실시간 가격 책정 및 비용 분석을 수행할 수 있게 되었다. 이를 통해 다양한 옵션에 따른 가격 변화를 실시간으로 반영하고, 판매 마진을 정확히 예측할 수 있었다.

• **생산 및 출하**(Order to Delivery)

① 리드타임 단축: ERP 시스템을 통해 주문 후 배송까지의 리드타임을 기존 7일에서 5일로 단축했습니다. 이를 통해 고객 만족도를 높이고, 판매 기회를 증대시켰다.

② MRP 운영 효율화: 나이키는 ERP를 통해 MRP(Material Requirements Planning) 운영을 주간에서 일일 단위로 전환했다. 이를 통해 주문 변동 사항이 신속하게 반영되어 생산 계획을 유연하게 조정할 수 있었다. MRP 처리 시간은 기존 12시간에서 2시간으로 대폭 단축되었다.

③ 생산 라인 최적화: ERP와 SCM 시스템을 통합하여 생산 라인의 가동률을 15% 이상 향상시켰다. 이를 통해 출고 시간이 25% 단축되었으며, 생산성은 20% 증가했다.

• **배송 및 재구매**(Delivery to Repurchase)

① 재고 관리 개선: ERP와 WMS(Warehouse Management System)를 통합하여 재고 관리 정확도를 88%에서 95%로 향상시켰다. 이를

통해 재고 부족으로 인한 판매 손실을 최소화하고, 재고 회전율을 10% 향상시켰다.

② 배송 속도 개선: ERP와 물류 시스템의 통합을 통해 배송 시간을 20% 단축했다. 특히, 긴급 주문의 95% 이상이 고객이 원하는 시간 내에 처리되도록 개선했다.

③ 고객 맞춤형 서비스: ERP 시스템을 통해 고객의 구매 이력을 분석하고, 맞춤형 제품 추천 및 서비스를 제공하여 재구매율을 15% 향상시켰다.

• 경영 관리(Business Administration)

① KPI 모니터링: 나이키는 ERP 시스템에 150여 개의 KPI를 통합하여 실시간으로 성과를 모니터링했습니다. 이를 통해 생산성 지표가 25% 향상되었으며, 재무 성과도 보다 정확하게 예측할 수 있었다.

② 데이터 통합: 나이키는 ERP 시스템 내에 데이터 웨어하우스를 구축하여 전사적인 데이터를 통합 관리했다. 이를 통해 각 부서에서 실시간으로 데이터를 조회하고 분석할 수 있게 되어, 보고서 작성 시간이 40% 단축되었다.

③ 글로벌 재무 통합: ERP 시스템을 통해 글로벌 법인 간 재무 데이터를 실시간으로 통합하여 관리함으로써, 재무 보고의 정확성과 투명성을 높였다. 이로 인해 글로벌 매출 분석 속도가 30% 향상되었고, 재무 위험 관리가 강화되었다.

04 | ERP 추진 시 변화관리에 대한 미니 사례

4.1 볼보건설기계 코리아의 변화관리 사례

ERP라는 새로운 시스템을 개발하자 사용자들은 기존에 자신들이 익숙해 있는 업무 프로세스와 똑같이 시스템을 개발하도록 종용하였다. 특히 국내영업과 생산계획 그리고 서비스 부문 등 거의 전 부문에 걸쳐서 이러한 현상이 발생했다. 이들은 "불규칙 선수금이나 불균등 할부금 판매 등의 영업프로세스가 없어지고 ERP에 있는 영업프로세스만으로 바뀌면 국내영업부문에서는 판매가 절대 이루어질 수 없다." 또는 "생산부문에서 호기별 설계변경이 없어지고 ERP에 있는 날짜별 설계변경으로 바꾸면 재고가 엄청나게 늘어날 것이다"라고 단언하였다. 그 이유는 자신이 익숙해져 있는 업무를 보존하고, 또한 자신의 직무에 대한 위협, 직위에 대한 위협을 느끼면서 자신만이 할 수 있는 업무를 유지하기 위해서 였다. 그러자 ERP 시스템이 매우 복잡해져서 더 이상 구현이 어려울 정도의 설계가 이루어질 수밖에 없었다. 이 프로젝트의 PM과 모듈 리더들은 많은 회의를 거듭한 결과 시간이 오래 걸리더라도 최고경영자에게 위험관리 보고서를 제출하고 업무프로세스를 ERP에 맞추도록 사용자에 대한 변화관리를 할 것을 결정하였다. 시스템을 성공적으로 가동하고 1년여 후에 프로세스 혁신에 의한 여러 효과가 나타나면서, 이들은 어려움을 무릅쓰고 사용자에 대한 변화관리에 치중한 시스템 개발전략에 대한 결정이 맞았다고 확신하게 되었다.

4.2 동부제강의 변화관리 사례

동부제강에서는 2003년 2월부터 경영혁신을 추진하며 ERP와 SEM 시스템을 도입하면서 회사의 업무관행을 획기적으로 변화시키자 현업담당자들의 엄청난 저항에 직면하였다. 오랜 업무관행에 익숙해져 ERP 프로세스는 동부제강에 맞지 않다는 언행을 서슴치 않는 공격적인 행위와 ERP 프로젝트에 무관심한 행동, 그리고 TFT(Task Force Team)에 책임을 전가시키는 행위들이 여러 부서에서 발생하는 것을 관찰할 수 있었다. 변화관리에 집중하는 것이 중요하다는 것을 알고 있었으나 일정계획상 10월부터 TFT멤버가 교육을 진행하는 것은 거의 불가능한 일이었다. 사용자 교재와 매뉴얼 등 교육준비와 9월의 통합테스트와 10월의 데이터이관 훈련으로 시간이 부족하였기 때문이었다. 30여명의 TFT인원이 동부제강의 수많은 ERP 현업사용자들을 두 달의 기간 동안에 다 교육하는 것도 사실상 불가능한 상황이었다. 많은 고심을 거듭한 끝에 이런 어려움을 극복하고자 TFT요원을 대신할 '불씨요원'으로서 현업강사 요원을 양성하기로 하였다. 현업의 핵심사용자(Key User)들 중에 현업에 능통한 젊은 구성원을 대상으로 강사 64명을 정예요원으로 선발하였다. 강사교육은 7월부터 9월까지 파트타임으로 진행되는 사전교육단계, 강의스킬 향상을 위한 2박 3일의 강의스킬 양성과정, 그리고 10월 1, 2주에 10일간에 걸쳐서 풀 타임으로 모듈에 대한 집중교육을 하였다. 사내강사 양성 결과 교육기간 대비 실력향상이 인정된다는 평가를 받았고, 교육이 끝난 후 전원이 현업교육에서 주강사나 보조강사로 활동하였다. 그 뒤 현업강사들은 ERP사용자 교육 이후에도 현업의 핵심멤버이자 ERP '불씨요원'으로 병행테스트와 시스템 오픈 때 가장 중요한 도우미 역할을 수행하였다. 현업이 불씨가 되어 전사에 혁신의 불씨를 뿌리는 것은 MIS개발자가 교육을 하는 것보다 훨씬 더 큰 효과가 있다고 생각된다. 왜냐하면 같은 현업업무를 하던 구성원들이 직접 변화된 프로세스와 시스템을 설명함으로써 훨씬 더 효과적인 변화분위기와 심리적인 해빙역할을 할 수 있기 때문이다.

총 12개 모듈에 단위과정 수가 109개 과정, 본사 5곳과 공장 6곳, 그리고 지사 1곳 등 모두 12개 교육장에서 강의가 이루어졌다. 이를 통해 연 인원 3,703명, 연간 교육시간 1만 5,162시간, 교육 참석률 97%의 실적으로 현업사용자 교육을 성공리에 수행할 수 있었다.

연습문제

01 Post-ERP 경영혁신의 의미를 설명하시오.

02 아마존은 온라인이 중심이 되는 판매구조를 갖고 있는데 이처럼 온라인을 유일한 채널로 기업의 제품이나 서비스를 판매하는 구조에서의 현재 중요하게 접근해야 할 모듈이나 부분이 무엇이 있는지 생각해 보시오.

03 한국타이어의 확장형 ERP는 어떤 관점에서 접근하였는지를 기술하시오.

04 나이키의 경우 다양한 자사가 구축한 시스템을 ERP와 같이 도입하였는데 이처럼 자사가 직접 시스템을 구축한 경우의 장점과 단점에 대해서 논의하시오.

05 아마존과 한국타이어, 나이키의 사례를 바탕으로 성공적인 ERP 구축을 위한 시사점을 설명하시오.

06 솔본전자에서 구축한 ERP와 테크노세미켐에서 구축한 독특한 ERP의 구현 특징에 대하여 사례를 찾아보고 생각해 보자.

07 삼성전자, 삼성SDI, SK Telecom, 에스콰이어, 한샘가구, 한국수력원자력, 동부전자, 한국중부발전, LS전선 등 수많은 국내의 우수 기업들이 SAP ERP를

구축하여 효과를 보았다. 각기 구축한 사례를 찾아보고, 구축 내용과 효과를 분석하시오.

08 동부제강에서 현업을 활용하여 ERP 교육을 시키고 변화관리에 성공하게 된 과정을 기술하시오.

저자 약력

함용석 교수는 Accenture 및 SAP Korea에서 근무하며 삼성전자, 한국타이어 등 국내 유수 기업들의 경영컨설팅을 담당한 바 있다. 서강대학교에서 경영학 학사, 석사, 박사 학위를 취득하고 University of Missouri-Columbia의 객원교수로서 연구활동을 수행하였다. 또한 미국 APICS 공인 생산/물류관리사(CPIM) 자격증을 보유하고 있으며, 독일 SAP사의 ERP 관련 생산관리, 영업/유통, 자재모듈에 대한 공인자격증을 가지고 있다. 〈무한세계 SAP ERP여행〉(도서출판 두남), 〈빅 아이디어〉(21세기북스), 〈공급사슬관리〉(북넷) 등의 주요 저서가 있다.

김아현 교수는 동양미래대학교에서 ERP의 이해와 활용, 물류 ERP 실무, 경영정보시스템 등의 강의를 담당하고 있다. 서강대학교에서 경영정보시스템(MIS)으로 박사 학위를 취득하였다. Technological Forecasting and Social Change, Journal of Small Business Management 등의 학술지에 논문을 게재하였다. 주요 관심사는 디지털 비즈니스, 디지털 커뮤니케이션, 조직 혁신이다. 〈누구나 활용 가능한 데이터 분석론〉(시그마프레스)의 주요 저서가 있다.

SAP ERP 경영

초판발행	2025년 3월 7일
지은이	함용석·김아현
펴낸이	안종만·안상준
편 집	정은희
기획/마케팅	김민규
표지디자인	BEN STORY
제 작	고철민·김원표
펴낸곳	(주)**박영사**
	서울특별시 금천구 가산디지털2로 53, 210호(가산동, 한라시그마밸리)
	등록 1959.3.11. 제300-1959-1호(倫)
전 화	02)733-6771
f a x	02)736-4818
e-mail	pys@pybook.co.kr
homepage	www.pybook.co.kr
ISBN	979-11-303-2167-7 93320

정 가   27,000원